任厚升 著

战略设计

商业的成功离不开战略手段·如何设计一个完整的商业战略

STRATEGIC DESIGN IN BUSINESS

创业者可以自己设计商业战略
企业决策者也可以检查自己的战略缺陷

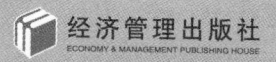

经济管理出版社
ECONOMY & MANAGEMENT PUBLISHING HOUSE

图书在版编目（CIP）数据

商业战略设计/任厚升著 . —北京：经济管理出版社，2023.9
ISBN 978-7-5096-9342-1

Ⅰ.①商… Ⅱ.①任… Ⅲ.①企业战略 Ⅳ.①F272.1

中国国家版本馆 CIP 数据核字（2023）第 189233 号

组稿编辑：杨国强
责任编辑：杨国强　白　毅
责任印制：黄章平
责任校对：张晓燕

出版发行：经济管理出版社
　　　　　（北京市海淀区北蜂窝 8 号中雅大厦 A 座 11 层　100038）
网　　址：www.E-mp.com.cn
电　　话：（010）51915602
印　　刷：唐山昊达印刷有限公司
经　　销：新华书店
开　　本：720mm×1000mm/16
印　　张：14.25
字　　数：288 千字
版　　次：2023 年 11 月第 1 版　2023 年 11 月第 1 次印刷
书　　号：ISBN 978-7-5096-9342-1
定　　价：68.00 元

·版权所有　翻印必究·
凡购本社图书，如有印装错误，由本社发行部负责调换。
联系地址：北京市海淀区北蜂窝 8 号中雅大厦 11 层
电　　话：（010）68022974　邮编：100038

前　言

在商业领域，有多少个成功的故事，就有多少种神奇的战略，战略是一个使用频率最高但概念解释最乱的词汇。与此相对应，商业战略理论体系分成了十个流派，每个流派都拥有独特的战略学说，人类对商业战略的研究仍然处于"盲人摸象"的阶段。

实际上，无论学者怎样定义战略现象，战略的本质都是人们关于行动的设想。此处的"设想"可以理解为"设计的想法"。由此我们还可以进一步推断，战略是人们设计而成的。从逻辑角度看，没有精心设计，人们就不能得到一个好战略。从实践角度看，没有形成战略，战略的一切问题都无从谈起。

商业战略学经过七十年的发展，学者几乎解释了商业战略的所有现象，却没有解释清楚战略的形成问题，以至于"战略形成理论"目前仍然处于空白的状态。面对这一窘境，战略理论家加里·哈默尔曾大声疾呼："任何自称为战略家的人都应该感到非常尴尬，因为在战略领域没有关于战略形成的理论！"

当然，商业战略形成理论的缺失不能全怪战略学者。他们只是战略的观察者，不是战略的制定者。据观察，学者认为战略形成是一个"涌现"的过程。至于战略形成是怎样涌现的，这必须由战略制定者回答，毕竟，战略主要是从他们的头脑中涌现出来的。然而，没有任何战略制定者愿意公开战略形成的秘诀。

战略形成是一种隐秘的思维活动。战略形成理论不可能依靠学者的观察或推断而产生。这一理论产生的最佳途径是，商业决策者将制定战略的经验转换为战略形成的理论。笔者恰好拥有总结"战略形成理论"的些许优势：笔者先后操盘四个企业的战略设计，这为研究战略形成理论提供了实践基础；同时又在大学讲授战略管理课程，这为总结战略形成过程奠定了理论基础。坦率地说，战略形成理论的产生是商业战略实践发展的必然结果，笔者只是将自己的经验和前人的观点进行了系统整理而已。

为什么要将"战略形成理论"称为"战略设计理论"呢？

第一，战略形成理论的研究对象是战略构思过程。战略是人们精心构思的结果。虽然无法透视战略构思者的心理活动，但是，我们可以根据战略的构成要素确认与其相关的战略构思行为，在此基础上，再把单个的战略构思行为按照逻辑顺序串联起来，从而在理论上重现战略形成的实际过程。在表达战略构思过程时，"形成"偏向战略构思的客观结果，"设计"偏向战略构思者的主动思考。相比较而言，"设计"可以更好地表现战略构思的主动性。

第二，战略形成是商业决策者创造战略的过程。在实践中，人们普遍采用"谋划""制定""规划"表示战略的形成过程，这些名词完全可以统一于"设计"的概念。另外，任何战略的成功都需要战略创新，而设计在本质上就是人们创造新事物的行为。与"形成"相比较，"设计"可以更好地反映战略构思的创造性。

基于以上两点理由，本书选择从设计角度总结商业的战略形成理论。全书分为四个部分：第一部分阐述了商业战略设计的基本问题；第二部分介绍了战略设计的准备工作，即战略创意与情景规划；第三部分描述了战略设计的具体行为，依次是产品与服务的战略功能设计、战略行为的选择与设计、商业模式设计、企业内部的战略管控设计、企业外部的战略调控设计、战略愿景设计以及战略设计的完善过程；第四部分论述了战略设计的理论与实践。

商业战略设计理论的主要内容是人们构思商业战略的行为规范与逻辑程序。这是一种技术性的商业战略理论。为了体现这种理论的技术性，笔者在写作过程中力求内容简明、方法实用、易于操作。因此，本书既可作为创业教育的教科书，也可作为商业实践的工具书。

初创的理论肯定存在青涩、片面和错误之处，除了限于笔者水平之外，这也是由战略设计实践转向战略设计理论的必然现象。笔者相信，随着商业战略实践的发展，商业战略设计理论必将趋于成熟和完善。

任厚升

2023年2月6日

目 录

第一章 导论 ··· 1

 第一节 商业战略的设计现象 ·· 1
  一、商业战略的本质 ·· 1
  二、战略设计的概念 ·· 3
  三、战略设计的特征 ·· 5
 第二节 商业战略的设计流程 ·· 6
  一、战略设计的基本阶段 ·· 7
  二、战略设计的主要行为 ·· 8
  三、战略设计的特殊手段 ··· 10
  四、战略设计的普遍方法 ··· 14
 第三节 商业战略的设计原则 ··· 20

第二章 战略创意 ·· 25

 第一节 观察商业生活 ··· 25
  一、观察什么 ··· 26
  二、突破商业表象 ··· 29
  三、洞察战略机遇 ··· 32
 第二节 创业与创新行为 ··· 35
  一、创业与创业者 ··· 36
  二、商业创新行为 ··· 37
  三、战略设计是一个创作过程 ··· 37
 第三节 战略创意的形成 ··· 38
  一、什么是战略创意 ··· 38
  二、战略创意的产生路径 ··· 39

第三章　情景规划 43

第一节　思考未来的框架 43
一、何谓情景规划 44
二、情景规划的必要性 45
三、情景思维原则 46

第二节　情景开发活动 49
一、设置区域 49
二、确定趋势 50
三、勾画场景 51
四、移动景象 52

第三节　战略规划活动 53
一、审查创新业务 54
二、挑选目标市场 55
三、确认竞争优势 56
四、划定战略边界 56

第四节　情景规划的常态化 57
一、情景规划常态化的理由 58
二、特殊的情景活动 59
三、情景活动的常见错误 60

第五节　商业世界的"变色龙" 61
一、拥抱商业的不确定性 61
二、情景思维习惯 62
三、情景活动艺术 63

第四章　产品与服务的战略功能设计 66

第一节　产品的战略功能设计 67
一、产品的战略功能设计的思路 67
二、产品的战略功能设计的步骤 71

第二节　服务的战略功能设计 72
一、制作顾客体验地图 73
二、触点的战略功能设计 76
三、服务的战略功能设计的趋势 77

第三节　体验的战略功能设计 78

　　　　一、体验设计的演变 ·································· 78
　　　　二、良好体验的设计思路 ···························· 79
　　　　三、良好体验的设计原则 ···························· 82

第五章　战略行为的选择与设计 ···························· 85
第一节　发展战略的选择与设计 ···························· 86
　　　　一、代表发展状态的战略行为 ························ 87
　　　　二、体现发展方式的战略行为 ························ 89
　　　　三、涉及发展地域的战略行为 ························ 91
第二节　竞争战略的选择与设计 ···························· 93
　　　　一、一般的竞争战略行为 ···························· 94
　　　　二、特殊的竞争战略行为 ···························· 96
第三节　合作战略的选择与设计 ··························· 101
　　　　一、松散型合作的战略行为 ························· 102
　　　　二、紧密型合作的战略行为 ························· 104

第六章　商业模式设计 ··································· 107
第一节　商业模式的设计现象 ····························· 107
　　　　一、判断商业模式有效性的标准 ····················· 108
　　　　二、商业模式设计的概念 ··························· 108
　　　　三、商业模式设计的分类 ··························· 109
第二节　商业模式的设计过程 ····························· 112
　　　　一、研究商业活动的根本性质 ······················· 112
　　　　二、洞悉商业环境与客户偏好 ······················· 114
　　　　三、剖析企业的竞争实力 ··························· 114
　　　　四、探索商业的价值逻辑 ··························· 115
　　　　五、构筑商业模式的特色 ··························· 117
第三节　商业模式设计的原则和建议 ······················· 118
　　　　一、商业模式设计的原则 ··························· 119
　　　　二、商业模式设计的建议 ··························· 122

第七章　企业内部的战略管控设计 ························· 125
第一节　战略组织设计 ··································· 126
　　　　一、规划业务流程 ································· 126

二、组建战略团队 …………………………………………… 127
　　三、设计薪酬制度 …………………………………………… 128
　第二节　战略考核制度设计 …………………………………… 129
　　一、战略评价工具 …………………………………………… 130
　　二、战略考核办法 …………………………………………… 131
　　三、利用管理的力量 ………………………………………… 132
　第三节　战略监控系统设计 …………………………………… 133
　　一、监控信息系统的总体设计 ……………………………… 133
　　二、外部情报系统的设计 …………………………………… 134
　　三、内部反馈系统的设计 …………………………………… 135
　第四节　战略文化设计 ………………………………………… 136
　　一、文化风格与战略行动的关系 …………………………… 137
　　二、优良的文化风格 ………………………………………… 138
　　三、战略文化设计的主要步骤 ……………………………… 140

第八章　企业外部的战略调控设计 ………………………………… 142
　第一节　品牌的战略功能设计 ………………………………… 143
　　一、品牌名称的战略功能设计 ……………………………… 143
　　二、品牌标志的战略功能设计 ……………………………… 144
　　三、品牌载体的战略功能设计 ……………………………… 145
　第二节　企业的对外战略关系设计 …………………………… 148
　　一、合作关系的战略设计 …………………………………… 148
　　二、竞争关系的战略设计 …………………………………… 150
　　三、公共关系的战略设计 …………………………………… 152
　　四、企业形象设计 …………………………………………… 154

第九章　战略愿景设计 ……………………………………………… 157
　第一节　战略愿景规划 ………………………………………… 157
　　一、愿景规划的依据 ………………………………………… 158
　　二、战略愿景的内容 ………………………………………… 160
　　三、愿景规划的原则 ………………………………………… 161
　第二节　制订战略计划 ………………………………………… 163
　　一、制订战略计划的必要性 ………………………………… 163
　　二、制订战略计划的程序和原则 …………………………… 164

三、战略计划与战略变化 …………………………………… 167

第十章　战略设计的完善过程　169

第一节　战略设计的完善行为 …………………………………… 169
　　一、优化战略方案 …………………………………………… 170
　　二、修正战略思想 …………………………………………… 172

第二节　战略设计者的成长过程 ………………………………… 175
　　一、战略设计思维 …………………………………………… 175
　　二、战略设计艺术 …………………………………………… 177
　　三、提高战略设计水平的途径 ……………………………… 179

第十一章　战略设计的理论与实践 …………………………… 182

第一节　商业战略实践呼唤战略设计理论 …………………… 182
　　一、商业战略的实践进程与理论成果 ……………………… 183
　　二、战略设计的实践价值 …………………………………… 186
　　三、战略设计理论的溯源 …………………………………… 188
　　四、战略设计理论产生的必然性 …………………………… 190

第二节　战略设计实践的主要问题 …………………………… 192
　　一、战略设计领域的内卷现象 ……………………………… 192
　　二、网络时代的战略设计 …………………………………… 194

参考文献 ……………………………………………………………… 199

附录　常用的战略分析方法 ……………………………………… 201

后记 …………………………………………………………………… 215

第一章 导论

目前，总结和阐述商业战略设计理论是一件棘手的事情。首先，人们对于什么是商业战略众说纷纭，至今没有形成统一的概念。其次，商业战略属于个体发财的秘密，没人愿意公开战略设计的技巧。最后，战略设计是设计战略思想，而思想设计听起来似乎有些不靠谱。正是因为存在这些疑惑，人们喜欢谈论战略的神奇，却不愿探讨战略的设计。在商业战略学领域，战略设计理论一直处于空白的状态。

由此导致的结果是，商业决策者只能凭借经验制定战略，或者根据他人提供的方案决定战略。单凭经验制定战略无法避免片面性，而他人提供战略总有一种"隔靴搔痒"的感觉。商业决策者迫切需要一套实用的技术规范，以便设计自己的战略。

现在，商业战略实践已经由战略启蒙阶段进入了战略普及阶段。当战略成为商业竞争的普遍手段时，人们不必模仿他人的战略，而是要设计自己的战略。顺应这种潮流，创立战略设计理论就成为了商业战略学研究的重要使命。

第一节 商业战略的设计现象

简单地说，商业战略设计就是人们设计商业战略的行为。系统解释商业战略的设计现象必然涉及三个基本问题：什么是商业战略？什么是商业战略设计？商业战略设计的特征是什么？这些问题属于商业战略设计研究的基本问题。

一、商业战略的本质

在商业领域，有多少个成功的故事，就有多少种神奇的战略。自20世纪60年代以来，人们运用战略进行商业竞争的情形越来越多，学者对商业战略的定义也越来越多,理论界却没有形成统一和权威的战略概念。学者对商业战略现象的解释,至今仍然处于"盲人摸象"的状态。

笔者认为,与其长久争论商业战略的定义,不如直接讨论商业战略的本质。理由非常简单:本质是解释一切问题的根据。然而,事物的本质总是隐藏在问题的深处,因此人们需要从问题的更深层次挖掘,这样才有可能接触到事物的本质。依据这个道理,战略的本质成为我们讨论商业战略本质的逻辑起点。

战略的本质是什么?从发生学的角度来看,战略总是出现在人们行动之前或行动之中,谋定而后动,"事后诸葛亮"显然不是合格的战略决策者。由此可以确定,战略是与人们行动相关的现象,行动需要引起战略的产生,战略想法引导人们行动的方向,这就是解释战略现象的原点。

根据这个原点,**战略在本质上就是人们对未来行动的设想**。在这里,"设想"不是简单的"假想",而是指人们精心"设计的思想"。[①] 至于人们的设想能否实现,还要取决于目标的合理性、环境的稳定性、资源的充裕性、措施的有效性,以及好运气的眷顾。

几千年来,人们痴迷于战略的神奇,却无法掌握战略的规律。其根本原因在于,战略在本质上是一种思想现象,而战略思想的形成没有规律可循。既然如此,人类为什么要研究战略现象呢?这是因为,战略犹如一束照亮人们前行的光,决定和引导了人们的前进方向。遗憾的是,以往的战略研究主要集中在战略"光环"上,很少有人探讨战略"光源"的情况。所谓战略"光环"研究,主要是指描述战略过程、总结战略模式以及探索战略规律。长期以来,这种战略研究被人们奉为"战略科学"。但是,战略科学无法解释战略是怎样产生的,即"战略之光"源自一个什么样的构思过程。

人类对战略现象的研究需要转变角度,从研究战略"光环"为主向研究战略"光源"为主转变,或者说,由主要描述战略的表现转向主要探索战略的形成,以彰显战略学的真正价值。根据笔者的观察和理解,战略是人们以行动成功为导向,历经构思酝酿、分析论证、明确想法以及反思完善的思维过程,直到行动结束为止。因此,战略代表一个因势利导的思维过程,战略本身没有科学与非科学的区分,只有合理与不合理的差别。任何将战略由"想法"升级为"科学"的观点都是荒谬的,战略学在本质上应该是"战略思维学",而不是"战略(管理)科学"。最重要的战略学问是你可以想出一个有效且独特的战略。

经过上述分析我们可以断定,**商业战略的本质是人们对商业行动的设想**。由

[①] 一些著名学者对战略本质也得出相似的结论。比如,弗雷德蒙德·马利克认为:"战略,是当我们不知道未来会怎样又必须采取行动的时候,所采取的正确行动。"阿洛伊斯·盖维勒认为:"战略,是人们开始做事之前就采取的可以带来长远利益的行动(方案)。"

于商业战略学研究起步较晚，学者普遍是从军事战略的概念引申出商业战略的概念的，或者将军事战略作为解释商业战略的基础概念。[1] 毫不讳言，军事战略不能作为定义商业战略的基础。在逻辑上，战略是解释军事战略和商业战略的共同基础。人们可以从军事战略中汲取某些战略技巧，如果把军事战略作为解释商业战略的基础，势必得出"商场如战场"的荒唐结论。[2]

为了避开商业战略定义的混乱，本书以商业战略的本质为基础，分析和探索商业战略的设计现象。可是，事物在本质上的简单明确并不排斥其在表象中的复杂模糊。经过前面的分析，即使战略的本质已经非常明确，我们也会发现，战略在商业生活中的表现也可能模糊不定，甚至人们很难将某些商业战略称为"战略"，比如，战略只是表现为一种大胆的商业猜想，或者表现为几个关键的行动要点，还可能表现为始终如一的做法，等等。不仅如此，只要商业活动没有结束，战略实际上就一直处于变动之中，经过修改后的战略最终可能已经完全偏离了最初的设想。总之，商业战略的这些表现常常令人怀疑战略到底是什么。

与战略现象的复杂性相对应，人们设计战略的行为也具有多样性。比如，战略设计可以表现为"战略点子""战略招术""战略方案"等不同设想，也可以表现为"战略谋划""战略修改""战略调整"等不同行为。很明显，这些设想和行为都不能单独表达一个完整的战略设计过程。为了在理论上揭示战略设计的完整过程，我们需要提出一个全面和明确的战略设计概念。

二、战略设计的概念

战略总是决策者深思熟虑的结果。由于战略想法是人们在头脑中形成的，战略决策者不肯透露其中的秘诀，外人无法透视这个过程，所以，"战略形成"属于战略领域最神秘的现象。

经过观察，学者认为战略形成是一种"涌现"过程，有时表现为瞬间的"顿悟"，有时表现为长期的"摸索"。怎样从理论上解剖战略的"涌现"过程？这对于战略学者来说是一种挑战。毕竟，战略学者没有"涌现"战略的经历，他们只是战略的观察者，不是战略的制定者。战略主要是在战略制定者头脑中"涌现"而成的。作为战略的制定者，无论是否愿意，都没有人公开战略制定的秘诀。即使有人公开这种秘诀，其内容也属于战略制定者的个体经验。这种个体经验代表了战略设计的特殊性而不是普遍性。因此，从理论上解剖战略的"涌

---

[1] 关于"战略在本质上是军事战略"的某些权威解释包括：德国军事家克劳塞维茨"战略是使用战役作为达到战争目的的手段"；《辞海》"军事名词，对战争全局的筹划和指挥"；《简明不列颠百科全书》"在战争中利用军事手段达到战争目的的科学和艺术"。

[2] 任厚升. 企业战略思维 [M]. 北京：人民出版社，2019.

现"过程，需要有人将战略制定的个体经验转换为战略制定的通用技术。

事实上，战略制定并非高深莫测的过程。在商业领域，战略决策者总是各显其能，制定的战略也各有风采，主要分为以下四种情形：

一是突发奇招，改变商业行动的特点。每个行业都存在流行的做法。商业决策者可以按照流行做法进行商业活动，可是，这样的商业活动不会产生竞争力。一旦陷入商业竞争，商业决策者都希望想出一个应付对手的绝招。如果可以增强自己（企业）的竞争力，绝招就成为商业竞争的战略。

二是采取措施，改善商业运行的质量。战略设计经常是由企业变革需要而引起的。为了提高经营效益，企业决策者需要对某些经营环节进行整改，如原料采购、产品研发、生产工艺以及市场营销等环节。如果可以提升企业的竞争优势，整改措施就成为企业经营的战略。

三是制定方案，创新商业活动的方式。与前面两种情形比较，制定战略方案是一种完整的战略制定过程。这个过程从项目考察开始，历经资本投入、创立企业（项目）、探索经营技巧、构筑竞争优势，一直到制订行动计划，几乎涉及商业活动的所有阶段。新创的企业或企业的新创项目，普遍采取这种方式制定战略。

四是协调行动，统筹企业经营的资源。多元化经营的企业集团拥有多个经营单位。企业的总体战略需要各单位之间的通力合作。此时的战略制定主要表现为战略决策层的沟通、协商和统筹，战略最终成为彼此妥协的结果。

以上四种情形代表了战略形成的实际情况，其共同点是"战略是人们想出来的"。据此我们可以得出结论，**商业战略设计是指商业决策者构思商业战略的行为**。以下简称为"战略设计"。具体来说，战略设计是指人脑对某些商业信息进行选择、组合与加工，形成商业活动技巧的过程。在战略设计概念之前，人们描述战略形成的词汇主要是"战略制定""战略谋划"或"战略规划"。相比较而言，"战略设计"更加形象地表现了人们主动创造战略的过程。

本书主要描述战略设计的流程、原则与方法。在此之前，我们需要解释战略设计的主体问题。本书将战略设计的主体确定为"商业决策者"[①]，即"商业活动的决策者"。在企业组织中，"商业决策者"就是"企业决策者"。在投资企业之前，"商业决策者"也是"投资决策者"。在寻求投资机会时，"商业决策者"还是"商业观察者"。这些名称实际上拥有一个共同的含义，即商业活动的决策

[①] 在商业实践中，商业决策者的具体身份非常复杂，包括个体企业主，独立的资本投资者，企业的合伙人，以及企业的董事长、总裁、经理、高管等一系列的人物，他们都可能是商业的决策者。这些决策者需要利用战略来组织和领导商业活动，他们构成战略决策和战略设计的主体，因而可以被称为商业的"战略决策者或战略设计者"。

人。商业战略是商业活动的战略。商业决策者对战略具有不可推卸的责任。

有时，战略设计是一种团队活动，其中，商业决策者是战略设计团队的领导者，参与战略设计的成员包括战略顾问、各类专家、股东以及高级管理人员。战略是团队成员分工协作的结果，比如，决策者提出战略方向或框架，管理人员设计战略途径或措施，战略专家做出建议或补充。即使在这种情况下，商业决策者也必须承担战略设计的主要责任。在商业决策者或决策层之外，本书反对任何"全员设计和决策战略"的观点。①

三、战略设计的特征

在商业领域，设计行为可以划分为普通设计与战略设计两种情形。普通设计包括产品设计、服务设计、环境设计等设计行为，其设计的对象是商业活动的实体内容。战略设计是普通设计背后的设计行为，战略设计的对象是商业活动的技巧。与普通设计相比，战略设计的主要特点是：

（1）战略设计的性质属于一种思想设计。普通设计如产品、服务和环境设计，具有看得见和可体验的特点。战略设计是一种纯粹的内心活动，它存在于战略设计者的头脑中，又事关赚钱的秘密，不可以轻易示人。因此，战略设计是一种对"不可触摸的事物"的设计。

（2）战略设计的内容是关于商业活动的技巧。在商业领域，普通的行为设计，如生产操作设计、服务流程设计等，都是商业行为的具体要求。战略设计主要是塑造商业行为的特色，即强调企业依靠特别行动赚钱。例如，折扣行为是一种普通的商业设计，只有当折扣行为成为经营的特色或者赚钱的窍门，这才属于战略设计。

（3）战略设计的主体是商业决策者。普通设计可以由企业的技术人员完成，或者购买他人的商业知识产权。战略设计必须由商业决策者完成。当然，商业决策者也可以通过内部"头脑风暴"的方式获取战略设计的灵感，还可以通过外部购买的方式获得战略设计的框架，即使如此操作，也不能免除商业决策者对战略设计的终极责任。战略设计的终极责任包括战略审查、修改和选择，它们也属于战略设计的范围。

总之，战略设计经常混存于普通的商业设计之中，又能使普通的商业设计熠熠生辉，因而成为最重要的商业设计行为。正是因为发生在普通商业设计之中或背后，战略设计具有某种飘忽不定的神秘色彩，以至于经常被人们误解。主要表

---

① 明茨伯格认为，健康的组织无须依附于一个又一个的英雄。实践却证明，商业组织的健康发展必须依赖一个又一个的"战略英雄"。当年，杰克·韦尔奇裁掉美国通用电气公司的战略规划部门，这不是不要战略设计，而是把战略设计的职责归于决策者个人。

现是：

其一，误将战略计划等同于战略设计。制订计划是企业运营中的一项重要任务。企业计划包括战略计划和日常计划两种类型。其中，战略计划是日常计划的根据，先有战略计划，后有日常计划。战略计划是如何产生的呢？战略和战略计划都是战略设计的产物。一般来说，商业决策者先是构思商业技巧，然后筹划战略行动，战略计划就是战略行动的安排。通过制订战略计划的方式来设计商业战略，这是一种本末倒置的行为。

其二，误将预算安排等同于战略设计。在经营过程中，企业决策者需要做出各种预算安排，比如，从时间上可以划分为月度预算、季度预算、年度预算以及跨年度预算，从而保证商业活动的正常进行。一般来讲，在制定预算方案的时候，企业的战略设计已经完成，而且战略设计的方案已经成为企业的战略决定。当然，也不排除因为预算困难，企业决策者对战略设计进行调整或修改。可是，企业决策者根据预算需要随意决定战略的内容，无疑是一种非常危险的做法。

其三，误将引资规划等同于战略设计。在企业初创或项目推进的过程中，企业可能需要引进社会资本，以便弥补自有资金的不足。为此，企业必须制作招商引资的规划书。引资规划可能包含战略分析、战略特点以及战略计划等一系列战略问题。在制作规划书之前，战略设计工作已经完成，规划书只是引用战略设计的部分内容。假若在制作规划书的时候，企业决策者才开始考虑战略问题，其战略决策必定是草率的决定。

总之，战略设计代表人们对商业活动的创新设想。在此基础上，战略计划、预算安排和引资规划是商业创新成功的保障。这些概念彼此混同，实际上是混淆了商业创新与商业创新保障之间的差异，从而低估了战略设计的重要地位。

第二节　商业战略的设计流程

所谓战略设计流程，是指战略设计的具体过程，它包括战略设计的不同阶段以及出现在不同阶段的行为、手段和方法等设计要素。这个概念反映了人们构思战略的实际步骤以及战略形成的逻辑顺序。在设计领域，设计流程一般可以分为两大类：明确规定行为顺序的"硬流程"与无法准确描述思考顺序的"软流程"。依据这种划分，战略设计流程显然属于设计工作的"软流程"。实际上，战略设计过程更像是战略的发酵过程。令人困惑的是，人们知道信息进入了战略设计者的头脑，却不明白怎么会出现这样的（或那样的）战略。战略设计流程理论试图解释这种困惑,尽力描述战略形成的真实过程。

人人都知道战略构思是一项重要工作。如果不熟悉战略设计的流程规范就去构思战略必然是一个盲目行为,之后的战略决策也将是一个危险的决定。为了促使战略设计成为一种程序化的活动,战略设计流程研究的主要任务是划分战略设计的基本阶段、明确战略设计的主要行为、总结战略设计的特殊手段,整理战略设计的常用方法,从而为人们设计战略提供流程知识。

一、战略设计的基本阶段

多少年来,商业成功者几乎都凭借聪明和经验拥有了自己的商业战略。在成功之后,或者是因为没有兴趣,或者是因为没有能力,成功者没有认真总结战略设计的过程,更遑论系统总结战略设计流程的理论。截至目前,战略设计(流程)理论仍然处于萌芽状态。

令人欣喜的是,设计思维的研究者为此做出了基础性的探索。可惜,这些探索属于一般设计流程的描述。其中,比较典型的观点如下:

○ 聆听—创造—产生(IDEO,2009)(IDEO 是一个著名的设计咨询公司)。
○ 理解—观察—定义问题—创意—原型—测试(斯坦福设计学院,2010)。
○ 发现—创造—测试(Michelle Miller,2016)[1]。

其实,这些观点也可以用于描述战略设计的流程。笔者认为,任何战略动机都来自商业决策者的观察,由此可能开始一个战略构思的过程。当发现战略机遇且形成战略创意时,战略设计者的构思过程才能正式启动。战略创意只是战略设计活动的起点,围绕战略创意,设计者需要完成战略构思的一系列任务,主要包括赋予产品和服务的战略功能、选择战略行为、创新商业模式、构建企业内部战略管控和外部战略调控的体系、规划战略愿景,由此战略才逐渐成型。在此基础上,设计者还需要通过修改或补充,对已经形成的战略进行反复打磨,即战略设计的"完善"。这样,战略设计的流程可以分为三个基本阶段,即"观察—成型—完善"。

在战略设计结束之后,一个完善的战略能否实现决策者的商业理想,还需要通过战略行动验证。事实证明,人们设计的大部分商业战略是低效或无效的。为了解决战略设计的缺陷,设计者需要经常调整或者重新设计战略。调整或重新设计战略与战略设计的行为同样重要。由此可见,"观察—成型—完善"只是一种狭义的战略设计流程。从广义来说,战略设计流程是战略设计、战略调整或战略重新设计不断循环的复杂过程。实际上,战略就是一个不断试错的过程。只有商

---

[1] 娜塔莉·W. 尼克松. 战略设计思维 [M]. 张凌燕,等译. 北京:机械工业出版社,2017.

业活动完结，战略设计才可彻底结束。

二、战略设计的主要行为

普通的设计流程是一种由"虚"到"实"的过程。比如，在产品的设计流程中，从设计者在头脑中形成产品创意，到设计者利用线条绘制出产品图纸，再到做出设计的样品，整个设计流程表现为一种逐渐实体化的过程。与此相反，战略设计是人们内心的思想设计，从最初的战略萌芽到最终的战略决定，即使设计者将战略写成文字，其主要过程也表现为一种心理活动。假若战略只是决策者头脑中的"战略地图"，战略设计的流程则纯粹是一个"计上心来"的过程。因此，战略设计常常让人不得要领，人们无法知道设计一个战略到底需要做些什么，也无法知道怎样判断战略设计的具体进程。

在产品设计流程中，根据原型、图纸和样品等实体标记，人们可以清晰划分产品设计流程的阶段以及判断产品设计的进程。对于战略设计者来说，设计流程中的实体标记是不存在的，能够感受到的设计成果只是战略猜想、战略观点和战略方案等，在战略决定之前，这些成果处于模糊且易变的状态，不足以用来判断战略设计的进程。因此判断战略设计进程的最好办法是，观察战略的设计行为。

所谓战略设计行为，是指设计者完成战略构思的具体动作。在战略设计流程中，设计行为既代表了战略设计的环节，又代表了战略设计的内容。对于战略设计者来说，如果受困于设计流程的某个（些）环节，就可能面临战略设计的失败；忽略了设计活动的某个（些）内容，则可能出现战略设计的缺陷（失）。总之，设计行为是人们判断战略设计进程的主要依据。

战略设计流程应该包含哪些"设计行为"呢？对于初创企业来说，商业活动是一个从无到有的创建过程，因而其战略设计流程是完整的，其战略设计行为也是齐全的。我们遂以初创企业的战略设计流程为例，将战略设计的主要行为简述如下：

商业战略源于战略机遇，而战略机遇总是产生于特定的商业环境中。如何发现商业的战略机遇？这取决于商业观察者对商业认识的"战略高度"。也就是说，观察者既看到了商业的问题及本质，又看到了解决这个问题的价值和风险。当价值诱惑超过风险忧虑时，观察者可能开启投资活动。投资活动引发战略设计行为。

事实上，观察仅是战略设计的前奏。战略设计的首要行为是提出战略创意。战略创意来自人们对商业环境与商业本质的洞察。商业洞察不是一般的观察，它既包括发现商业的机遇，也包括找到解决商业困惑的办法。洞察的结果通常称为"洞见"，而商业洞见构成战略创意的内容。战略设计实际上就是人们将战略创意变成战略行动的过程。

然而，好的开局并不等于好的结果。战略创意能否变成战略方案，设计者需要进行事先判断。情景规划是这种判断的工具。依靠情景规划活动，战略设计者可以预测未来的商业场景，并依据这种场景对战略创意进行评估和选择。实践证明，非凡的战略创意搭配高超的情景规划可以带来绝妙的战略设计。

在商业领域，战略创意首先是围绕产品和服务的创意。离开产品或服务，战略创意只是战略臆想。实践证明，产品、服务和体验的战略功能构成商业竞争的基础优势。因此，设计产品、服务和体验的战略功能成为首要的战略设计行为。

实现商业竞争优势的重要途径是，选择和设计一种合适的商业战略行为。在理论上，那些具有战略意义的商业行为可以统称为"战略行为"。战略教科书已经归纳出大量的战略行为模式，战略设计者可以根据企业的条件和环境的需要，选取一种经典战略行为模式作为设计的"行为样式"，然后对这种行为样式进行个性化改造，从而为企业设计出有效且独特的战略行为。

商业行为的组合即商业活动。什么样的商业活动能够赚取最多的商业利润？这取决于商业活动的赚钱技巧，即"商业模式"。每个企业都依赖某种商业模式获利，但是，只有设计出既有效又独特的商业模式，企业才可以赚取更多的利润。商业模式设计是战略设计的核心行为。

以上的设计行为代表了战略设计流程的前半场。在前半场，设计者以战略创意为核心，相继完成了战略基础、战略行为以及商业模式的设计。这些设计成果可以构成商业竞争优势的主要来源。进入战略设计流程的后半场，设计者还必须为发挥这些优势的作用寻求支撑条件。后半场的设计行为主要包括：

一是企业内部的战略管控设计。在多数情况下，商业战略是企业组织的战略。企业的结构、人员、制度、文化必须与战略相互匹配。

二是企业外部的战略调控设计。企业战略必须在合适的环境中才能实现。企业与外界保持和谐且稳定的关系，有助于战略的顺利实施。

三是战略愿景设计。战略愿景代表战略理想。企业规划美好的愿景和制订严密的计划，这既能凝聚战略力量，又能推动战略进程。

总的来看，商业战略设计就是一场商业梦想的设计。根据以上描述，梦想的前半部分是激动人心的赚钱想法，后半部分则是小心翼翼的赚钱做法。因此，设计者在战略设计过程中时而痴狂，时而忐忑，始终处于亢奋和忧虑状态的交替之中。凡是经历过这种梦想设计的人都要感叹：设计完美的商业梦想确实不易。

与初创企业相比，在位企业常常围绕某个（些）商业环节进行战略设计。例如，当企业面临产品或服务的竞争压力时，战略设计行为主要是产品或服务的战略功能设计；当企业面临市场的竞争压力时，战略设计行为主要是战略行为的选择（与设计），以及商业模式的调整（与设计）；当企业面临增长的挑战或变革的危机时，战略设计行为主要是企业内部的战略管控与外部的战略调控设计。总之，在位企业的发展随时可能遇到某个重要且不确定的问题，围绕这个问题设想解决办法就是在位企业的战略设计行为。

除非是全新的经营项目，否则对于在位企业来说，完整的战略设计流程既无必要也无可能。可是，这不意味着在位企业的战略设计没有流程问题，只是其战略设计流程可能存在不完整性；这也不意味着在位企业的战略设计可以轻松搞定，只是某些战略设计行为可以借鉴过去的经验。因此，在位企业（特别是成功者）的战略设计很容易成为一种走流程的工作。

三、战略设计的特殊手段

通常，设计工作需要一些器具、设备和条件，即"设计的工具"。比如，产品设计需要的工具包括纸、笔、图板、电脑（软件）、科学原理和技术规则。与普通设计相比，战略设计的工具非常简单，有纸和笔就足够满足设计战略的硬件需要了，例如，美国亚马逊公司创始人贝佐斯利用餐巾纸写出一个著名的电商企业战略（草图）。有时，战略设计只是保留在战略决策者头脑中的一张战略地图，人们不用纸和笔也可以设计战略。然而，战略设计是一种复杂和艰辛的思考过程，因而常常需要某些特殊的手段，以便提高设计工作的效率。战略设计的特殊手段如下：

（一）图示化

在绝大多数的设计流程中，图片是设计的成果或成果的一部分。可是，在战略设计过程中，图片可以成为战略设计的重要手段，有人称之为"图示化"，也有人称之为"可视化"。**图示化手段主要是指设计者将头脑中的战略构思变成可以看得见的文字和图形，也包括照片和视频，从而更好地展示自己的战略观点。**对于战略设计者来说，图示化可以表现战略想法，也可以比较不同的战略想法。根据战略设计的内容不同，战略图示化的具体形式包括：

其一，即时贴。设计者将战略想法写在纸上，然后集中贴到墙（板）面上，供设计团队成员讨论和评价。这样，战略设计者可以广泛征求战略建议，拓宽战略设计的视野。[①] 具体如图1-1所示。

其二，战略画。一般来说，战略画主要用于战略构思形成的初期，设计者运用图画可以表达一种战略构思，或者添补尚未完成的战略设计。这种手段能够将抽象的战略观点变得形象，唤起人们对战略的联想，从而获取更加丰富的设计方案。根据表达方式的不同，战略画又可以分为两种情况：

---

① 娜塔莉·W. 尼克松. 战略设计思维［M］. 张凌燕，等译. 北京：机械工业出版社，2017.

图 1-1 战略设计流程中的即时贴示例

故事板,是由一系列画面组成的"连环画"。其内容包含商业人物、商业目标、商业困难和解决困难的过程。例如,Uber 公司的早期战略构思中的故事板表达了一种非常明确的商业战略想法,从而激起了人们对这一战略想法的探索热情。① 示例如图 1-2 所示。

图 1-2 战略设计流程中的连环画示例

---

① 娜塔莉·W. 尼克松. 战略设计思维 [M]. 张凌燕, 等译. 北京: 机械工业出版社, 2017.

· 11 ·

战略画布，是由 Alexander Osterwalder 和 Yves Pigneur 于 2010 年共同开发的战略设计工具。该工具是一幅系统的"组合画"，包含战略的价值主张、客户关系、收入来源、核心资源、成本结构、重要伙伴和关键业务等画面。人们可以利用其中的画面讨论战略设计的一些具体问题。① 示例如图 1-3 所示。

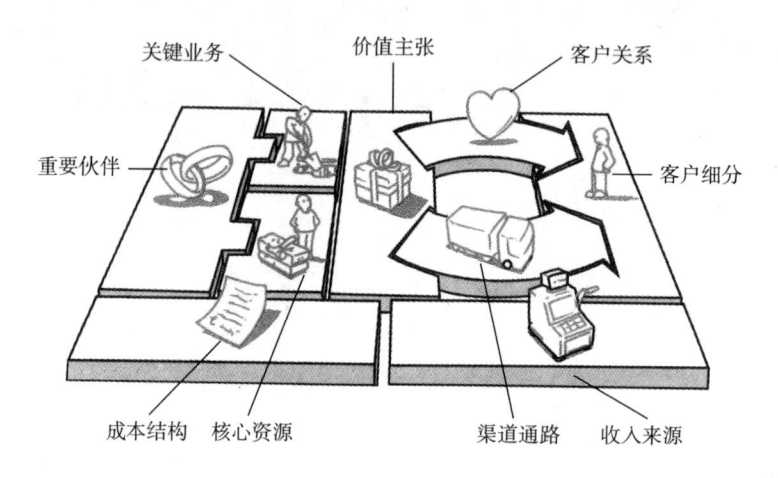

图 1-3 战略设计流程中的战略画布示例

其三，战略图。设计者利用简易图形表达战略分析的结论，例如，表达战略逻辑的"树形图"或"鱼刺图"、显示战略关系的"关系图"，以及展望战略前景的"星火图"。一般来说，战略（草）图是战略设计者一边思考一边描画的结果，常常是简单线条与简洁文字的结合，能够产生清晰的表达效果。

总的来说，在战略设计的前期，设计者可以利用"即时贴"表达自己的战略猜想；中期可以利用"战略画"表达尚未完成的战略内容；后期可以利用"战略图"表达某些战略结论。虽然图示化手段具有简单、形象和方便的好处，但是，这种手段本身并不能直接产生战略思想。战略是想出来的，而不是画出来的。极力宣扬图示化手段的作用，容易误导人们对战略设计的理解。

（二）战略故事

在生活中，讲故事是人们交流情感和表达想法的重要手段。战略代表人们对未来商业活动的设想，战略设计者可以将这种设想编辑成一种特殊的故事，即战略故事。与普通故事一样，战略故事也由背景、人物、情节和结局组成。其不同之处在于，**战略故事往往是一种"英雄之旅"，即人们为了商业理想而冒险完成一件困难的事情**。具体来说，一个精彩的战略故事可以演绎一种理想的商业过

---

① 娜塔莉·W. 尼克松. 战略设计思维 [M]. 张凌燕，等译. 北京：机械工业出版社，2017.

程，它既展示了英雄可以到达的终点，又显示了英雄在旅程中可能遇到的挑战。

在"微信"战略的设计中，腾讯公司的张小龙采用"英雄故事"的手段，引导"微信"平台的开发节奏。他决心将"微信"打造成社交平台的"艺术品"，最大限度地占领网络沟通的市场空间。于是，"微信"的平台设计非常"佛性"：最干净的界面、最小化的底部功能、没有开屏广告、没有推送信息。在聚拢了大量用户之后，"微信"才逐渐由"艺术品"下沉为"世俗品"，陆续推出支付工具、小程序、游戏和电商等栏目。假如张小龙没有运用"英雄故事"引导"微信"平台的开发，那么，"微信"只能成为众多的商业社交平台之一，也可能早已湮没在残酷的流量竞争之中。

对于战略设计者来说，编好战略故事并非易事。设计者运用战略故事来表达战略设想时，故事的独特性、体验性与合理性必须高度统一。根据成功者的经验，战略故事的基本情节是，通过努力与创新，商业英雄创造出神奇的产品或服务，在满足他人美妙体验的同时，也获得丰厚的商业收入。这种故事情节在商业实践中屡试不爽，足见故事手段在战略设计中的神奇功效。

（三）数据分析

在信息社会中，信息就是人们理解和分析事物的数据，数据分析也成为人们规划生活的重要手段。在战略设计流程中，数据分析的手段主要表现为两个方面：一是分析商业环境的数据统计；二是模拟商业前景的数学模型。有人将数据分析捧成战略设计的"神器"，认为利用数据分析设计的战略更科学。

然而，**不管是数据统计，还是数学模型，数据分析始终属于专业性的分析工具。对于战略设计者来说，利用数据分析战略和设计战略，只是利用专业公司的数据或模型而已**。设计者在运用数据时必须注意：

第一，不能完全相信数据分析的结果。数据代表事物的数量变化，由于数据失真或者数量变化的偶然性，单纯的数据分析存在片面认识的风险。通常，战略设计者需要对商业做出性质与趋势的判断。如果迷信数据，忽略商业活动性质及对商业环境趋势的判断，战略设计者就可能形成战略偏见。当偏见撞上事实，偏激的战略会显示出危险。此时，战略失败可能已经成为定局。

第二，认真核实商业数据。在利用数据之前，设计者需要核查数据的准确性，剔除和纠正虚假的数据。核查内容包括数据的来源、统计的可靠性以及数据与事物的关联度等。错误或虚假的数据很容易导致决策者做出危险的战略判断。实际上，战略逻辑是战略设计的坚定根据，商业数据会影响设计者的信心。

第三，补齐数据分析的短板。既然数据分析存在风险，设计者就需要利用一些手段来消除风险。例如，聘请专业人员对数据进行解读；雇用专业公司对相关事件进行调查；设计团队根据数据进行沙盘推演。战略设计必须以有效为标准，而有效的战略必须由实践来检验。

总的来说，数据分析可以加快战略设计进程，客观和全面的数据有利于形成严谨和稳妥的战略。然而，战略设计不是数字游戏。战略设计者既要利用数据，而又不迷信数据，最终必须依赖自己的智慧创造出精彩的战略。

除了图示化、讲故事和数据分析之外，有人认为，战略设计的手段还包括游戏、冥想和头脑风暴。本书认为，组织游戏、静坐冥想或者进行头脑风暴，虽然可能产生战略思想的火花，但是，游戏失去战略设计的严肃性、冥想容易产生战略幻想、头脑风暴不是战略的深入思考，即使这些做法曾经作为某些人设计战略的手段，但也不具有普遍推广的价值。

战略设计是一个充满激情、焦虑和惶恐的心理过程。人们借用某些手段可以尽量缩短这种心理过程。同时，战略设计也是一个非常严谨和艰辛的思考过程，任何企图规避这种过程的做法都不值得人们尝试。

四、战略设计的普遍方法

在生活中，方法的迷人之处是它符合人们生活的省力原则。战略设计的方法不仅可以满足人们的省力需要，还事关赚钱的商业技巧，所以，人们对战略设计方法心向往之。然而，战略设计的私密性决定了战略设计方法的稀缺性。更重要的是，即使我们拥有了他人的设计方法，战略也不会随着方法的运用而自动地从头脑中流出。基于这些道理，本书介绍一些战略设计的普遍方法，以供读者在战略设计实践中参考和验证。

（一）问题的圈定法

从某种意义上说，战略设计也是人们解决商业问题的过程。战略设计者到底需要解决什么问题？这是战略设计者必须明确但又无法准确判断的事情。任何问题的解决过程都可以分为三个阶段：发现问题的症结、确认问题的本质、找到解决问题的办法。相比较而言，准确认清问题的本质是其中的最重要阶段。然而，处于同样的商业环境、面临同样的商业问题，由于看到不同的商业本质，人们提出的战略可能大相径庭。

例如，娃哈哈公司董事长宗庆后认为，2016年发达国家人均饮料消费量为240~250公斤，中国仅约130公斤，因此，中国饮料产业的发展仍具潜力。让我们换一个角度分析这个问题，发达国家的人们因健康顾虑正在改变大量喝饮料的生活习惯，饮料特别是传统饮料正在面临市场萎缩的前景，所以，饮料企业需要谨慎对待饮料的市场潜力。

类似的分歧是商业领域的普遍情形。面对同一个商业环境，有人阔步闯入市场，有人却快速退出市场。到底谁看到了商业的本质？怎样才能发现商业的本质呢？

  商业的本质总是隐藏在商业表象之下，如果满足表面现象的认识，人们必将失去商业本质以及商业机会。例如，无论人们怎样改进马车，马车也不会变成汽车，从马车时代进入汽车时代，首先是人们对交通工具认识的进步，认识的进步就是指人们对事物本质认识的提升。为了发现和掌握商业的本质，人们在商业实践中逐渐总结出一种"以动制动"的认识方法，即"问题圈定法"。

  在圈定法中，"圈"是划出范围的意思，生活的问题都是一定范围内的问题，此范围的问题，在彼范围可能不是问题；"定"是确定的意思，问题可以分为现象与本质两个层面，问题表现的现象不同，反映问题的本质存在差异。**问题圈定法，即从商业的关键现象开始，一层一层地探寻商业的关键现象究竟是一个什么问题，最终可以将商业问题圈定在合适的层次上，商业本质就暴露无遗，商业问题可迎刃而解。**

  具体来说，人们寻找商业本质的过程，需要首先将某一商业现象归结为某个商业问题，其次把这个商业问题不断推到更大的环境和更高的层次中，判断同一个问题到底意味着什么。经过层层的圈定行为，问题最终可以锁定在一个合理的范围与合适的层次中，此时，商业的本质问题与解决商业困难的办法就会显而易见。

  例如，某洗涤用品企业的洗涤剂瓶盖设计出现问题，瓶子倾倒时出现液体外溢现象，经常遭到顾客的投诉，影响了产品销售。显然，该企业面临"瓶盖密闭不好"的商业问题。战略设计者把这一问题写在纸上，由此展开的战略设计就是"解决瓶盖密封的行为"。在设计战略的过程中，设计者如果深入思考这个问题，沿着"液体外溢"这个方向，从更高的层次上看，那么，这一问题也是"瓶子倾倒的便捷性问题"，也许更好的战略设计是"研发优质的瓶嘴和瓶盖"。假若设计者继续深入思考这一问题，将"瓶子倾倒"问题推向更高的层次，那么，顾客倾倒洗涤剂时还面临洗涤剂的度量问题，洗涤剂的用量可以通过瓶盖来计量。这样，经过两次圈划之后，"瓶盖密封""液体倾倒的便捷性"以及"洗涤剂使用量的计算"完全能够"毕于一役"，实现洗涤剂使用的"无忧和乐趣"。为此，企业可能需要开发一种"可分离式容器"。[①]

  问题圈定法的主要技巧是，人们从事情的表面到深层、从局部到全局、从眼前到长远，经过多次推波助澜，把商业问题推到最高层次、最大范围或者最好程度，从而暴露商业问题的最深本质以及找到解决商业困难的最好办法。在对问题不断圈定的过程中，人们每次获取的答案并不重要，重要的是可以将问题一次又

---

① 娜塔莉·W. 尼克松. 战略设计思维［M］. 张凌燕，等译. 北京：机械工业出版社，2017.

一次地推向更高层次，从而获取更新和更好的答案。

商业实践没有最好的答案，人们每次获得的答案，总是一定层次、一定范围或者一定时间内的理想答案。商业永远处于不断的进步之中，即使设计者有幸获得了一个理想答案，其也会随着商业的变化而成为过时结论。这时，设计者需要将商业问题重新推入圈定过程之中，继续寻找理想的答案。问题圈定是一个永无止境的过程。

（二）同理心方式

在本质上，商业活动是以创造和分享商业价值为目的的过程。价值诱惑是人们参与商业活动的重要动机。假若没有吸引足够的消费者、供应者、经销者乃至竞争者，精心设计的商业活动就会陷入经营惨淡的困境，经营者也将无功而返或者负债累累。因此，设计商业战略必须考虑他人的价值需求。

战略设计者满足他人愿望的前提，是了解他人的内心想法。怎样了解他人的想法呢？根本的方法就是运用"同理心"的方式做事。"同理心"的实质就是站在对方的立场思考问题。具体来说，"同理心"要求设计者换位思考，学会从对方的立场看问题，尊重对方的利益诉求，满足商业活动参与者的根本愿望。为此，设计者需要经常接触商业参与者，观察他们的行为，倾听他们的意见，关注他们的利益。如果设计者的"同理心"泯灭，漠视商业参与者的感受和利益，或者把自己的感受当作他们的感受，再精明的战略也难以成功，即使偶尔成功也难以持久。

"同理心"方法的理论基础是人类学。商业人类学的基本原理是，未被满足的人类欲望必然代表商业的前进方向，只有满足、顺应或利用这种欲望，企业才能找到合理的商业方案。根据这一原理，战略设计者应该从人的本性出发，分析商业参与者的人性特点与价值诉求，发现他们未能满足的欲望或者潜在的需求，设计双（各）方共赢的商业模式，从而实现"和气生财"。主要表现如下：

一是从消费者的角度思考商业价值。消费者为什么购买企业的产品或服务？这是一个老生常谈却不易回答的问题。消费者购买可能是因为便宜，也可能是因为好用，还可能是因为方便，甚至可能是因为别无选择。其中的每一个可能都会演绎出一个特殊的商业战略。有时，消费者也不是特别清楚自己的真实需求。但是，他们愿意和那些提供最好产品或服务的企业进行交易。因此，战略设计必须赋予产品和服务一个强烈的卖点，满足消费者的真切需求，从而为企业争取稳定的市场份额。

二是从合作者的立场思考利益分享。企业总是在某种商业生态环境中生存，商业生态环境的好坏直接影响企业经营的成败。对于企业来说，上游是供应商，下游是经销商，前方是消费者，后方是竞争者，这些关系都包含了合作的成分与机会。商业合作的核心是利益共享。假若决策者出现战略短视，利用企业的强势或者对方的弱势，换取眼前利益的增长，有可能失去企业的长远利益。

三是从竞争者的位置思考产业环境。商业战略是基于商业环境而形成的想法，而产业环境是商业环境的核心部分。在产业内部竞争中，可以帮助企业成功的战略并非公认的最优战略，而是有效且独特的战略。商业历史反复证明，对手企业之间的战略趋同迟早是一场灾难。为了避免这样的灾难，企业必须关注竞争对手的战略动向，通过一个有效且独特的战略谋求长期和稳定的发展。为此，某些企业成立"蓝军团队"，专门研究竞争对手的战略。

运用"同理心"的方法设计战略，除了关注商业对象的利益诉求外，也包括利用对方的缺陷和错误。战略和战略设计都属于中性概念，本身没有高尚与卑鄙之分，其目的都是趋利避害。在商业历史上，许多好的战略也正是利用对方的贪欲获取了竞争优势。比如，利用对方喜欢便宜东西的特性，企业实施低价战略；相反，利用对方喜欢奢侈消费的特性，企业采用限量销售策略。可是，利用对方的缺陷或错误实现自己的商业目的，战略设计者有时会面临道德风险。正因为如此，"同理心"的设计方法强调，战略设计者通过关心对方的利益而不是利用对方的弱点，实现自己的商业理想。

商业的竞争优势可以分为客观优势和主观优势两个方面，运用"同理心"方法获胜属于竞争的一种主观优势。可惜，大多数人只是关注企业的客观优势而忽略了这种主观优势，因此设计的战略"蛮横"有余，而"灵巧"不足。

（三）包容性思维

在战略设计过程中，设计团队经常会遇到意见分歧的情形。这是一种正常的战略现象。面对不同的战略主张，设计负责人常常面临两难选择：拒绝不同意见可能将战略设计变成一意孤行；相反，接受不同意见则可能把战略设计变得一无所成。怎样处理战略设计中的不同意见？包容性思维是处理战略分歧的一种理想方法。

所谓包容性思维，是指战略设计者愿意倾听不同的声音和观点，在相互矛盾的思考中完成战略设计工作。在头脑中同时保持两个或多个相互矛盾的战略观点，设计者还要继续推进战略思考的过程，这是一件痛苦的事情。更严重的是，战略分歧可能贯穿整个战略设计过程，设计者为此可能需要长期忍辱负重地工作。

从根本上说，战略设计者的包容性思维源于战略认识的分歧现象。按照出现的时间不同，战略分歧大致可以分为三种情形：

一是战略设计的前期，可能出现否定和怀疑的声音：

○需要做这样的战略设想吗?
○这种业务有价值吗?
○没有市场潜力、没有竞争力、没有条件……
○等市场稳定（明朗）再说。
二是战略设计的中期，可能遇到相反的战略判断：
○这是用户需要的吗?
○完全不必这样费劲!
○不合逻辑、缺乏经验、没有可行性……
三是战略设计的后期，可能面临战略的反对意见：
○战略是冒险行动（某些股东）。
○战略是片面想法（某些部门）。
○战略是不现实的（某些顾问）。

实际上，战略设计总是受到不同声音的干扰。包容性思维不是消除各种干扰，而是重视这些干扰因素，整合各方的战略观点，以便提出稳妥、全面和统一的战略方案。因此，"整合"是战略设计的重要方法。具体表现是：

第一，利用不同角度思考战略问题。多元化的战略观点可以激发设计者的头脑，便于获取更丰富的信息，全面认识商业的本质。

第二，不断寻求战略设计的正确方向。一般来说，战略思想的来源越丰富，战略选择的方向越广泛。即使某些战略观点是错误的，其也可以为战略设计者树立反面镜子，有利于设计者更坚定地保持正确方向。

第三，积极协调战略利益关系。商业的战略设计是一种平衡的艺术。战略设计者重视不同利益，容纳不同观点，协调不同立场，可以为将来的战略行动赢得更多的支持力量。

在实践中，完全一致的战略团队或战略想法可以将企业带到特定的目标高度，却不能将企业带向更高的目标高度。根据这个道理，战略设计团队需要由背景和层次不同的成员组成。设计团队成员身份的复杂性决定了设计组织者拥有包容性思维的必要性。当然，组织者的包容态度应该建立在主导意识之上，民主讨论，集中决策，否则，战略设计有可能搞成"一地鸡毛"。

（四）溯因式推理

战略设计就是寻求解决商业问题的方案过程。战略设计者是怎样寻找战略方案的呢？答案也许让人们深感意外。在某些情况下，战略设计者并非根据企业的资源和能力思考商业的战略方案，而是通过方案迭代的方式获取理想的战略方案。具体操作是：设计者针对商业问题提出一种猜想，然后根据以往的数据和观察的事实证明想法的合理性，最终通过迭代方式确定战略方案。此时，战略方案的产生是设计者逆流而上的思考结果。

所谓"溯因式"推理，就是设计者根据现有的想法，按照由"果"到"因"的思考顺序，反向证明战略想法合理性的过程。与通常由"因"到"果"的思考顺序正好相反，这是一种由"果"到"因"的逆向思考过程。在战略决策过程中，"溯因式"推理是战略设计者经常运用的思维方式。面对复杂和快速的商业变化，设计者普遍采用假设和测试的方法获取和验证自己的商业洞见。这种结论具有明显的或然性，但是，设计者可以通过迭代方式选出最优方案，从而满足快速解决问题的需要。主要表现是：

其一，善于搭建联系。人们总是抗拒和自己观念不同的事物，这样的产品有人要吗？这类服务有市场吗？这是一个好的体验吗？没有尝试，谁能知道产品、服务和体验的价值？其实，任何创新都从搭建联系开始，例如，"即时贴"就是美国3M公司的工程师把一种黏性不好的胶带，首先用于粘贴教堂唱诗班的乐谱，结果发现这种胶带能够"即贴即揭"，原以为毫无商业价值的胶带最终却成为市场的畅销产品。

其二，迅速构建原型。原型可以帮助设计者观察战略设想的结构和表现。因为搭建联系而产生的想法是否可行？起初，战略设计者是无法判断的，直接将这样的想法设计成为战略方案，无疑是一种危险行为。在这种情况下，设计者可以先将商业创新的想法变为商业活动的原型，即行为模式或业务结构，然后针对这种原型，进一步分析商业活动的可行性以及论证商业运行的合理性。同时满足可能性与合理性的要求之后，设计者才能进行战略的细节设计。

其三，敢于战略试验。在战略设计过程中，搭建的商业联系以及构建的商业原型，其性质都属于战略猜想。无论怎样新奇，这样的猜想也只是设计者提出的假说，而且设计者可能拥有多个漂亮的假说。怎样处理这些假说呢？实验是一种低成本的检验办法。这种办法既可以证明某种假说的合理性，又可以比较不同假说的有效性。正是基于"溯因式"的推理方法，"假说—试验—洞见"成为有效的战略设计方法。

有时，"溯因式"推理可能给设计者带来一定的困惑，甚至一些挫败感。可是，"溯因式"推理符合战略尝试的原理，在付出一定代价之后，战略设计者通过实验可以快速获取有效的战略方案。因此，"溯因式"推理是一种积极的战略设计方法。

上述四种方法分别出现在战略设计过程的不同阶段。其中，"问题圈定法"主要用于前期商业本质分析阶段，"同理心方式"主要用于中期战略思想确定阶段，"溯因式推理"主要用于后期战略方案选择阶段，而"包容性的思维"用于对战略分歧的处理。总之，这些方法是人们设计战略时需要经常使用的方法。

战略设计是一种复杂的思考过程。在普遍方法之外，战略设计者或许拥有特殊的战略设计方法。坦率地说，无论普遍方法还是特殊方法，战略设计根本不存在什么"点石成金"的方法。任何宣称"战略秘籍"的方法都是骗人的把戏。

当前，商业战略设计理论正处于形成时期。商业战略的设计流程应该包含哪些内容？理论界没有一致的说法。笔者根据自己的经验和前人的观点，总结了商业战略设计流程的基本阶段、主要行为、特殊手段以及普遍方法。对此，读者完全可以"仁者见仁，智者见智"。笔者相信，人们对战略设计流程的认识，必然随着战略设计实践的发展而逐渐成熟。

第三节　商业战略的设计原则

战略设计的普遍经验是：有效的战略源于理性的设计。**商业战略设计的基本原则是指保持战略设计行为合理性的基本要求**。在讨论这一基本原则之前，我们必须强调两个问题：一是战略设计活动是由不同的战略设计行为组成的，战略设计基本原则是指战略设计活动的总体规则；二是战略设计属于一种思想设计，其设计原则偏向人的思维规则。沿着"总体规则和思想设计"两条逻辑线索，我们可以将战略设计的基本原则归结为四个方面。分述如下：

（一）真相原则

真相常常被人们误解为"事实"。战略设计的真相原则往往被人误解为战略设计必须立足于事实。粗略来看，这种理解似乎没有错误。然而，在生活中，人们关于什么是事实可能存在巨大争议。毫不客气地说，事实不过是人们认可的事情而已。由于每个人认定的事实不同，人们根据事实所设计的战略必然大相径庭。

例如，人们在出行过程中经常遇到"最后一公里"的困扰。当前位置与目的地只有一公里，步行远了一点，打车近了一点。这种出行困扰是大家公认的事实。根据这一事实，有人提出"共享单车"的战略设想，有人提出"网约顺风车"的战略设想。到底哪一种战略设计更合理？"最后一公里"的事实本身并不能提供答案，"共享单车"与"网约顺风车"的战略设计者都想解决这种困扰。孰是孰非？深入事实的背后，我们才可以发现这个事情的真相。共享单车，无论是自行车还是电动车，都存在用车成本高和车辆管理混乱的问题，利用共享单车解决"最后一公里"困扰，终将是不可持续的解决办法。相比较而言，网约顺风车的成本低且易于管理，也许是解决"最后一公里"困扰的好办法。

为什么有人热衷于投资"共享单车"呢？原因是投资者迷恋"最后一公里"与"自行车方便"两个事实的正确，却忽略了两个事实背后真相的重要性，即利用自行车解决"最后一公里"困扰的综合成本太高。

真相代表事实背后的真实道理。有时，眼前的事实可以代表生活的真相。更多的时候，事实只有在发展中才能展现出生活的真相。战略设计是面向未来商业变化的，历史经验与眼前事实都不足以肯定战略的前瞻性。**坚持真相的原则，设计者需要对事实进行深入解剖和长远分析，不断挖掘生活表象之下的"真相"，并以此作为战略设计的真实道理。**

不可否认，自信是战略设计者的重要品质。但是，战略设计者过于自信可能酿成战略灾难。即使人们的自信来自事实，实践却一再证明，只有立足于事实背后的"真相"，人们才能设计出有效的战略方案。

（二）系统原则

系统是指事物处于一种复杂的状态。人们为什么要设计商业活动的战略？主要是为了应付商业环境的复杂变化。简单的商业环境无须战略和战略设计。在复杂的商业环境中，战略设计者的判断和决定面临各种不确定性，因此，系统思考成为战略设计的重要原则。

战略设计的系统原则是指，设计者必须关注战略因素之间的复杂关系，尽力保持战略利益关系的相对平衡。主要表现在以下三个方面：

其一，系统判断商业环境。每个人都想在最佳时刻投资商业。然而，投资的最佳时机实际上是不存在的。任何时期的商业环境都有利有弊。比如，20 世纪 80 年代，中国商业发展处于野蛮生长时期，投资机遇可谓遍地都是，但市场的消费能力有限。等到 21 世纪之后，市场消费能力有了巨大的增长，但商业领域已经人满为患。由此可见，战略设计者必须综合判断商业时机的利弊，在全面分析社会经济、政治、文化与生态环境的基础上，明确商业投资的最好条件和最坏因素。不仅如此，要将一个战略机遇设计成为战略方案，设计者还要在最有利的条件下启动设计流程，努力避开最不利因素的影响，在不断权衡中做出相对有利的决定。

其二，系统应对市场竞争。绝大多数的商业活动都面临复杂的市场因素。所谓的商业战略决策，是人们对市场形势、资源、利益与风险进行综合考虑的决定。首先，市场进入需要合理的角度，只有反复观察和不断推演，战略决策者才能确定理想的产业定位与利基市场。其次，能否将商业机遇变成商业活动，决策者需要全面估量资金、人才与技术的条件。最后，要将商业活动做得成功，战略设计既要发挥企业的竞争优势，又要利用对手的商业缺陷。总之，商业的成功是各种市场因素共同发力的结果。

其三，系统处置利益关系。商业生活是一种利益共享的生态系统。在企业内部，商业活动必须兼顾股东、管理层以及员工的利益，从而凝聚战略行动的力量。在外部，企业必须重视利用环境的有利因素，如消费者的认可、供应商与经销商的支持乃至竞争对手的刺激，这些都有利于战略的实施。另外，企业还必须关注社会利益与社区利益，树立良好的企业形象。只有理顺各种利益关系，企业才能获得更多的机会和利益。

综上所述，战略设计是一个系统工程。一方面，战略设计者必须立足于全面解决问题，不断扩大观察视野，转换分析角度，吸纳创新观点，尽量避免战略出现系统性的缺陷。另一方面，战略设计者需要接受现实复杂性的后果，商业不存在最优的解决方法，也不存在固定的解决方案，任何战略都是不断优化和调整的结果。假若没有系统思考的原则，即使商业环境出现细微的变化，都可能引起设计者对商业的误判，继而导致战略决策的失效或失败。在商业实践中，企业的战略决定实际上都是决策者反复权衡的结果。

（三）价值原则

商业战略的根本目的是"谋利"。可是，"谋利"不是战略设计的全部价值。在战略设计过程中，**价值原则是指战略设计者在满足自己企业赢利的同时，能够改善消费者的生活，促进社会的进步**。这也就是说，战略设计者追求的价值必须是商业的综合价值，战略必须体现企业、消费者与社会的共赢。

首先，商业活动应该具有商业价值。战略设计解决什么样的商业问题？这取决于设计者对商业价值的判断。一个有趣和有利的商业活动，足以吸引战略设计者的目光。可惜，世间既有趣又有利的商业活动少之又少。于是，设计者需要在两者之间进行平衡。一般来说，商业战略在有趣和有利之间实现了相对平衡，才是人们可以接受的战略设计。多少年之后，可能商业趣味越来越少，也可能商业赢利越来越难，决策者最终放弃了精心设计的商业活动。

其次，商业活动必须改善消费者的生活。战略设计者经常对自己设计的商业游戏充满幻想：最好人们难以离开，最起码人们喜欢。为此，设计者绞尽脑汁想出各种办法，创新产品与服务的战略功能，编写动人的商业故事，宣传企业的经营特色，以便吸引消费者的眼球。从长远来看，战略设计必须建立在消费价值的基础之上。那些伤害消费者的产品或服务（如烟草或游戏之类），虽然满足了企业的价值追求，却可能遭到消费者的谴责、抵制甚至唾弃。

最后，商业活动可以促进社会进步。商业活动可以为企业创造价值、为消费者改善生活，但也有可能给社会造成灾难，如环境污染、资源浪费以及文化颓废等，这样的商业活动终将被社会禁止。即使没有被禁止，一种商业给社会带来负面后果，无论怎样赚钱也不值得推崇，战略设计者也许会因此深感愧疚。

总之，战略设计的价值原则是坚持商业的综合价值，即企业价值、消费者价值与社会价值的统一。遗憾的是，在设计商业战略的时候，设计者经常遇到不同价值之间的冲突。这时，大多数人安慰自己的理由是"在商言商"，从而偏向了企业价值，忽略甚至损害消费者价值或社会价值。战略设计因此变成一种"抖机灵"的行为，这就是某些商业罪责产生的根源。

为了避免这样的商业罪责，成功的企业都明确了自己的核心价值观。核心价值观是企业解决价值冲突的根本标准，其主要用于解决顾客、员工和股东之间的价值冲突。历史上，一些著名企业凭借独特的核心价值观获得了战略的成功，比如，默克公司奉行患者至上，美国西南航空公司将员工利益放在首位，辉瑞公司曾声明股东利益第一。然而，这些企业在强调核心价值的同时，并没有破坏商业的综合价值原则。坚持商业的综合价值才是战略设计的底线。

（四）权变原则

战略设计是商业决策者在某个时期的战略构想，战略因此也必然具有一定的时空局限性。承认这种局限性，意味着战略不是唯一或永远正确的方案。随着时间的推移或局势的变化，曾经引以为豪的战略需要改变或放弃。战略设计是一个持续的过程。

战略设计的权变原则是指战略设计需要随着环境变化而不断优化。具体地说，战略设计应该以有效为标准，而有效的战略应该是变化的。权变原则强调了战略设计的灵活性，它有利于企业避免战略僵化的风险。

商业的竞争性决定了商业战略设计的隐秘性。在绝大多数情况下，商业战略设计是从商业决策者个人内心思考开始的，主要表现为个体的思考活动。如果条件允许，包容性思维的决策者愿意采取开放的态度，通过讨论、咨询或协商的形式，把个人的战略思考变成集体的战略讨论。下列问题是人们讨论战略设计的重点问题：

○ 战略机遇是否真实？
○ 战略环境是否适宜？
○ 战略优势是否明显？
○ 战略目标是否一致？
○ 战略收益是否明确？
○ 战略资源是否保证？
○ 战略风险是否可控？

在讨论的过程中，优秀的决策者鼓励不同的观点、尊重不同的意见、关注不同的利益，一直到战略决策的最后时刻。总之，战略设计是战略不断充实和完善的过程。战略决策者的包容不是推卸战略设计的责任，而是尽量克服个人决定战略过程中的个体心智缺陷。

进入战略实施过程，即使战略是完善和有效的，随着商业环境的变化，完善和有效的战略也可能需要调整或迭代。世间没有绝对的战略权威，也没有不变的战略思想。在战略实施过程中，战略权变性的主要表现是：

其一，当商业行为是有效的，顺势而为就是一种战略设计。例如，食品企业看到人们喜欢汤圆又不想一次购入太多，就提供小包装汤圆，这种包装变化就是战略权变的表现。

其二，当商业趋势明显时，加入潮流就是一种战略设计。例如，传统企业看到网络的力量，尝试"传统业务+互联网"的探索，这样的探索行为就是战略权变的表现。

其三，当经营条件变化后，积极调整就是一种战略设计。例如，珠三角地区的外向加工企业发现劳动力成本提高，将自己的加工业务转移到内地或东南亚国家，这种调整行为就属于战略权变的表现。

其四，当商业环境突变后，放弃战略就是一种战略设计。例如，在网络企业气势如虹的时刻，大润发连锁超市将全部业务转让给阿里集团，这种退出行为就是战略权变的表现。

无论是制定战略还是执行战略，权变都是战略设计（含补充、调整、放弃和重新设计）的重要原则。从长远来说，商业没有最好的战略，只有更好的战略。在坚持真相原则、系统原则和价值原则的前提下，权变原则体现了战略设计者总是追求更好战略的心愿。

至此，第一章关于商业战略设计的基本问题已经梳理完毕，这些问题包括商业战略的设计现象、设计流程以及设计原则三个方面，其中的基本结论构成了战略设计理论的基础内容。本书后续章节将阐述各种战略设计行为的要领，主要包括产品与服务的战略功能设计、战略行为的选择与设计、商业模式设计、企业内部的战略管控设计、企业外部的战略调控设计、战略愿景设计等，这些行为要领构成了战略设计理论的主体内容。在战略设计理论的基础内容与主体内容之间，前者的总结为后者的表述提供了背景知识，特别是战略设计的手段、方法和原则，它们成为战略设计行为的统一规范。

在战略设计理论体系中，战略设计的统一规范属于横向性质的知识模块，战略设计的行为要领属于纵向性质的知识模块，两者相互结合，才能共同构成一个完整的战略设计知识体系。等到读者掌握了战略设计行为的要领之后，再次阅读第一章导论的内容，必将深刻感受到这一知识体系的贯通性。

第二章 战略创意

战略设计流程的第一阶段可以称为"战略创意"。这个阶段的主要行为是：寻求战略机遇，做出投资决定，提出战略创意。伴随着不同的行为，处于这个阶段的行为人拥有不同的身份。在寻求商业机遇时，行为人是商业观察者；在决定投资时，行为人是创业者或创新者；在提出战略创意时，行为人是战略创意者。一般来说，初创企业的决策者需要经历全部的三种身份转换。对于在位企业的决策者来说，新业务的战略设计流程和初创企业相似，旧业务的战略设计流程可以简单一些。无论战略形成的具体过程怎样，战略创意都是战略设计流程的起点。

严格地说，提出战略创意本身并非真正的战略设计行为。可是，战略创意代表商业创新，而创新是商业战略的灵魂，战略设计实际上是将战略创意细化为战略行动方案的过程。在这一过程中，如果战略创意缺乏亮点，随后的战略设计很可能是平淡无奇的过程；如果战略创意出现失误，随后的战略设计则可能陷于危险之中。无论是平庸的战略还是冒险的战略，从根源上说，它们都来源于战略创意的缺陷或错误。因此，本书将战略创意列入战略设计的流程。

第一节 观察商业生活

人们从事商业的决定，总是与商业机遇联系在一起。某些学者认为，人们从事商业的决定建立在全面而深刻的分析之上，是人们冷静思考的结果，这与实际情况不符。面对一个激动人心的机遇时，人们一般稍作思考，便开始筹划商业活动，性急的人甚至没有想好就已经投身商业活动。在多数情况下，商业机遇犹如火种一样，能够立刻点燃人们心中的商业热情。

然而，商业机遇隐藏在商业生活之中，人们发现机遇必须依赖自己对商业生活的观察。观察过程存在很多的不确定性，例如，观察不一定察觉商业机会的存在，察觉机会不一定理解商业活动的价值，理解商业价值不一定找到商业创新的办法。这一连串的"不一定"说明，商业观察可能是一个漫长且没有结果的活动。商业观察经常出现戏剧化的效果，意外的发现竟然成为观察者的宝贵机会。当然，大多数人需要通过反复观察才能获取商业机遇。战略设计与绘画创作有些相似，没有看到触及心灵的景物，画家难以创作伟大的画品，同样，没有觉察到诱人的机遇，商业决策者也无法创造精彩的战略。

一、观察什么

人们观察什么更容易发现商业的机遇呢？理论上的判断是，人们观察的商业领域越多，越容易发现商业机遇；或者对商业环境的研究越深，越容易准确判断机遇的真实性。遗憾的是，经历很多商业领域的人们，可能已经失去了很多商业机遇；研究了更多的不利因素之后，人们可能放弃一个有利的商业机遇。商业观察是一个实践问题。只要关注感兴趣的商业生活，看清商业活动的本质，找到解决商业困扰的办法，人们都会发现自己的商业机遇。一般来说，商业观察可以分为四个方面：

（一）关注产品或服务

热门行业最容易吸引观察者的眼球。可是，火热的商业可能风险更多，况且商业由热转冷是一个普遍现象。实际上，生活的每个领域都存在商业机遇。最值得人们关注的是自己愿意做且能够做好的商业领域。要进入这样的领域，产品（服务）就是人们观察商业的最先目标。应关注该产品（服务）的哪些方面呢？

在宏观上，主要关注产品（服务）的市场空间。市场空间可以反映商业的发展前景。具体包括：

○产品（服务）的潜力。潜力主要来自一个产品（服务）的生命力。人们抓住牛气的产品（服务），就等于站在产业发展的风口，可以享有顺势而为的机会。

○产品（服务）的种类。产品线越丰富意味着发展机会越稀少。相反，产品线出现断档，无论是品种、价位、功能还是包装，任何一方面的短缺都代表一个商业机会。

○产品（服务）的品牌。品牌状况代表市场的竞争状态。市场中品牌云集，后来者的机会渺茫。反之，市场缺乏名牌产品，后来者的机会大增。

在微观上，对于那些具有市场空间的产品（服务），观察者需要继续弄清这些细节问题：

○什么样的产品（服务）更容易被人们追捧？

○产品（服务）的市场能否继续细分（如产地、质量、功能、技术、包装等方面)?

　　○哪种价位的产品（服务）更容易被人们接受？
　　○强势品牌的软肋是什么？
　　○弱势企业为什么没有退出市场？

　　当前，商业发展的一个重要趋势是，不同领域的产品（服务）已经开始跨界竞争，满足同一消费需求的产品（服务）越来越多。例如，满足人们视觉消费的产品，已经不限于报纸、书籍、电视和电影之间的竞争，互联网产品如"抖音"正在掠夺这一市场，而且成为这一市场的强大竞争对手。因此，人们需要进行跨领域和多维度的观察，以防进入一个即将陷入"末路"的市场。

　　（二）关注市场中的顾客

　　在市场中，顾客通常分为两种情况：现有顾客和潜在顾客。相应地，商业机遇也分为两种情形：促进现有顾客的购买数量，扩大产品的销售规模；吸引潜在顾客购买产品，扩大产品的销售范围。顺应这种思路，观察者应该注意以下问题：

　　○顾客群的规模和结构如何？潜在顾客群是谁以及不应该是谁？
　　○顾客的消费习惯正在或即将发生什么变化？
　　○顾客喜欢主流产品的哪个特点？
　　○顾客对现有产品的普遍抱怨是什么？
　　○现有产品有没有替代品？替代度如何？
　　○扩大产品消费规模的途径是什么？
　　○产品的产销增长的有利条件是什么？

　　在上述问题中，观察者尤其需要研究顾客的消费态度。每一个抱怨都代表一种未被满足的消费欲望，而每一种消费欲望都代表一个具有潜力的商业机遇。可是，大多数的观察者只关注产品（服务）的新奇与红火，忽略了顾客在市场中发出的抱怨和希望之声，以至于看到了产品（服务）市场，却看不见消费动向和商业机遇，观察最终流于形式。

　　（三）关注行业的发展局势

　　即使发现了有价值的产品，也分析了消费市场，观察者仍然没有完成观察的全部任务。在前面观察的基础上，观察者还需要对行业的发展局势进行考察。行业考察主要分为以下两个方面：

　　一是行业的当前态势。按照美国战略专家迈克尔·波特的论述，一个行业局势的主导因素分为五个：同行企业的竞争程度、潜在进入者的威胁、供应商的议价能力、购买者的议价能力、替代品的威胁程度。这五个因素共同决定了行业的当前形势。

二是行业的发展趋势。绝大多数行业都经历了开发、成长、成熟和衰退的过程。除了衰退阶段，每个行业在开发、成长和成熟阶段都存在大量的发展机遇。

总之，行业观察是对行业进行横向与纵向的分析。其中，横向观察是指分析行业的当前局势，由此可以确认企业生存的难易度；纵向观察是指分析行业的发展趋势，由此可以确认企业发展的潜力。在此基础上，人们还需要形成综合性的行业判断。主要涉及以下问题：

○市场的饱和程度如何？进入市场的门槛是什么？
○市场竞争的对手有哪些？可以合作的商业伙伴有哪些？
○行业的当前阶段有什么特点？即将进入的发展阶段是什么？
○在即将进入的阶段，行业成功的关键因素是什么？
○政府对行业发展的有（不）利政策是什么？

在观察行业时，企业决策者经常陷于行业发展局势与企业生存能力相互错位的苦恼之中。怎样利用行业发展的有利局势？怎样克服企业生存的不利方面？怎样实现企业生存能力与行业发展长期趋势的互相契合？观察者仅凭短期观察可能无法得出正确的结论。在商业实践中，观察者可能因为看到行业发展机会而迅速投资占位，后续还需要不断调整企业能力以便适应行业局势的变化。因此，行业观察最终演变成了企业决策者对行业的持续关注。

（四）关注社会的营商环境

主流的战略理论认为，社会的营商环境（即战略的宏观环境）是战略决策者首先应该关注的战略因素。这个观点并不符合商业观察的逻辑。笔者认为，人们首先关注自己感兴趣的产品（服务），然后研究产品（服务）对应的顾客群，继而分析企业的生存与发展的机会，最后才考虑投资的社会环境。在这四种观察行为之中，为什么把社会的营商环境作为最后的观察行为？理由有二：一是人们在任何时代进行商业投资都是机遇与风险并存的，理想的投资机遇并不来自理想的社会环境；二是任何投资决定都是由有兴趣的产品（服务）引起的，只要相关行业存在战略机遇，社会环境就不属于投资的决定性因素。

至于商业观察者为什么需要关注社会的营商环境？这是因为，社会的营商环境代表了商业和战略的社会条件，它对商业和战略产生有利或不利的影响。假若商业观察者只是关注了有趣的产品（服务），也发现了投资机遇，却忽略了社会营商环境的影响力，这就可能为将来的商业活动和战略实施埋下隐患。例如，在2020年新冠疫情流行的那段时间，人们想做投资餐饮连锁店的决定，很可能出现"万事俱备，只欠东风"的尴尬结局，当时，新冠疫情恰恰是一股"西风"，即使投资餐饮连锁店的条件已经具备，决策者也需要躲过这股"西风"。

在总体上，社会的营商环境可以分为四个层面，即经济环境、政治环境、文化环境和生态环境，它们分别代表社会的经济因素、政治因素、文化因素和生态因素的影响力。其中，每个方面都包含有利因素和不利因素。商业决策者既要充分利用社会的有利因素，又要努力避开社会的不利因素，从而做出一个理性和全面的商业决定。

把观察作为战略设计的前提，主要是针对初创企业（或再创业企业）的需要。初次涉足商业领域时，人们总是琢磨什么是好生意，也总是希望通过观察发现一个好生意。实际上，世上没有好的生意，也没有不好的生意。成功的生意总是兴趣与机遇的结合。只要用心观察，任何人都能够发现商业机遇，从而拥有自己的好生意。

对于在位企业来说，战略设计可能是从调整或放弃原先战略开始的。即使这样，在设计新战略之前，设计者也必须"回头看"，看清产业形势，看到商业的新机遇，看准现行战略的缺陷。这种"回头看"与创业者的商业观察没有实质区别。

二、突破商业表象

有时，商业缺陷是有目共睹的，比如，这个产品就是不好用，抑或缺少这样的产品；这个行业的服务质量就是太差，抑或缺乏这样的服务。人们对一种商业的普遍抱怨说明，大家都看到了这种商业的不足。可是，商业缺陷依旧存在。商业实践表明，观察过程中的"观"是一回事，它仅代表观察者看到商业现象；而"察"又是另一回事，它意味着观察者发现商业机会。要实现从"观看"到"察觉"的飞跃，观察者必须突破商业生活的表面现象。

（一）观察的方式

为什么商业机遇就在那里，观察者却视而不见呢？这恐怕与人们的观察方式有关。人们观察事物的方式主要取决于个人的喜好与经验，所谓最佳的观察方式并不存在。普遍的观察经验是，成功者总是在自己熟悉和感兴趣的领域，通过某种独特的角度或方式，发现商业投资的机遇。

首先，生活的问题隐藏着商业的机会。大多数的观察者总是盯住公认的商业风口，却忽略了身边的商业问题。如果把视线从热门行业移开，围绕着人们的吃、穿、住、用、行来看，几乎每个行业都蕴藏着机遇。例如，当资本涌向网络"独角兽"的时候，中国猪肉的价格在2019年暴涨2倍，很明显，中国的养猪行业存在战略机遇。一个有趣的现象是，互联网企业像网易公司和京东公司正在积极投资养猪业。

其次，运用人类学知识发现商业的变化方向。实际上，商业活动只需满足一部分人的消费需求。商业观察就是为了找到这"一部分人"。人类学是人们发现商业方向的重要工具。它可以帮助观察者注意"一部分人"的生活行为，深入了解他们的生活习性。例如，随着收入的增加，越来越多的中国人喜欢在外就餐，餐饮业得到迅猛发展，但是，这个行业已经呈现饱和状态。怎样在这个成熟的行业找到商机呢？"壹食一焖锅"的创始人高雷观察到，传统餐馆关注的是多人聚餐的生意，"一人食"的消费者常常被冷落，随着单身青年越来越多，一个人怎样好好吃饭就成为餐饮业的突出问题。① 可见，"一人食"既是餐饮业中的人性问题，又是餐饮业中的商业机会。

最后，追逐商业发展的"后浪"。事物发展都是"后浪推动前浪"的态势，商业发展也是如此。人们站在商海的岸边，多数是欣赏眼前商业浪花的漂亮。岂不知这些浪花已到岸边，大多是没有前途的商业活动。商业观察的重要任务是发现"商业的下一波浪花"。在实体商业繁荣的20世纪末，网络平台开辟了人类商业的新天地。当网络平台红火的时候，物流产业迅速崛起。现在，网络市场成熟，物流产业发达，新一波的商业"后浪"又开始形成。这波"后浪"的一个"浪花"就是"网红精品生产"。可以预见，借助网络和物流的优势，立足"网红精品"生产的企业具有无限的发展潜力。

总之，商业观察者经常停留在各种各样的现象之中，或者无法判断，或者无法正确判断，最终落得个"观而不察"的结局。观察者怎样避免"一叶障目"的情形呢？根据以上分析，笔者认为，从商业的突出问题入手，以特殊的消费人群为目标，利用超前的角度审视机遇，这应该是商业观察的合理方式。

（二）观察的过程

观察是一种行为，也是一个过程。观察的结果既取决于观察行为的方式，又取决于观察过程的逻辑。在观察过程中，从观看到察觉的过程需要经历多少环节？这是很难说清的事情，有人轻松，有人艰难。根据笔者的理解，商业观察过程可以在逻辑上分为以下步骤：

第一，把商业现象归纳为具体问题。显然，停留在商业现象之中的观察毫无意义。观察的目的是看到现象背后的本质，而本质总是出现在观察过程的最后阶段。在观察的最初阶段，观察者需要不断提问自己：这种现象是什么问题？

例如：遇到产品不好用时，观察者可以尝试质疑：

○这是产品的质量问题，还是功能问题？

○可以找到替代品吗？

○产品问题与企业的技术、工艺、设备、包装、存储、运输有关吗？

---

① 智谷趋势. 下一个赚钱风口！2.2亿人的单身经济正在崛起，万亿大市场来临 [EB/OL]. https://cj.sina.com.cn/articles/view/3876353431/ve70c75901900lbgc.

○有人在改良产品吗？进展和效果如何？
……

再如，遇到服务存在缺陷的情况，观察者应该注意：
○这种服务是个别现象还是普遍现象？
○如果是普遍现象，其原因是服务手段落后，还是服务需求不足？
○如果是个别现象，其原因是服务管理水平问题，还是服务供应过剩？
○有没有替代的服务？
……

观察总是从产品（服务）现象开始，而且观察者只有把商业现象转变为商业问题，才是有意义的商业观察。可惜，许多人的观察只是盯住他人干什么赚钱，根本不考虑这一领域的商业问题是什么。由此可能出现两种结果：要么站在原地羡慕别人发财，要么跟风投资成为行业的过剩者。也有人提议，带着问题去观察。可是，问题是观察出来的，带着问题去观察等于先知先觉。这是一个天真的提议。

只有面对商业现象不断地自行提问，人们才可能触及商业活动的本质。当然，谁也无法保证这种提问的正确性，更没有人对你的观察真正感兴趣。商业观察往往是沉默和孤独的个体行为。只要为自己提出的问题不断寻求更新的答案，观察者就有机会发现商业问题的真实本质。

第二，将发现的问题进行整理分类。通常，一个商业现象包含多个商业问题。这些问题可能纵横交错地缠绕在一起。观察者放任这些问题处于混乱的状态，问题可能就是问题，问题本身不会告诉观察者什么是问题的正确答案。在寻求问题的正确答案之前，观察者必须将问题进行正确分类：
○收集的问题是否真实存在？是否有遗漏？
○这些是产品问题、服务问题，还是体验问题？
○这些是个别问题、特殊问题，还是普遍问题？
○是技术、管理，还是市场的原因？
○解决这些问题有什么样的商业价值？存在怎样的商业风险？
……

总而言之，如果观察者没有将问题进行汇总、整理和挖掘，问题的零乱状态可能导致观察行为变得毫无头绪。接下来，观察只能不了了之，或者观察者凭感觉做出决定，观察没有（或真正）起到"发现"的作用。

第三，寻找商业的关键问题。一般来说，商业的战略机遇和解决商业的关键问题相联。怎样确定商业的关键问题呢？"问题圈定法"是一个理想的分析方法。经过逐层圈定的方法，犹如剥去一层一层的洋葱皮，观察者最终可以发现洋葱的核心部分，即商业的关键问题。

例如，2019年，中国的猪肉价格暴涨2倍，社会再次出现"吃肉难"现象。如何圈定这一现象，进而发现猪肉商业的关键问题呢？其中的推导逻辑可以归结如下：

○这是猪肉供应问题还是需求问题？很明显，价格暴涨是猪肉供应不足的问题。

○中国为什么出现猪肉供应不足问题呢？养猪规模、非洲猪瘟的影响，以及养猪成本增长，都是猪肉产量下降的因素。

○解决这些问题可以彻底消除"吃肉难"现象吗？未必，中国养猪产业存在明显的"猪周期"。

○从深层来看，中国猪肉市场存在两个关键问题：一是猪肉消费数量巨大；二是养猪规模太小。企业小规模的猪肉供应与市场巨量的猪肉需求相遇，猪肉价格必然大起大落。

○据统计，中国人每年大约消费全球猪肉产量的一半，而且这种生活习惯在短时间内难以改变。解决办法只能是增加猪肉供应。

○为了保障猪肉的供应，建立大规模养猪的企业、增加猪肉进口以及提高猪肉储备，这些都可能成为猪肉商业发展的战略选择。

总之，观察者突破商业表象是一个依次递进的过程。这个过程可以分为三个重要阶段：收集各种问题、整理现有问题、确定关键问题。具体处置时，观察者在任何一个阶段出现纰漏，都无法突破商业表象的障碍。

三、洞察战略机遇

人人都可以观察商业生活，但是，洞察战略机遇的人寥寥无几。当然，没有发现战略机遇的人照样从事商业活动，只是他们在付出努力的同时，却只能赚得辛苦收入。历史上，多数的商业投资者没有赚到他们想赚的钱。其中的主要原因就是他们错判了商业的战略机遇。

（一）何谓战略机遇

机遇就是"重要的机会"。在商业领域，**战略机遇是指人们从事商业活动的重要机会**。一般来说，战略机遇包括两个方面的含义：一是商业活动具有很大的盈利潜力；二是商业活动具有长期的发展潜能。这两个方面也是人们判断战略机遇的主要标准。

其一，在商业的盈利潜力方面，战略机遇的表现包括以下几个方面：

○这项活动可以充分满足人们的特别需求；

○可以明显改善人们的生活品质；

○可以节约社会的宝贵资源；
○可以减轻环境的承载压力；
○可以解决市场的供应不足；
……

其二，在商业的发展潜能方面，战略机遇的表现分为以下几个方面：
○这项活动符合社会的整体利益；
○有利于商业环境的长期稳定；
○行业发展的前景光明；
○企业在市场生存的空间巨大；
○企业具有独特的竞争优势；
……

总的来看，商业机会很多，战略机遇很少。根据成功者的经验，战略机遇是人们在商业机会中筛选出来的。在这一过程中，人人都可以获得自己的商业机会，而要抓住商业的战略机遇必须依靠智慧和胆量。

（二）战略机遇的判断

判断战略机遇是人们对商业机会进行深入分析和广泛比较的过程。主要分为以下步骤：

其一，将商业的关键问题转化为正确的商业活动。一般来说，战略机遇是人们观察发现的。根据前面的分析，发现战略机遇首先是人们突破商业表象的过程，具体分为收集问题、整理问题以及确定关键问题三个阶段。只有到了确定关键问题的阶段，观察者才有可能发现战略机遇。此时，观察者还需要将商业的关键问题转化为正确的商业活动。

例如，2019年，中国猪肉价格暴涨2倍。这个现象是否包含战略机遇？我们前面曾经描述了猪肉涨价的商业观察过程，初步的结论是，建立大规模养猪的企业、扩大猪肉进口以及增加猪肉储备，可以成为猪肉商业的战略选择。假若有人认为，考虑到资金的困难，也可以建立小规模养猪企业，这实际上将商业的关键问题转化为了错误的商业活动。中国猪肉市场的关键问题是猪肉需求数量巨大，从这个关键问题引申出的商业行为是建立小规模养猪企业，显然是不合理的结论。实践证明，众多小规模的养猪企业根本无法解决巨大的猪肉需求与供给之间的矛盾，这也是中国长期处于"猪周期"的根本原因。

在商业领域，类似的误判现象非常普遍。观察者从商业关键问题引出正确的商业活动，必须在判断上满足两个要求：商业活动可以圆满解决商业的关键问题，或者有利于加快解决关键问题的过程。根据这样的要求，解决中国猪肉问题的正确活动是"建立大规模的养猪企业"。

其二，全面分析商业活动的价值。商业机会总是隐而不语。即使从逻辑上判断商业的关键问题与正确的商业活动之间具有必然关系，但这样的商业活动能否成为自己的战略活动，还必须经历一个价值判断的过程。价值判断可以分为两个方面：

一是判断商业活动的客观价值，即商业活动是否赚钱。一种商业活动是否赚钱、赚钱的程度以及赚钱的前景，每个人都可以自行判断。在判断过程中，多数人看到了商业活动的经济增加值（即收入与成本之差）以及投资回报（即收益与投资之比），却忽略了商业活动的创新价值（即创造新的利基市场）。实际上，每个人都向往的商业活动已经不存在战略机遇。属于战略机遇性质的商业活动一般具有这样的特点：多数人认定是"傻子（愚蠢、疯狂）行为"，少数人却认为是"最佳机遇"。

二是判断商业活动的主观价值，即商业活动是否符合个人的兴趣和志向。人是追求幸福快乐的动物。商业活动可以创造财富，但是与个人志趣相悖，就可能失去其中的主观价值。遗憾的是，起初人们常常被商业活动的客观价值所吸引，忽略或低估了商业活动的主观价值。只有当商业活动变成长期的职业时，无趣的商业活动所带来的伤害才开始慢慢刺痛选择者的心灵。

在实践中，商业活动的客观价值与主观价值完全一致是罕见的现象。观察者要求商业的主客观价值完全一致也是不现实的想法。即使观察者不追求主观价值与客观价值的完全一致，人们在选择商业活动的时候，仍然需要剔除那些只有理想却没有可能赢利，以及那些只有赢利却没有任何兴趣的商业活动，争取实现主观价值与客观价值的相对平衡。

其三，充分考虑自身的条件。发现商业机遇，也看到商业价值，并不等于找到了自己的战略机遇。事实上，许多人发现的商机是属于别人的商机。理由非常简单，发现者没有能力和资源来实现这一机遇。

实现战略机遇的能力主要是指战略决策的能力。个人的性格、知识与修养是否适合商业战略决策活动？当事人必须冷静判断。毕竟，现代人的生活选择丰富多彩。在中国，人们把商业成功作为人生理想的时代正在逐渐隐去。假若当事人对此执迷不悟，亲友团就需要发出坚定的反对声音。

关于实现战略机遇的资源，这需要观察者做出综合判断。通常，企业（或个体）完全满足战略机遇的资源需求是少数情况。在多数情况下，战略资源可能出现一定程度的短缺。如果以少量资源博取巨大的市场机会，这就意味着商业活动暗藏极大的风险。具体操作时，当事人需要根据商业活动的实际情况进行全面和理性的判断。

文学家普遍将商业世界形容为"冒险家的乐园"。这个观点是有道理的。能力和资源可以激发人们投资商业的热情，驱动人们大胆进行商业探险。其中最危险的行为是，人们拼命抓住自己没有能力做好的商业机会，偏偏又不肯撒手，以至于落得"鸟为食亡"的下场，令人唏嘘不已。

其四，识别商业投资的陷阱。在确定商业机遇的时候，人们经常需要立即做出投资的决定。然而，商业常识告诉我们：可以诱惑人们的不仅有（战略）机遇，还有（商业）陷阱。根据商业投资的历史经验，下列情形应该注意：

一是毫无壁垒的行业最容易成为商业世界的"烂泥塘"。人人可得的商机，实际上已经不能称为"机遇"。

二是大树底下不长草。草与树的竞争非常残酷，特别是市场上的大树（大企业）已经成林，小草（小企业）生存的希望肯定渺茫。

三是流行产品"命不长"。它们或者被新的时尚淘汰，或者因需求骤减而被迫停止生产。

总而言之，人们获得战略机遇的确是一个复杂过程。从观察商业生活开始，中间必须突破商业表象，最后还要经过综合判断，人们才能发现和确认战略机遇。

本书从企业创立的角度，描述了企业从外部环境中发现战略机遇的完整过程。与初创企业不同，在位企业还可以从内部发现战略机遇，如产品创新、经营改革以及业务调整等，这些情形为在位企业带来重要的发展机会。其实，无论是企业的外部机遇还是内部机遇，人们发现机遇的过程没有本质区别。在逻辑上，战略机遇必须以观察者洞穿商业本质为前提，这也是人们发现战略机遇的关键。发现机遇的观察者因此也被人们尊称为商业的"洞察者"。商业洞察者最有可能设计商业的最佳战略。

在战略设计流程中，洞察机遇仅是人们产生战略想法的前奏。事实上，战略是由商业创新活动引起的。面对机遇，洞察者怀着激动的心情，迅速开启自己的创业或创新活动。正是在创业和创新的活动中，战略设计才被列入商业决策者的决策议程。

第二节　创业与创新行为

人们普遍认为，创业与创新行为应该是战略设计的结果。可是，实际情况正好相反，为了创业和创新的成功，人们开始雄心勃勃的战略设计工作。这个观点也印证了一个事实，千千万万的人在创业或创新，但是，只有少数人凭借精心设计的战略，才取得了创业或创新的成功。

一、创业与创业者

在商业领域，**创业是指创立一个企业的活动**。企业是人们从事商业活动的组织形式。在创立企业之前，创业者通常要进行观察、研究和筹资等一系列的准备工作，然后还要经历寻找经营场所、招募人员和登记注册等一连串的操办过程。创业实质上是一种从零开始的商业活动。相比较而言，"再创业"可能轻松一些，即人们在原来企业的基础上进一步拓展商业活动。坦率地说，并非人人都可以成为创业者。[①] 成为创业者的条件是：

其一，必须具备商业技能和资源。商业技能是创业的主观条件，商业资源是创业的客观条件。

其二，必须拥有坚毅和果敢的性格。坚毅性格的人可以应付创业困难，果敢的人喜欢挑战不确定性。

其三，必须具有创业情怀。创业是人生的一场博弈。创业者既要拥有一定的雄心壮志，又要具有承受长期压力的心理素质。

不仅如此，创业者还随时面临创业风险。风险主要来自两个方面：一是把商业机遇变为企业业务的不确定性；二是把商业投资变成企业资源的挑战性。在创业的过程中，商业机遇判断失误、能力或资源储备不足、投资环境不利、行业市场突变、投资团队或家庭出现变故，这些因素都可能造成创业失败。因此，创业成功的人凤毛麟角，而创业失败者比比皆是。

较高的创业失败率并不能阻挡人们创业的热情。理由是：第一，人们可以通过创业成功改变自己的命运。第二，人们可以通过创业成功证明自己的能力。在一个稳定和发展的社会中，创业是人们一种理想的上升通道。"躺平"是生活颓废的表现。对于年轻人来说，即使创业失败，创业者也能够避免虚度人生。

在创业过程中，组建一个有效的创业团队可以提高创业的成功率。创业团队是指人们为了共同创业而组成的工作团队。一般来说，创业团队拥有人才多样性、决策多元化的优势。通过团队共同创业，人们可以减少创业风险。创业团队组建的主要原则是：目标明确、能力互补、精简高效、动态开放。创业团队的领导者是团队创业的灵魂。

社会发展需要创业人才。创业者为自己创造财富的同时，也为社会创造就业机会、产品（服务）和税收。因此，他们属于社会发展的中坚力量。国家应该奖励创业活动，各级政府应该为民众的创业活动提供支持和帮助。

---

① 彼得·德鲁克认为，创业者就是赋予资源以生产财富的能力的人。

二、商业创新行为

创新泛指一切创造新生活的行为。人们普遍认为，创新是少数聪明人的行为，多数人只是被创新者裹挟着前进。实际上，人人都可以做出创新行为，也都可以成为生活的创新者。现代社会是一个创新的社会，只是少数人的创新获得了成功，因而人们误以为创新是少数聪明人的专属行为。

商业创新（以下简称创新）是指商业领域的创新行为。一般的创新行为包括产品创新、服务创新、技术创新、工艺创新、体验创新、管理创新、组织创新……另外，特殊的创新行为包括商业模式创新、流程创新、消费市场创新、跨界经营创新等颠覆性的创新行为。从广义来说，创业也是一种特殊的创新行为。在当今的商业世界，没有创新的企业就没有生存和发展的可能性。

企业创新的好处是创造商业价值、降低经营成本以及提高竞争优势。这些好处足以吸引人们探索和改变商业的现状。随着创新活动的普及，创新已经成为商业领域的潮流。创新者生，守旧者亡。当前，商业决策者的最大苦恼是怎样进行创新。在这个问题上，人们普遍认为学习创新者的成功经验是一条捷径。然而，学习创新并不能成为人们创新的动机。从根本上说，创新源自人们开阔的视野、尝试的心态以及挑战的勇气。总之，创新思维是创新行为的重要前提。

任何创新者都面临压力和挑战。为了创新活动的成功，商业决策者普遍希望通过战略手段保障创新的顺利进行。于是，战略和战略设计越来越受到商业决策者的重视。

三、战略设计是一个创作过程

在创业和创新的过程中，想象和热情比科学和理性更重要。商业需要创新，创新需要想象力。假若没有想象力，人们就没有创业（新）的激情，也就不能开启商业活动，商业战略更无从谈起。

与人类的其他活动相比较，商业是一种成功率很低的活动。人们将资金投入一个不确定的商业活动中，其自始至终都需要面临各种风险。为了避免失败，创业（新）者几乎全力以赴，努力做出富有想象力的行动方案，这实际上就是战略设计的过程。

战略设计的过程犹如剧本的创作过程。在战略创作的最初阶段，设计者凭着一腔热情，寻找激动人心的战略题材。选择战略题材的活动就是前面描述的商业观察活动。在题材选定之后，他们以编剧的眼光和技能创作出一个感人的战略剧本。商业战略活动的精彩程度首先取决于战略剧本构思的精巧程度。假若创作者的想象力不够丰富或者流于平庸，都会造成战略剧本的缺陷或平淡，从而为将来的战略活动埋下隐患。

在多数情况下，战略设计者不仅是战略剧本的编辑，还是战略戏剧的导演。在把战略故事推向商业舞台的过程中，导演需要根据舞台环境的变化不断改善原先的战略剧本。有时，作为导演的商业决策者可能没有完整的剧本，也可能只拥有一个剧本提纲，但是，一个好的战略导演具有"活学活用"的本领，可以将一个剧本提纲变成一部商业神剧。相反，一个好的战略题材落在平庸的编剧和导演手里，最终有可能成为一部商业烂剧。

第三节 战略创意的形成

在战略创作的过程中，战略剧本的"题材"来自哪里？笼统地说，战略题材来自人们的创业或创新活动。具体地说，创业或创新活动面临各种挑战和困难，为了获得成功或者避免失败，商业决策者需要尝试各种办法，其中的绝妙办法可以称为"战略创意"，战略创意就是战略剧本创作的主要题材。战略设计实际上是将战略创意具体化为战略方案的过程。与发现机遇和勇敢创业相比，战略创意才是人们开启商业活动的"硬核"本领。

一、什么是战略创意

创意是人们关于创新活动的初步想法。在创新活动开始后，创新者为了推进创新的过程，或者为了解决创新的困难，需要提出"点子""招术""办法"等，统称为"创意"。创意可以瞬间形成，也可以长期酝酿而成。无论怎样，创意都代表创新行动的思路，思路决定出路。随着创新难度的不断提高，创意越来越受到决策者的重视。

商业活动的许多环节，如技术研发、原料采购、产品制作、市场营销，一直到售后服务，都可能出现创意的火花。然而，大多数创意并没有达到战略的高度。在理论上，**我们把那些涉及企业生存和发展的创意称为"战略创意"**。怎样判断一种创意是否属于战略创意？判断的标准主要包括以下几个方面：

（1）为企业生存奠定基础。企业生存必须依赖某些关键的条件，如特色产品（服务）、先进技术、独特工艺等。围绕着这些关键条件所形成的创意，对企业生存具有特别重要的意义。从这个角度来说，创意也就是"创造生意"。

（2）为企业竞争创造优势。在商业竞争的过程中，企业的某些竞争优势来自战略创意。例如，阿里巴巴的"淘宝"平台为了扩大市场份额，提出"双11"

抢购节活动。随着抢购节的影响力不断增强,这一创意逐渐演变成为阿里巴巴的战略竞争优势。

(3)为企业发展开辟路径。初创企业的发展路径具有不确定性。为了企业的发展,聪明的决策者不惜进行"盲试"。例如,在20世纪90年代,美国微软公司同时投资开发几种电脑运行软件,经过不断比较之后,最终选定"Windows系统"作为公司的主导产品。

(4)为企业克服经营危机。企业经营危机常常带来生死存亡问题。假若创意可以让企业绝处逢生,毫无疑问,这就是具有战略意义的创意。好的企业并非管理得好,而是好的点子多。

(5)为企业降低成本或提高价格。企业盈利的增长不是来自成本的降低,就是来自产品价格的提高。因此,凡是涉及降低成本或提高价格的创意都具有战略意义。当然,与前四种创意相比,这类创意的重要程度略逊一筹。但是,对于长久经营的企业来说,成本或价格创意可以积小胜为大胜,其战略价值不可小觑。

综上所述,判断战略创意的核心标准是:创意是否具有战略意义。然而,在提出创意的时刻,创意者无法判断一个创意是普通创意还是战略创意。这时,商业决策者要对创意采取宽容的态度,"让子弹飞一会儿",随着时间的推移,创意包含的战略价值就可能逐渐释放出来。遗憾的是,有些决策者缺乏耐心,结果创意被轻易否决,经过一段时间之后,这些决策者又感叹:"最初我们也有类似的战略想法。"可惜,商业世界不在意"最初的想法",只认可"最终的结果"。

二、战略创意的产生路径

人人都喜欢创意,但未必能在创新过程中收获创意。即使拥有创意,创意也未必具有战略意义。怎样提出战略创意呢?创意活动是一种奇特的思维过程。人们常常认为,思维方法是创意的关键。其实,不管创意过程如何,创意路径一定要比创意方法更重要。每个人都可以通过特殊的方法获得战略创意,可是,人们形成战略创意的路径具有共同性。[①] 实事求是地说,他人的方法对我们提出创意的作用有限,而创意的路径是每个创意者都无法回避的问题。战略创意产生的主

[①] 笔者并不想贬低创意方法的重要性,而是强调创意方法的个体差异性影响了从理论上推广创意方法的价值。实际上,大力推广创意方法的书籍很多。根据林伟贤和杨屯山所著《生意从创意开始》一书的总结,商业创意的主要方法包括:问题核减法,围绕思考的事物提出各种问题,然后分析各种思路的可能性;重新定义法,用新角度看待旧问题;心智绘图法,把思考的问题写在纸上,不断延展相关的问题,主要问题和次要问题之间用线连接;比喻思考法,把思考的事物用一个美好的词比喻它;强迫组合法,强制性把两个不同的东西组合在一起;曼陀罗联想法,把主要问题放在一个正方形九宫格的中间,把各种联想填满其余空格;What if 法,意思是"如果这样,将会怎样",即根据假设,提出想象;等等。

要路径包括：

（一）逆向思维

逆向思维与顺向思维是互相对应的两种思维路径。"顺向"是指顺应事物发展逻辑，顺向思维属于人类的主导思维顺序。"逆向"是指与事物发展逻辑相反，**逆向思维追求正常情况下似乎不可能的解决办法。**在最初阶段，根据逆向思维提出的解决方案往往被众人轻视。这样的方案在商业领域反而更容易成功，例如，产品（服务）总是"物以稀为贵"，行业发展经常是"冷门即热门"，市场选择一般是"众人向左我向右"。这些情形表明，逆向思维是商业创意成功的重要路径。具体表现如下：

一是"离经叛道"。在商业活动中，离经叛道就是违背商业传统。正是因为违背传统，创意可以在众目睽睽之下顺利试验，将传统商业认为不可能的事情做成。例如，互联网商业中的"免费商业模式"，很明显，免费是免不掉成本的，况且免费商业的利润来自哪里？这种做法是传统商业无法理解的离奇行为，可是，免费可以吸引消费者聚集，增加网络流量和广告收入，既冲抵了成本，也带来了利润，因此，"免费商业"成为互联网商业的成功模式。

二是"追求冷门"。人们都喜欢商业的热门行业，岂不知热门行业的竞争程度高，投资的潜在风险很大。与此相反，如果企业立足于一个利基市场并保持一定的规模，冷门行业完全可以成为商业的舒适区。另外，当热门行业转入萧条的时刻，处于退热期的行业很可能成为一种特殊的冷门行业，抓住热门行业发展的长尾也是"冷门思维"的表现。

三是"极致原则"。极致原则强调，企业依赖某个极端的竞争手段生存和发展，如极高的生产效率、极低的人力成本、极其丰富的原料等。追求极致可以突破商业竞争的平庸线，继而迸发出特殊的竞争力。

总之，逆向思维充分利用了"反其道而行之"的生活原理，在商业传统和大众思维之外，追求某种怪诞行为的可行性。依靠逆向思维获得的商业创意，往往可以产生"奇胜"的效果。

（二）尝试心态

在创意的过程中，好的创意是可遇而不可求的。特别是在创新已经成为商业潮流的背景下，普通的创新活动更加难以发挥创造价值的作用。这时，克服创新压力的唯一选择就是创意者拥有**尝试的心态，即不断寻求新的战略创意。**

从根本上说，创意者必须洞悉消费心理的变化。可是，消费心理的变化毫无规律可言。企业千辛万苦的创新，消费者却不一定满意。于是，企业需要利用测试的办法检验各种创新的效果。究竟哪根心弦决定了消费者的购买行为？在测试之前，谁也不能凭空妄断。一般来说，测试效果是判断战略创意的重要标准。在追求战略创意的过程中，尝试心态具有以下好处：

其一，有利于创意者放松心情。在轻松的心境中，人们更容易发挥直觉和灵感的作用，而直觉和灵感是创意的主要来源。

其二，有利于创意者触类旁通。很多创意来自其他生活经验的借鉴。他山之石可以攻玉，关键是创意者必须踏遍"他山"且鉴赏更多"石头"。

其三，有利于创意者持续探索。战略创意是等不来的。创意者保持尝试的心态，可以避免保守、迟钝与慵懒的心理，通过更勤奋的思考寻求更惊艳的办法。

当然，尝试需要付出一定的代价。这种代价既包括金钱代价也包括时间代价。只有在付出一定的代价之后，尝试者才可以获得更多和更好的战略创意。

（三）集思广益

战略设计权来自战略的决定权。可是，战略设计的水平与设计者的智慧相关，而与战略决定权无关。理由非常简单，战略设计不是想当然的行为。一般来说，商业洞见形成战略创意，战略创意引发战略设计。当缺乏商业洞见和战略创意时，战略设计者的唯一办法是，**通过集思广益的方式，引进他人的智慧与创意**。

聪明的战略设计者喜欢交往各路"神仙"朋友。他们来自不同的行业，提出的建议和观点代表了不同领域的视角和经验。与此相似，企业内部的员工也可以提出不同层次的观点和建议。实践证明，朋友之间进行沟通交流与员工进行"头脑风暴"都可能迸发出创意的火花。只有将更多的思考者引入创意的过程，让不同的创意相互博弈，设计者才能收获最理想的战略创意。

以上三条创意路径包含了某些共同的创意因素，如好奇心、环境适应能力、职业经验、特立独行的勇气以及挑战风险的胆量等。在不同的创意者身上以及不同的创意过程中，这些因素的实际表现可能存在不同，理论上也无法确定到底是什么因素催生了创意，但是，创意一定是激情想象与冷静分析的共同结果。如果一味地幻想抑或一心地研究，即便走过这三条路径，人们也可能与创意擦肩而过。

在结束战略创意讨论之际，笔者再次强调，战略创意只是战略设计的前提。好的创意并非好的战略，好创意只是为设计好战略而提出了一个好主意。战略必须面向商业的未来，而未来又是不确定的。商业发展的历史已经证明，商业的不确定性足以摧毁那些充满创意的战略设计。这就意味着，即使已经获得战略创意，人们也不宜立即开始设计战略。通常的做法是，战略设计者首先对未来的不确定性进行分析和研究，以便弄清创意面临哪些不确定因素，在此基础上，还要进一步判断创意是否可以成为战略，这种研判过程在理论上称为"情景规划"。

对于设计一个好战略来说，设计者既需要激情创意，也需要超前的眼光。在战略实践中，这两个条件演化为战略设计的两项基础工作，即战略创意和情景规划。战略设计的普遍经验是，只要这两项基础工作扎实有效，设计战略就几乎是水到渠成的事情，这也印证了"功夫在诗外"的道理。

第三章　情景规划

富豪常常被认为是"有财运的人"。其实，财运不会自动变成财富。富豪的成长和发展都经历了非凡的"猜想"和"押注"过程。商业活动经常面临各种不确定的风险，恰恰是不确定性而不是确定性，可以产生巨额财富。因此人们要想成为富豪，必须拥抱商业的不确定性。

面对未来的不确定性，商业决策者都努力猜想未来的真实情景。那些赢得未来的人并非神仙。成功者凭什么赢得了商业的未来呢？理论上的解释是，他们进行了合理的情景规划，既猜到了真实的未来场景，又押对了正确的战略方向，因而其商业活动犹如顺水推舟，成功只是早晚的问题。

与此相反，多数人要么承担了自己低估的风险，要么逃避了自己高估的风险，从而造成了不应有的损失或错过了不应丢的机会。自20世纪70年代开始，大型企业的决策者开始尝试采用情景规划的方法，捕捉不确定性带来的机会，以及降低不确定性产生的风险。于是，情景规划逐渐成为人们预测和应对商业未来的重要工具。

第一节　思考未来的框架

战略设计就是设想未来的商业活动，战略设想必须与未来环境相匹配。然而，未来意味着"尚未到来"。在看不到未来的情况下，战略设计者必须思考一个问题，即未来的商业环境应该是怎样的状态？这是战略设计者的普遍困惑。

如何消除这种困惑？在找到解决方法之前，理论界的普遍观点是"有效的战略总是对应特殊的情景"，战略实践的基本经验是"商业变化的确定情景是战略设计的依据"。从这两点出发，我们开启情景规划理论的讨论过程。

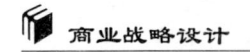

一、何谓情景规划

情景代表各种情况的汇集。根据发生的时间不同，生活中的情景可以分为历史情景、当前情景和未来情景。一般来说，人们通过观察当前情景和回顾历史情景，可以推测未来情景。至于未来情景究竟怎样，大多数人对此只是说说而已，都晓得未来的不确定性。

对于战略设计者来说，未来情景是一个严肃的商业问题。道理非常清楚，凡是战略行动，必然延伸至未来的商业情景之中，一旦在未来情景的判断上出现失误，战略设计者就可能犯下"战略（方向）的错误"。因此，战略设计者对未来情景不能随意猜测，更不能全然不顾，而是要进行合理规划并且认真应对。

所谓情景规划，是指人们对未来商业环境进行合理预测的活动。在本质上，情景规划是一种思考未来将以何种情形呈现的研究过程。有些情景发生的可能性较大，有些情景发生的可能性较小。情景规划主要研究可能性较大的未来情景，并针对相对确定的情景提出战略规划；同时也研究某些可能性较小的未来场景，并针对这些相对不确定的情景做出战略预案。无论情景预测的可能性有多大，情景规划实际上都是人们对未来进行"情景模拟"的活动。

显然，模拟的情景不等于真实的情景。可是，模拟的情景必须成为战略设计的依据。现实与未来之间是一条"壕沟"。身处当前的商业情景，设计未来的商业战略活动，战略设计者必须跨越这条"壕沟"。情景规划相当于设计者跨越壕沟的工具。不仅如此，情景规划也是战略沟通的工具。只有在共同的未来情景中，人们才可以探讨战略的价值与风险、战略的过程与愿景、战略的行动与措施等一系列问题。

即使没有系统规划的情景，战略设计者也需要一个简单的情景依据。一般来说，系统的情景规划由专家承担，简易的情景判断则由战略设计（决策）者完成。这两种情景活动之间没有本质的区别。只是情景规划活动复杂，其结论相对可靠；情景判断程序简易，其结论的风险较大。在实践中，人们的情景预测是选择系统的情景规划活动还是简易的情景判断，应该根据商业议题的复杂程度以及企业的实际条件决定。

有人认为，情景规划就是未来计划。[①] 这是一个误解。凡是可以计划的事情一定是确定的，而未来一直处于变化过程之中，是没有办法"计划"的。可是，人们对未来的变化可以进行模拟，在此基础上，人们还能够对未来变化做出行为选择和措施应对。只有做出战略上的选择和应对之后，人们才能制定理性的未来

[①] 麦茨·林德格伦，等. 情景规划：未来与战略之间的整合 [M]. 郭小英，等译. 北京：经济管理出版社，2003.

计划。

二、情景规划的必要性

战略是怎样被人们设计出来的？学界强调设计过程的科学性，认为科学分析产生理性的战略。相反，商界重视设计过程的艺术性，相信通过直觉或灵感可以形成有效的战略。这两种观点都有其正确的一面，即分别看到了战略形成的谨慎与机灵。但是，这两种观点也存在共同的缺陷，即没有重视战略设计的或然性。实际上，没有经过情景规划的战略设计，无论是严格论证，还是突然感悟，战略都可能遭遇未来不确定性的冲击。这也就是说，人们站在当前设计未来的战略，情景规划是战略设计流程的必要环节。其必要性主要体现在以下三个方面：

（1）情景规划是战略诞生的"苗床"。苗床是种子发芽的重要载体，战略也是由"种子战略"演变而来的。对于战略设计者来说，可能有一颗战略种子非常完美，甚至有很多完美的战略种子，然而，判断战略种子是否具有生命力，必须利用"模拟苗床"（即模拟场景）进行发芽试验。借助情景规划的方式，设计者可以将未来"移"到眼前，分析未来商业活动的价值与风险，判断商业战略的可能性。假若战略种子没有经过这样的发芽测试，设计者很容易对战略种子形成误判。例如，当施乐公司研发出"刷屏"技术时，公司决策者认为这项技术对当前的业务没有很大价值，转手将其出售给美国的苹果公司，后来的结果是，刷屏成为电脑（器）领域的重要技术。

（2）情景规划是应对商业变化的重要方法。在商业世界中，"黑天鹅"的出现具有很大的不确定性。针对单一情景设计战略，好比赌徒将全部赌注押在一种可能性之上，赌赢是幸运，赌输则是常态。在商业历史上，敢于"All in"的英雄除了拥有幸运之外，他们或者准备了"后路"，或者中途改变了思路，即为商业的未来设想了几种可能性。"假如发生……我们将……"这种基本的情景逻辑是商业战略决策的普遍方法。复杂的情景规划则从全面的调查开始，遴选出最可靠的未来场景，设计最合理的战略方案，尽力排除商业不确定性的伤害。

（3）情景规划是保持战略灵活性的前提。一旦进入战略实施阶段，所有的战略设计都面临被调整或被放弃的风险，这样做的主要根据是商业环境的变化。假若战略设计者没有充分的情景规划，战略调整出现混乱就是必然现象。战略实施过程同时也是战略执行过程。学者普遍认为，战略执行的问题主要在于执行力。其实，战略执行的主要问题在于战略的灵活性，而战略的灵活性依赖情景规划的可靠性。对未来的商业变化准备不足，战略执行的灵活性从何而来？

以上分析表明，情景规划虽然不是战略设计行为，但是，规划的情景是战略设计者的思考框架。没有正确的思考框架，战略可能就是设计者的一厢情愿。

"战略不是延续过去而是开创未来""对企业环境有最准确认识的管理（决策）者往往就能带领企业实现盈利能力最大化",[1] 这就是本书将情景规划列入战略设计流程的主要原因。

三、情景思维原则

早期的情景规划活动，其内容主要集中在"什么会发生"和"应该做什么"两个最基本的问题上，这实际上已经实现了"未来"与"现在"的统一思考。进入20世纪90年代，大型企业开始建立情景规划机构，情景规划进入了迅速发展的时期。[2] 经过几十年的经验积累，在情景规划实践中进一步形成了情景活动的思维原则，即"情景思维原则"，主要包括：

（一）培养自己的商业想象力

人类是一种擅长情景规划的动物。[3] 为了生活，人们提前规划某些理想的生活情景，然后积极行动，努力实现自己的生活理想。例如，人类设想用火烤炙食物的情景，改变了人类生食的生活方式；人类设想模仿飞鸟的出行方式，结果发明了飞机和火箭。在更深层次上，人类之所以能够规划未来的生活情景，是因为人类拥有超越其他动物的大脑器官。人脑保证了人类可以在情感、意识或潜意识、文化中想象未来的生活，然后通过梳理和描述，想象的情景成为人们行动的根据。正是依靠情境规划手段，人类生活变成了一种有目的的生命延续。

显然，大脑活动是情景规划的关键因素。在商业领域，战略决策者的大脑需要不断扫描环境，收集和解读各种信息，探索某些可能性目标，决定做什么和不做什么。在这一过程中，乐观、积极和主动的情绪可以帮助战略决策者创设丰富的商业前景；相反，悲观、消极和被动的情绪可能破坏战略决策者对未来的想象力。总之，作为一种发散型思维方式，情景思维在本质上是超越了"对"与"错"的未来畅想。

（二）重视信息的收集和处理

情景规划并非一个单纯的想象过程，它以现实的迹象作为线索，以经验和逻辑为依据，巧妙地将当前的环境与未来的情景连接起来。在情景规划中，现实迹象与当前环境主要表现为各种商业信息。一般来说，信息收集的规模决定情景规划的范围，信息处理的方法影响情景规划的结论。因此，重视信息的收集与处理

---

[1] 吉姆·安德伍德. 企业智商 [M]. 燕清联合，等译. 北京：新华出版社，2006.
[2] 据《情景规划：未来与战略之间的整合》一书记载，壳牌公司是全球第一家把情景规划作为战略工具的企业。
[3] 麦茨·林德格伦，等. 情景规划：未来与战略之间的整合 [M]. 郭小英，等译. 北京：经济管理出版社，2003.

成为情景思维的重要特点。

商业领域的不同、个人条件的差异，决定了规划者收集信息的方法各具特色。在情景规划的过程中，常见的信息收集和处理方法如下：

○ 通过媒体收集信息。例如，网络媒体、纸媒体、电视媒体等，它们提供了商业生活的主要信息。

○ 通过调查收集信息。例如，市场调研、产品展示、消费者访谈等，调查活动可以直接产生商业信息。

○ 通过研讨收集信息。例如，学术研究、专题咨询以及头脑风暴等，这些研讨活动可以带来专家和内行的观点。

○ 通过结果联想的方法挖掘信息。例如，分析有关资料中的结论或者某些行为或事件背后的意义，可以推定出某些关键信息。

○ 通过时间序列分析的方法处理信息。例如，根据历史相似性类推，以及个人经验推测，可以建立信息之间的逻辑关系。

与想象力一样，信息也是情景规划活动的基础。准确地说，信息收集过程中的交往能力以及信息处理过程中的逻辑能力，是人们发现和塑造未来的重要技能。实践证明，只有在广泛收集信息和正确处理信息的基础上，情景规划者才可以提出丰富和可靠的未来场景。总之，情景思维是一种精确式思维，即人们通过具体数据来描述和把握未来。

（三）学会模拟未来场景

情景规划是一种从可能发生的情况切入，设想未来可以做什么的模拟过程。在这一过程中，情景规划者需要反复逼问自己：什么才是真正的未来场景？一直到获得明确答案为止。当然，人是无法真正穿越到未来世界的，"未来场景"只是人们自编的一种穿越故事。和一般的故事要素相同，这种穿越故事也包括事件、时间、场地、角色和道具等因素。根据故事编辑的"商业剧本"就是企业战略。"商业剧本"的质量首先取决于情景规划者对未来的模拟能力。具体表现是：

其一，设想的事件会发生吗？设想的事件是指规划者根据现实迹象与未来趋势做出的整体判断。在生活中，人类的许多设想并没有完全实现，甚至无法实现。如果情景预测只是理论研讨，未来事件无法实现的后果可能并不严重。如果这是商业的情景规划，则可能给企业带来灾难性的后果。例如，美国摩托罗拉公司设想的"铱星通信"场景无法实现，在此基础上设计的"铱星战略"失败，给摩托罗拉公司造成了巨大的损失。

其二，时间和场地准确吗？商业的节奏和市场的状况是商业情景规划的两个重点问题。在情景规划中，即使预判的事件最终出现了，但预测事件发生的时间太早或太迟，抑或预测的热点市场出现严重偏离，企业也可能面临巨大的投资损失。"网商平台"的最初设想发生在20世纪90年代的美国，一直等到二十多年后在中国出现了网商平台的繁荣，这对中美网商企业的发展造成了不同的影响。

其三，怎样选择角色和道具？在情景故事中，"角色"是指商业活动的分工，"道具"是指商业活动的手段。显而易见，角色和道具是人们参与未来商业活动的两个重要选择。在未来商业活动中，究竟哪个角色更有价值？哪种手段更有竞争力？这是既复杂又危险的判断。当年，IBM公司设想利用模块组装和低价竞争的战略，迅速取得个人电脑市场的优势。事后来看，这恰恰是一种错误的情景规划。

总之，情景思维就是利用模拟方法设想未来情景。这种模拟是有风险的，其中的主要风险是规划者的思维能否穿透商业的未来。限于人类的思维能力，情景规划的故事在开头、剧中或结尾的部分都可能出现败笔，从而出现"智者千虑，必有一失"的遗憾。

（四）关注商业的不确定性

商业不确定性主要是指商业环境的变化性。有人认为，管理不确定性是一种关键的管理任务。[①] 实际上，不确定性是无法管理的。在商业活动中，人们只有顺应商业变化的不确定性，见招拆招，理智应对，方能化险为夷。人们应对不确定性的主要工具是"情景规划"，二者之间的逻辑关系可以分为以下三个方面：

一是任何事件的发生都有一定的概率，情景规划就是根据概率大小预测未来商业场景，以便提前做出行动预案。

二是通过"移动"的方式，规划者可以将未来"移到"当前，观察未来的商业环境。

三是情景规划并不能锁住未来的变化，只有进行经常性的情景规划，人们才可能把握未来。

常言道，"财从险中求"。人们从风险中获取财富的关键是"不确定性思维"。具体来说，识别不确定性、拥抱不确定性、化解不确定性，财富和不确定性最终可以连接起来。在这一过程中，情景规划主要是分析未来的不确定性包括哪些方面、哪些不确定性需要认真对待，以及应对不确定性的措施是什么。可见，情景思维是一种灵活的思维方式，追求从变化中寻求机会。

战略是应对未来的，而未来又是未知的。为了解决这个矛盾，人们发明了情景规划的方法。在具体操作过程中，战略设计者凭借情景思维的能力，首先在头

---

① 麦茨·林德格伦，等. 情景规划：未来与战略之间的整合 [M]. 郭小英，等译. 北京：经济管理出版社，2003.

脑中构筑出未来的商业场景，其次根据场景构思战略设想，最后利用战略引导人们走向未来。从这一点来看，情景规划实际上也是情景设计活动。

第二节　情景开发活动

目前，情景规划依然属于人的经验性活动。由于行业性质、经营规模和决策者认知的差异，企业的情景规划活动各不相同。某些大型企业建立了独立的情景规划部门并由其专门负责提供情景报告，而有些大企业则出资购买专业公司的情景报告。对于大量的中小企业来说，由于资金和规模的限制，系统的情景规划变成了简易的情景判断。总体来看，商业的情景规划活动缺乏统一的操作规范，情景规划在战略设计中的作用没有充分表现出来。

为了发挥情景规划的作用，亟须从理论角度剖析情景规划的过程。在理论上，情景规划过程可以分为两个基本阶段：第一阶段是依据现有的数据开发未来场景；第二阶段是根据开发的场景规划战略重点。当然，随着时间的推移和环境的变化，商业决策者还需要对规划的情景进行修正，甚至重启情景规划。即使在修正情景和重启情景规划的过程中，情景开发与战略规划也是其中的主要工作。

在情景规划过程中，情景开发是一项基础性的工作。**所谓情景开发，是指规划者通过研究与描述的方式，预测和描绘未来商业场景的活动**。根据顺序不同，一个完整的情景开发活动可以分为四种行为，即设置区域、确定趋势、勾画场景、移动景象。实际操作时，这四种行为必须保持前后衔接，一气呵成，缺一不可。

一、设置区域

情景开发的首要任务是界定商业前景的范围，理论上称为"设置区域"。此处的"区域"并非地理概念，而是代表人们预测的商业前景的范围。区域的主要内容包括：

（1）商业前景的边界。这主要取决于产品、市场、技术和行业竞争的特点。具体来说，产品属性决定商业规模，大众产品形成大型企业，小众的产品可能形成小型企业。在此基础上，商业前景的边界还受到一系列因素的叠加影响。比如，市场选择的影响，具体可以分为网上与网下、国际与国内、专业与非专业、城市与农村等不同的市场类型；技术水平的影响，具体可以分为产业的高端、中端和低端三种情况；行业竞争度的影响，主要分为两个方面，即没有壁垒的行业将来肯定人满为患，相反，壁垒明显的行业则可能门槛太高。对这些因素进行叠加分析，商业前景的轮廓可以显现出来。

（2）商业前景的时间跨度。一般来说，行业变化越快，前景跨度越短。常用消费品的前景跨度可以延伸到未来几百年，时尚产业的前景跨度可能只有几十年的时间。在情景规划活动中，超越合理前瞻期的情景将失去参考价值。什么因素决定了前景的时间跨度呢？主要包括产品的生命周期、技术创新的速度以及社会生活的变化。产品的生命周期是商业前景变化的基础，处于形成期的产业前景跨度较长，处于成熟期的产业前景跨度较短。在产业内部，商业前景的变化与技术的创新关联；在产品和产业之外，社会观念更新、生活方式改变以及法律政策调整等因素，也可能影响未来商业前景的迭代速度。

（3）未来商业的主要角色。在本质上，商业活动就是一场商业游戏。除了选择商业活动的角色之外，商业的角色分析还包括两种情形：游戏的支持者，包括顾客、供应商、经销商以及其他支持力量；游戏的对抗者，包括同业竞争者、商业替代者以及其他对抗力量。具体分析时，分析者不仅要分清商业游戏的支持者和对抗者，还要弄清他们各自的行为特点；漏掉任何一个方面的描述，都可能产生对未来商业前景的误判。

在情景开发活动中，开发者应该收集什么样的信息，以及收集多少信息，才能完成情景区域设置的任务？这取决于开发者的重视程度和信息收集的情况，理论上无法做出详细规定。在同样的信息条件下，区域设置的准确性还依赖开发者的判断力和想象力。有人根据某个关键信息猜到了商业前景，更多的人则是根据详细的数据论证了商业前景。无论怎样，设置区域都是情景规划的首要工作。

二、确定趋势

在商业环境的变化过程中，有些变化是确定的，有些变化是不确定的。确定的变化属于商业的"必然趋势"，反之，不确定的变化属于商业的"偶发情况"。情景开发者虽然无法看到未来商业的真实场景，但是，他们可以找到商业变化的主导力量，分析商业变化的主要趋势，推测商业前景的变化过程。具体步骤如下：

（1）列出确定性问题和不确定性问题。情景开发不是情景幻想，根据收集到的商业信息，情景开发者可以设定情景规划的区域。但是，设置区域只是情景开发的框架。在此基础上，开发者还需要推演当前的商业环境如何变成未来的商业场景。在推演的过程中，规划者需要首先区分确定性的问题与不确定性的问题，以便发现商业变化的必然趋势和偶发情况。

可以列入必然趋势的商业问题包括符合社会进步与大众利益的商业活动、人们生活不可或缺的产品与服务、拥有价值逻辑依据的商业模式、建立在科学基础上的研发活动等。经过系统分析与综合判断，情景开发者可以预测商业变化的大致趋势。

与商业的必然性相比，偶发情况更加难以确定。"黑天鹅"是数不清的，人们永远无法知道商业前景中可能飞来多少只"黑天鹅"。一般来说，可以列入不确定性的问题包括全球和全国的形势突变、经济或行业危机、重大灾难的发生、政府或机构的改组、法律和政策的调整等。若低估了这些潜在问题的影响力，情景开发者可能对偶发情况的出现准备不足。

应该看到，必然趋势和偶发情况同属商业的客观变化情形，其本身没有好坏之分。在情景开发的过程中，开发者需要尽力收集各种信息，仔细研究每个信息蕴含的变化性质，认真区分商业变化的必然趋势和偶发情况。

（2）找出商业变化的主导力量。实际上，必然趋势与偶发情况都属于商业的可能性变化，只是前一种可能性较大，后一种可能性较小而已，它们都不等于未来的商业现实。是什么因素推动了商业可能变为商业现实的呢？为此，情景开发者需要找出商业变化的主导力量，即驱动商业变化发展的动力因素。推动力分析方法请参阅附录。

驱动商业变化的动力因素，既可能是商业变化的必然趋势，也可能是商业变化的偶发情况。动力因素的主要特征是"自动性"和"影响力"。在情景开发的时候，商业发展的动力因素已经处于变化之中，只是其影响力没有充分表现出来，因此，多数人没有注意它们的作用。

以21世纪20年代为例，推动商业变化的动力因素包括逆全球化的贸易政策、"一带一路"的经济合作、互联网经济的冲击力、新冠疫情的流行、民族主义盛行与地缘冲突、5G和AI技术的发展等。以其中的任何一个因素或者若干因素组合为线索，综合分析商业发展的确定性问题和不确定性问题，开发者就可以发现商业领域变化的主要趋势。

三、勾画场景

人类拥有"具体偏爱症"。当某种因素变化处于朦胧的状态时，人们因为无法感受这种因素变化的后果，常常会漠视其重要性和影响力。根据这一道理，在情景开发过程中，开发者必须把抽象的趋势结论转化为具体的商业场景，即对未来场景进行画像。

具体操作是，情景开发者根据商业驱动力的影响程度，将商业变化的推演结果进行分列与组合，构成一张未来场景图片或一组未来场景图谱。在画像过程中，未来场景是单一图片还是系列图谱，这要取决于商业变化的复杂程度。大多数的情景画像表现为系列图谱，以便显示未来场景的具体特征。

勾画未来场景是一种创意行为。创意成果的好坏主要由两个条件决定：一是前期的准备工作。例如，信息的收集与处置情况、必然趋势和偶然情况的分析结果，以及商业驱动力的确认结论。二是情景开发者的想象力。在这方面，以往经验、专家权威以及成功方法都可能干扰开发者的想象力。与一般的绘画创作不同，勾画未来场景追求的不是画面的"美"，而是场景的"真"。发现关键的推动力和具有天才的想象力，足以让一位初创者大放异彩，准确勾画出未来的真实场景。

例如，阿里巴巴公司人才济济，却没有想到超越低价网络商业平台"拼多多"的机会；腾讯公司的社交平台非常强势，却没有压制住"抖音"的力量；百度公司的搜索技术很发达，却让"头条"抢了风头。从某种意义上说，商业进步总是由大胆的情景规划开始的，而情景规划又是以勾画未来场景为基础的。也正是因为开发了非凡的商业前景，商业新人不断淘汰曾经的商业强者，造就了商业英雄"各领风骚都不长"的局面。

四、移动景象

假如未来场景是孤零不动的，说明人们开发的情景缺乏逻辑性，这样的场景不可能成为战略设计的坚定根据。在情景开发实践中，何谓孤零不动的场景呢？

其一，认定的单一场景。开发者将单一场景当作未来场景，即使理由充分且信心满满，但是将不确定性排除在情景开发之外，这与那些依赖确定性的商业活动没有本质区别，因而失去情景开发的意义，建立在单一场景上的战略也必将脆弱不堪。

其二，胡乱的场景组合。从横向来看，一种不确定性对应一种商业场景，各种不确定性之间相互排斥，各种场景之间相互替换。这可以最大限度地覆盖未来的商业可能性。如果未来场景与商业不确定性没有对应关系，各种场景之间也无法相互替换，情景开发就成为情景拼凑，拼凑的情景没有任何参考价值。

其三，场景前后没有联系。从纵向来看，人们开发的商业场景是依次展开的，时段不同的场景具有合理的次序性，整个场景可以前后移动。假如前后场景之间缺乏因果关系，场景的变化过程缺乏合理依据，这样的情景开发活动不是自我欺骗就是欺骗别人。

在情景开发的过程中，人们的主要精力都放在猜想商业变化方面，尽力想象商业未来的真实情形。实话实说，能够想到一些变化的情形已经着实不易。可是，情景开发的成果作为战略设计的环境根据，仅提出一些情景还是远远不够的，只有场景移动可以反映商业活动变化的合理性，才能为战略设计提供可靠和连续的背景。

总而言之，情景开发是一种复杂的实践性工作。在理论上，这项工作可以拆解成一个连贯的过程。按照前文所述，这个过程由设置情景规划区域开始，中间经过确认商业变化的因素以及发现商业前进的动力，最后到形成未来场景的合理变动而结束。在实践中，情景开发工作暗藏了许多技术要领，这些技术要领属于情景开发者的个人经验，因此，关于情景开发的理论描述无法帮助人们全面掌握这些技术要领。

即使没有全面掌握技术要领，情景开发者也必须拥有塑造未来场景的基本技能。情景开发者不是作家，也不是画家。但是，情景开发者应该兼顾作家与画家的技能，通过想象、描述和模拟未来场景的变化过程，努力为战略设计寻求正确的方向。[①]

第三节　战略规划活动

情景开发的结论通常可以分为两种情形：肯定的情景和否定的情景。前者代表有利的商业前景，后者代表不利的商业前景。一般来说，在否定的情景之下，战略机遇面临重大的不确定性或不可能性，因此，后续的情景规划工作可能中止。相反，在肯定的情景之下，情景规划工作可以继续进行直至圆满结束。在这种情形下，情景规划活动具体分成为两个阶段，即情景开发和战略规划。这两个阶段前后衔接、相互结合，共同构成一个完整的情景规划过程。

战略规划是指规划者确定企业战略重点的活动。战略规划活动处于情景开发与战略设计之间，其结论既代表情景规划的成果，又成为战略设计的总纲。准确地说，战略规划相当于"战略意图"的形成。在面对肯定的情景时，战略规划者对于战略创意的信心大增，必然开始琢磨战略的重点问题。这是战略设计过程中的一次重大转变。在情景开发之前，战略创意仅是人们在战略上的随意猜想。在获得肯定的情景之后，随意的战略猜想变成坚定的战略意图。战略过程由此进入方案的设计阶段。

[①] 根据《情景规划：未来与战略之间的整合》，判断一个好的情景必须符合七个标准：决策力，情景必须为可能考虑的问题提供有用的洞察力；合理性，情景必须落在有现实可能性的未来事件的范围之内；选择性，每个情景应该至少在某种程度上是可能的；一致性，情景（之间）的逻辑是严格的；差别性，不同情景在性质上应该是不同的；记忆能力，情景应该易于记忆和区别；挑战性，情景真正挑战组织接受的关于未来的智慧。

有人将战略规划直接等同于战略设计，这种观点是错误的。战略规划是人们提出战略轮廓的行为，战略设计则是人们制定战略方案的行为。即使规划者已经提出战略规划，战略设计也是必要的，否则，处于规划阶段的战略依然是抽象状态，无法真正成为企业的行动指南。

根据企业的普遍做法，战略规划活动主要包括四个方面：审查创新业务、挑选目标市场、确认竞争优势、划定战略边界。具体内容分述如下：

一、审查创新业务

创新业务即创新的商业活动，主要分为三种情形：一是指以新方式从事传统的商业活动，如开设一家天然酵母面包店；二是指在异地进行成熟的商业活动，如美国可口可乐公司在中国投资设厂生产可乐饮料；三是指全球的创新商业活动，如美国 Space X 公司决定投资空间旅行业务。在情景开发的阶段，即使未来的商业前景可期，创新业务也只是人们的美好想法。进入战略规划阶段，创新业务是否可行必须经过研究与判断，俗称"立项审查"。

审查时，商业的未来场景已经开发完成。未来场景相当于摆在规划者面前的一块"商业画布"。立项审查实际上是将创新业务放到未来的商业画布中进行比对。比对行为集中在以下四个方面：

（1）是否契合消费时尚？随着收入的提高，消费者开始主动寻求时尚的产品或服务。只有精致和新奇的东西，才具有市场竞争力。因此判断创新业务是否可行，战略规划者首先需要研究和判断创新业务的时尚性。

（2）是否满足特定需求？成功的商业活动总会满足特定消费群体的需求。创新业务的消费主体应该是谁？这是战略规划必须重新确认的问题。规划者需要再次确认在未来场景中设定的消费群体，分析创新业务与其价值需求之间的逻辑关系。

（3）是否拥有技术支持？传统商业创新越来越难。于是，人们将创新目光投向高新产业，像生物医药、通信、数据、自动驾驶、人工智能等，希望从全新的商业活动中获利。然而，高新产业与高新技术紧密相联，技术研发的成败决定了高新企业的兴衰。因此，技术风险评估成为高新产业立项的关键环节。

（4）是否适应竞争格局？创新业务动了谁的奶酪，谁就可能威胁创新业务的生存。创新业务引起的利益争夺可以分为两个方面：产业之内和产业之外。多数人关注产业之内的竞争，其中包括两种极端的情况：进入垄断行业困难，可是，一旦突破垄断的封锁，创新业务就可以创造颠覆效果；进入自由行业容易，但是同行的竞争者太多，业务成长的可能性很小。在这两种极端情况之间，战略规划者需要注意行业市场的进入壁垒与创新业务的竞争能力之间的平衡。

在产业之外，创新业务还可能遭遇社会利益的纠葛，如贸易保护、文化歧视、宗教排斥等。例如，日本半导体企业曾遭受美国的打压，韩国的半导体产业却在美国的支持下迅速成长。总之，战略规划者的视野开阔，看清产业发展的内外格局，可以为创新业务提供正确方向及合理角度。

在立项审查时，创新业务实质上也只是人们的理想，而未来场景又是人们的想象，这样，所谓审查创新业务就是将一种"理想业务"放在一个"想象环境"中予以论证。因此，仅凭对创新业务自身的审查，战略规划者还不能得出确定的结论。创新业务最终是否能够成为战略设计的对象，还必须考虑创新业务的市场潜力以及企业从事创新业务的竞争优势。

二、挑选目标市场

创新业务需要通过特定的市场来实现其商业价值，笼统的市场没有战略意义。战略规划者需要对统一的市场进行细分，然后在各种细分市场之间进行比对，从中挑选出"最好市场"，即创新业务的目标市场。目标市场的挑选可以分为三个维度，它们分别是：

（1）销售对象。企业的销售对象总体上分为单位客户与个人客户两种类型。单位客户的市场按照需求规模以及可替换程度，可以分为重点客户和一般客户。个人客户的市场可以分为富人、中产与平民三个层次，在每个层次中，又可以按照区域、年龄、性别、民族和宗教等特征分为不同组群。在选择个人客户的过程中，只要产品（服务）价值与消费等级匹配，无论富人、中产、平民，都可以成为企业销售的理想对象。

（2）产品特征。产品的不同特征构成市场细分的重要变量。比如，根据产品的质量等级、外观尺寸、技术性能、材料成分、价格水平等，都可以形成一个特别的细分市场。在挑选细分市场的过程中，战略规划者需要全面考虑细分市场的潜力、成功的关键因素以及企业的竞争优势，从而做出一个综合性的判断。

（3）商业渠道。企业与市场之间的连接途径就是"商业渠道"。商业渠道分为实体渠道和网络渠道两种类型。在实体渠道中，渠道可以划分为批发与零售、专业与综合、高档与低档、自售与代理等不同类型，战略规划者可以根据企业实力、销售半径、销量与渠道成本之间的性价比等因素，不断地进行优选和完善。

现在，网络渠道已经成熟，从综合网络平台、专业网络平台、各种网店一直延伸到微店，逐渐发展成为网络渠道体系。实体渠道为王的时代开始褪去，网络渠道与实体渠道相互竞争，为人们选择商业渠道提供了更多的机会。

人们对商业市场的选择，总是以最好为标准，以更好为目标，行动积极且满怀希望。然而，市场选择是一个复杂的分析过程。无论是销售对象、产品特征，还是商业渠道，任何一个维度出现变化都可能引起目标市场的调整。从长期来看，市场规划不仅出现在战略规划时期，即使进入战略的实施阶段，战略决策者也会不断地重新挑选目标市场。因此，挑选目标市场是一个永恒的战略任务。

三、确认竞争优势

列入战略规划的创新业务，要具备价值潜力和市场前景。此外，企业还必须拥有竞争优势，即从事创新业务的有利条件。情景规划的一个重要目的是尽量控制未来的不确定性。竞争优势代表商业的确定性力量，是企业应对不确定性的基本条件。因此，确认企业的竞争优势成为战略规划的重要工作，该工作主要围绕三个方面进行：

一是创新业务成功的关键因素。商业的成功必须依赖某些关键条件，比如，投资数量、技术水平、工艺秘方、资源储备、人员素质、经营成本、营销手段等。由于业务类型不同，创新业务成功需要具备的优势不同。规划者需要根据商业活动的特点，结合商业历史经验，列出商业成功的关键因素，作为核查企业优势的标准。

二是企业拥有的全部优势。这包括企业已经具备的竞争优势，也包括企业的竞争潜力。它们都是以资源和能力为基础的，其中，资源优势主要表现在资金、设备、地理位置、原料或配件、人力成本等方面；能力优势主要表现在团队、技术、工艺、市场渠道管控、决策经验与水平等方面。

三是企业优势的比对过程。以行业成功的关键因素为标准，以企业的全部优势为对象，进行企业与对手的比较，战略规划者可以从中推测创新业务的未来表现。

在战略规划中，满意的比对结果可以增强战略规划者的信心。面对不利的比对结果，规划者需要考虑企业怎样补齐战略短板。在短板严重的情况下，规划者可能暂时搁置规划，也可能放弃规划。所有的战略谋划最终都是"阳谋"的筹划，规划者的任何掩盖行为都可能酿成战略的灾难。

四、划定战略边界

前述的三个方面代表了战略规划的正面思考，即思考战略应该做什么。任何企业的资源和能力都是有限的，因此，战略规划者在正面思考的同时还需进行负面思考，即思考战略不应该做什么。假如只有正面思考而没有负面思考，战略规划就可能偏离企业实际，从而引发战略外溢的风险。

在战略规划中，所谓的负面思考主要是指设定战略的边界。设定战略边界即规定战略行为的界限，实际上就是明确企业在战略上不能做什么样的行为。战略边界主要分为两类：

（1）商业声誉的边界。战略设计是为了企业的生存与发展，但是，战略上的急功近利可能损害企业的声誉，其后果是，企业轻则丧失合作的机会，重则毁掉生存的根基。优秀的企业明确禁止某些行为。例如，谷歌公司在搜索领域的优势完全依赖它的独立性声誉，谷歌为自己的员工明确规定了界限："任何短期利益都不能取代用户的信任。我们搜索结果的公正性没有一点水分。我们永远不会操纵搜索结果，把我们的客户排在搜索结果的前面。没有人可以花钱买到一个更靠前的位置。"

（2）企业资源的边界。企业的资源都是有限的，尤其是初创企业，这时，规划者应该明确禁止战略之外的商业机会，以便企业把资源用于规划的战略之上。苹果公司创始人乔布斯曾说："人们认为专一意味着对你所专注的某件事说'是'，但事实根本不是这样，它意味着对100个其他的好主意说'不'。"[1]

设定战略边界的最大好处是保持企业（战略）的方向不变。为此，规划者的设定行为必须做到立场明确、文字简洁和措施严厉，从而显示出坚定的战略决心。

根据以上四个方面的表述，战略规划活动就是将战略猜想变成战略纲领的过程。要求规划者在这一过程中解决所有战略问题是不切实际的，只要能够展示业务的创新性、市场的可靠性与优势的确定性，以及设置明确的战略边界，战略规划工作就可以宣告完成。至于战略的细节问题，需要通过战略设计来解决。

第四节　情景规划的常态化

在大多数情况下，情景规划活动由情景开发和战略规划两个阶段组成。这很容易将情景规划误解为是出现在战略设计之前并由专家承担的情景研究活动。企业宣布战略设计完成之时，也就是情景规划结束之日。新的情景规划取决于设计新战略的需要。

然而，在商业实践中，情景规划活动完全突破了这种狭隘的情景规划概念。商业的未来总是处于不确定的状态，预期的商业情景经常发生改变，商业决策者随时需要根据新的情景参数，调整旧的战略方案或者做出新的战略决定。在这一

---

[1] 罗伯特·西蒙斯.七个战略问题［M］.刘俊勇，等译.北京：中国人民大学出版社，2013.

过程中，由于时间紧迫，完整的情景规划常常需要变成简易的情景判断。**简易的情景判断是指商业决策者根据商业信息和个人经验对未来环境的判断。**

情景规划与情景判断都是情景预测活动，但二者之间存在许多差别。前者的时间长且程序复杂，后者的时间短且程序简单；前者由专家主导因而更可靠，后者由商业决策者做出因而更容易出现错误；前者主要出现在战略设计之前，后者可以出现在整个战略过程之中。尽管存在这些差别，但情景判断和情景规划仍然具有相同的性质和功能，因而它们共同构成广义的情景规划概念。

广义情景规划概念的提出标志着情景规划从战略设计领域拓展到战略决策领域，也从单一的情景预测行为变成连续的情景思考行为。**这种连续性的情景思考行为在理论上称为"情景活动"。**持续的商业活动需要连续的情景活动，这意味着理论界提出的情景规划活动应该常态化。

一、情景规划常态化的理由

商业决策者都希望战略可以长期发挥作用，然而战略经常受到意外因素的干扰或挑战。这逼迫决策者必须思考这些干扰或挑战背后的环境变化问题，从而使情景规划工作变得常态化。具体的理由包括：

（1）商业环境的不确定是根本原因。遥远的未来是不确定的。可是，眼前的商业环境也经常出现不确定因素。一旦将战略付诸实施，原先预期的理想环境就可能出现变化，如产品出现瑕疵、市场热度不够、配件供应不足等。理想很丰满，现实却很骨感。为了推进战略，战略决策者必须随时根据新的情景预期调整战略方案的细节。因此，远期的情景规划可能跨越几年或十几年，而近期的情景修补可能是一年一次。

（2）情景功能是情景规划常态化的直接原因。情景功能即情景作用。根据前面的描述，情景活动是战略决策活动的组成部分。在战略设计阶段，情景规划可以为战略设计提供场景依据；在战略进入实施阶段后，情景判断可以为战略调整提供场景参考。总之，情景犹如企业前行的"路况"，发挥情景功能就是决策者随时检查企业前进的路况，忽略情景的战略决策既不现实，也不安全。

（3）情景思维是商业决策者的重要思维方式。情景思维是人们向前看的一种生存智慧。总体上，商业的前景既丰富多彩，又残酷无情。情景思考可以帮助商业决策者走出舒适区域，捕捉新的市场机会；也可以帮助他们度过困难时期，保持正确的战略方向。人无远虑必有近忧，当决策者无法预期商业的未来，战略决策必然出现保守僵化或摇摆不定。

总之，商业活动必须包含情景活动，战略决策必须依赖情景功能，商业决策者必须拥有情景思维。**情景规划常态化实际上是强调情景活动在商业运作中的地**

位、情景功能在战略过程中的作用，以及情景思维对商业成功的价值，这也是情景规划常态化的意义。

二、特殊的情景活动

根据完整度的不同，我们将情景活动分为一般的情景活动与特殊的情景活动两种类型。其中，一般的情景活动即"完整的情景规划"，特殊的情景活动即"简易的情景判断"。从战略设计到战略实现的过程中，一般的情景活动和特殊的情景活动相互依存、相互补充，它们共同为战略决策者提供未来情景预测。然而，学者重视一般的情景规划活动，却忽略了特殊的情景活动的作用。因此，本书重点描述三种特殊的情景活动，希望引起人们的重视。

（一）应对"黑天鹅"的情景活动

"黑天鹅"代表生活中那些重大的不利事件，如危机事件、社会冲突、自然灾难等。人类永远无法预知生活将出现什么样的"黑天鹅"，也不知道什么时间出现"黑天鹅"，更不知道出现多少次"黑天鹅"。可是，"黑天鹅"的降临可以强烈冲击人们的生活秩序。人类应对"黑天鹅"事件的唯一办法就是尽力预测"黑天鹅"带来的负面影响，调整自己的行为，减轻"黑天鹅"造成的灾害。

当"黑天鹅"出现时，商业环境将会出现哪些改变呢？战略决策者需要做出对未来情景的预期。"黑天鹅"作为情景变化的诱发因素，可能引起市场结构的调整、消费行为的改变、供应或销售的困难等一系列变化。因此，决策者应该以"黑天鹅"作为情景预期的核心因素，遵循事物之间的逻辑关系，积极预测可能出现的变化结果，并以此为根据调整战略的行为、节奏和方向。

（二）战略监控过程的情景活动

普鲁士陆军元帅冯·莫尔基特曾说："一旦与敌接触，任何计划均不存在。"[1] 情景规划与战略设计也同样如此。一旦战略进入实施阶段，决策者必须根据突发情况重新预期前景变化，以便随时监控战略的有效性。与应对"黑天鹅"的情景活动相比，战略监控属于一种常见的情景活动。

在战略监控过程中，情景活动犹如驾驶员通过车灯查看路况的行为。行车的时间与位置不同，前方路况的情景肯定不同。根据这个道理，多层次和多角度的情景活动可以为企业的"战略之车"提供有效的路况警示。

（三）解决经营困难时的情景活动

当企业发展遇到困难时，决策者原先预期的确定因素变得不如以前那样确定，而且企业控制不确定性的能力也随之改变。原先的情景规划代表了确定因素

---

[1] 保罗·舒梅克. 从不确定性中盈利[M]. 黄一义，译. 昆明：云南出版社，2005.

与不确定因素的相对平衡。现在平衡被打破了，决策者需要重新进行情景预期。与前两种情景活动相比，此种情景活动的出现频率介入前两者之间，它属于比较常见的情景活动。

至于企业可能遇到什么样的经营困难，以及困难达到什么程度可以影响战略推进，这些都不是通过理论可以说清楚的。企业决策者必须具体问题具体分析，根据新的情景预期排除经营困难对战略推进的影响。当然，战略过程经常出现这样的情形，出现经营困难后，决策者力挽狂澜，重新恢复企业的资产和能力，因此保持原先的情景预期不变。

在商业战略实践中，特殊情景活动的过程虽然简单，但发生的频率较高，因而对战略决策的影响更为频繁。情景规划常态化的实质就是情景活动的普及化，让情景因素与战略决策充分融合在一起，从而保证战略始终沿着正确的方向前进。在中国，企业决策者的普遍做法是：远期情景靠情怀（好产业一哄而上），近期情景凭运气（坏事情一概不想）。怎样在预测未来趋势的同时又发现眼前的出路？这是中国企业决策者的重要功课。

三、情景活动的常见错误

由于情景规划的历史很短，人们进行情景活动的经验不多，特别是学界还没有形成权威的情景规划理论，所以，企业的情景活动存在许多误区。其中的典型错误包括以下几种：

其一，没有核心议题的情景活动。情景规划是针对某种商业趋势的前瞻性研究。任何情景活动都必须围绕一个核心问题。情景活动绝不是关于未来的畅想会。与会者各自关注自己感兴趣的变化，忽略对共同议题的探讨，情景活动只能不了了之。

其二，缺乏不同意见。情景规划不是为了追求单一场景，而是开发多个相互独立的场景。在情景活动中，参与者的知识、方法和视野具有趋同性，这不利于人们充分挖掘未来的可能性。有效的情景活动是一场情景大讨论，参与的人员越复杂，预期的场景越丰富。

其三，缺少证据的情景分析。在情景讨论中，人们常常迷信某些依靠想象力所产生的情景预期。为此，人们的解释是：就应该是这个样子。把情景规划等同于情景梦想，这容易失去情景活动的严肃性。情景规划是寻求那些具有某种可能性的未来场景，情景分析应该采用可靠的根据。

其四，情景开发与战略规划脱钩。情景开发是战略规划的基础，战略规划是情景开发的延续。然而，在实际操作中，经常出现情景开发与战略规划脱钩的现象。一是开发的情景太多，后期的战略规划失去可信的情景依据，规划者只能凭借自己的兴趣确定战略重点；二是情景开发者提供了详细和全面的情景预期，战略规划者却另有主意，规划的战略路线图与开发的未来场景不符。无论出现其中的任何一种情况，都代表了情景规划活动的失败。

其五，遗忘的情景规划。某些战略设计者认为，规划的情景只是战略设计的参考，情景规划属于战略设计的辅助性活动。这很容易导致情景规划被人们漠视或遗忘，耗费时间和资金的规划结论失去商业价值。例如，认为未来还没有来，情景规划之后没有后续的战略设计，因而把前景也留给了未来；将情景规划全部委托给智囊机构，商业决策者根本没有参与情景规划活动；大量的情景信息保留在档案袋，没有进入战略决策者的脑袋。

与上述错误相比，还有一种更严重的错误，就是在战略决策的过程中没有情景活动，决策者完全依靠经验和情怀做出战略决定。不管决策者是对情景规划缺乏认知还是迷信自己，没有情景预测作为前提，任何战略决定都是愚蠢和危险的。

第五节　商业世界的"变色龙"

在自然界，变色龙根据周围环境改变自己的颜色，以便躲避风险和捕获猎物。与此相似，企业也可采用同样的方式生存和发展。然而，我们不能由此得出结论，企业的改变意味企业已经拥有生存战略。"我们改变（可能）是因为现状让我们感到不舒服，并不是因为我们能看到长远的方向。"[①]

要成为商业世界的"变色龙"，企业必须依靠灵活的战略。战略的灵活性依赖情景预期的可靠性。战略决策者要获得可靠的预期情景必须提高情景活动的水平，这绝不是一朝一夕可以达到的境界。

一、拥抱商业的不确定性

商业的不确定性主要表现在两个方面，即商业变化的突发性与商业机会的短暂性。从商业的不确定性角度分析，战略成功和失败的共同理由是人们处理商业不确定性的态度。成功者重视和利用商业不确定性，而失败者轻视或放任商业不确定性。根据历史经验，成功抓住商业机会又顺利避开商业风险的关键是将未来的不确定性转化为灵活的战略选择。要完成这种转化，商业决策者必须做出情景

[①] 格雷姆·萨拉曼，等. 战略与能力：持续的组织变革[M]. 锁箭，等译. 北京：经济管理出版社，2011.

预测与战略期权。情景预测提供未来场景，战略期权提供战略预案。依靠未来场景和战略预案，决策者就可以将商业变化的不确定性转变为商业活动的确定性。具体表现是：

（1）战略设计需要与情景规划相吻合。人们投资未来的商业活动，必然涉及商业的未来场景。实际上，情景规划就是通过描述未来的商业场景，为战略设计提供未来的场景依据。例如，在20世纪90年代，人们投资网络商业的主要困惑是：消费者凭什么要在网络上购物？没有预测到网络是购物的未来场景的人们，自然失去投资互联网商业的兴趣。当然，那些网络商业投资者也并非超人，只是他们相信网络购物的未来场景。由此可见，长期情景可以为长远的战略设想提供信心，促使决策者的战略猜想升华为企业的战略理想。

（2）战略期权应该以情景预期为根据。在战略主体方案之外，商业决策者需要保留一定的战略期权，以便应付战略意外的发生。在本质上，战略期权是指专门应对未来特殊场景的战略选择机会，如生产设备的其他用途、产品服务的潜在市场、原料配件的机动来源等，战略决策者每增加一种情景思考，就可以为企业增加一个战略期权。创造战略期权的企业在付出一定代价之后，能够有效避免战略的意外失败，最大限度地实现战略目标。

（3）战略调整必须反映情景预期的改变。战略调整可以分为主动调整和被动调整两种情形。主动调整战略，说明原先期望的商业情景已经发生变化，曾经预料的特殊情景开始出现，备选的战略预案随即可以派上用场。被动的战略调整出现在情景预期之外，但是，被动调整战略也不是胡乱改变战略，决策者必须重新做出情景预期，并根据情景预期重新确定战略的方向。总之，根据情景预期调整战略是战略决策的普遍做法。

人们坚信战略是商业成功的保证。殊不知，未来的不确定性足以摧毁所有的战略设想。只有根据准确的情景预期制定的战略，才是商业成功的有力保证。当然，没有人能够在每一次的战略决策中都准确预测到未来的真实情景。但是，情景活动的常态化可以最大限度地覆盖未来场景变化的可能性，也可以最大限度地准备未来商业机会的方案。因此，精心预测未来和充分应对变化是拥抱商业不确定性的真正含义。

二、情景思维习惯

商业活动的特点是"现在投资，未来赚钱"。然而，现在与未来之间充满不确定性。无论是否制定战略，商业决策者都需要关注未来环境的变化。从这一角度来说，情景活动也是商业活动的组成部分。商业决策者应该培养自己进行情景活动的思维习惯。具体表现是：

（1）保持谨慎和尝试的心理。人们都喜欢确定的商业投资和简单的商业决策。可是，当今社会的商业不确定性日益增多。在本质上，不确定性代表事物变化的模糊性。商业的利益和风险实际上都隐藏在各种模糊性之中，人们获取利益和避免风险都必须谨慎行事。

聪明的决策者在谨慎的同时，敢于尝试某些可能性。他们关注那些有趣的可能性，愿意付出时间和成本，研究、追踪和试验有价值的不确定商业，这就相当于创设了战略期权。一旦预期成为事实，战略期权立刻变成战略行动。反之，预期落空则必然出现一定的损失。从长远来看，战略期权能够实现"利用较小成本获取较好机会"的效果。

（2）建立民主决策机制。现代企业普遍采用股权制的组织形式，即股东或合伙人共同持有企业。为了避免战略决策出现偏见，决策团队应该由不同背景的人员组成，以防出现战略跑偏的现象。

在企业运营的过程中，坚持情景活动的开放性与战略决策的民主性是非常必要的。一个人的情景判断肯定不如一群人的情景活动。为了获得更多的未来场景和战略设想，决策者在情景活动中应该紧闭嘴巴，稍有干预就可能吓跑某些有价值的想法。即使情景开发者满嘴"跑火车"，决策者也要学会忍耐，说不定能"跑"出一个惊世骇俗的结论。

（3）创造宽容的企业文化。宽容的企业文化可以为情景活动提供良好氛围。在企业内部，决策者应该鼓励各种奇怪的想法和做法，把它们作为情景活动的延伸部分，这相当于企业长出更多触角，感受和适应商业环境的细微变化。在企业外部，决策者应该吸引社会人员参与情景活动，消费者、专家、合作者甚至网友，都可以为情景活动提供新的视角和观点。

总之，情景思维是人们积极探索未来的过程。积极和全面的情景活动可以帮助企业捕捉更多的商业机会。即使这种探索暂时没有结果，企业也要保持探索未来的自由性，从而为企业发展提供更多的可能性。商机是找来的，而不是等来的，所有的企业都要向未来讨饭吃！

三、情景活动艺术

情景活动的成败没有规律可循，有人押对未来，有人却错过机会。在分析情景预测成功的原因时，笔者发现，情景活动者的理念、视角或经历有助于他们猜对未来的变化。非常遗憾，这些都是无法移植的个体技能。情景活动的艺术是这种个体技能的集中表现。我们可以欣赏他人的情景艺术，却无法获取他人的情景技能。

在情景规划中，规划者都希望自己拥有"一双慧眼"，看透迷茫的商业未来。为此，情景规划者必须具备洞察和应对未来的高超能力，即矛盾思维的能力和组合行动的能力。简述如下：

(一) 矛盾思维的艺术

我们生活在一个充满矛盾的世界。当人们从现在走向未来的时候，未来世界也会继续以矛盾的状态展现出来。因此，矛盾思维是人们生存的一种理性思维方式。在情景规划活动中，**所谓矛盾思维，就是指情景规划者在相互矛盾的情景中进行选择和决策，通过在不同情景中的自由切换，实现多种场景选择与多次战略决策的有机统一**。一个人在头脑中同时保存几个相反的观点，又可以对其中每个观点做出独立的判断，这就是矛盾思维的基本特征。

矛盾思维是一件相当痛苦的事情。人们喜欢确定的状态和单一的判断，这样可以轻松地进行选择与决定。然而，单一思维肯定无法应对环境的模糊性与未来的不确定性。矛盾思维的优势在于多向思考，以便有效避免单向思考的风险。

偶然押对未来并不能称为情景艺术。情景活动的艺术首先表现在，规划者心中同时拥有多个未来，即使这些未来场景是相互矛盾的，只要具备某种合理性，规划者就把它们保留在头脑之中，同时还可以在相互矛盾的场景中进行自由切换，从而保持了情景思考的灵活性。

人们经常将商业战略的艺术归结为商业天才的灵感。事实上，在选择未来场景时，商业天才都需要对自己心中的矛盾场景进行甄别。甄别的过程可能既曲折又漫长，甚至到最后一刻，他们才艰难做出所谓的"天才"决定。回顾商业战略的历史，天才战略总是表现为"专一战略"，即专门利用一种关键优势取胜的战略。设计专一战略必须依靠设计者的矛盾思维能力，集多种可能于一种战略选择。在战略成功之后，人们赞叹专一战略的简练，却无法感受战略背后矛盾思维的强大。

(二) 组合行动的艺术

与矛盾思维一脉相承，有效的战略必然采取**组合行动的方式，即准备不同方向的战略行动，以便应对相互矛盾的未来场景**。对于未来的不确定性而言，这既是无奈的选择，也是稳妥的选择。随着未来场景逐渐清晰，企业的某些战略行动被迫中止或取消，而正确的行动继续进行或开始发力。整个战略过程表现为一场精彩的"漂移"，企业东突西击，战略扑朔迷离，企业最终成为商业竞争的胜利者。

1988年，美国微软公司的DOS操作系统结束了六年的繁荣期，开始进入衰退阶段。此时，苹果公司的图形操作系统显示出强大的竞争力。微软的操作系统的前景怎样？应该如何规划生存的战略呢？

当时，为了分享电脑操作系统的市场，太阳徽公司与AT&T、施乐联合开发了一种名叫"Open Look"的 Unix 图形操作系统。惠普、数字设备公司、阿波罗和西门子则联合开发一种高级简便的 Unix 图形版本。IBM 公司则推出操作系统 OS/2，这一系统与 DOS 兼容，又具有 Unix 的强大功能和 Mac 简便易用的特点。电脑操作系统的明天已经呈现出"群雄逐鹿"的态势，而操作系统则是微软公司的命根子。

比尔·盖茨非常清楚，群雄相争的结果是无法确定的。针对操作系统发展的不确定前景，他的战略规划是这样的：继续独立开发 Windows 操作系统，与 IBM 合作开发 OS/2 系统，与 SCO 公司合作开发 Unix 系统，引进苹果操作系统中的 Excel 和 Word。最终哪个系统胜出是无法预测的，但是，微软已经拿到一手好牌，Windows、Unix、OS/2 等都在其手中。有人评价这是盖茨的运气，实际上这就是情景规划的艺术。[1]

总之，情景活动的艺术表现出的是一种非常奇特的行为能力。情景规划大师既可以在相互矛盾的场景中思考，又能够用组合式行动方案实现战略的目的，在商业对手大呼看不懂的同时，通过"矛盾思维+组合行动"的战略艺术，完胜所有的商业对手。

关于情景规划的讨论，我们从情景规划的必要性、情景开发与战略规划的行为、情景规划的常态化等一直延伸到情景活动的艺术。在结束这一讨论的时刻，我们必须承认，情景规划只是预期未来，而不是锁住未来。未来的商业竞争究竟是"一招致命"，还是"组合完胜"？这需要战略设计者做出具体的对策。从战略设计流程来看，情景规划只是明确了战略的方向。在此基础上，精明的战略必须依赖战略设计者的精心设计。

---

[1] 迈克尔·库苏曼诺，等. 下一波经济的战略思考［M］. 杨荣，译. 北京：华夏出版社，2003.

第四章　产品与服务的战略功能设计

产品和服务是商业活动的两个核心因素。在历史上，商业成功不是依赖特别的产品就是依赖特色的服务。不仅如此，特别产品或特色服务都可以给消费者带来良好体验，而良好体验又可以促进商业的持续成功。这样，产品、服务与体验构成了商业成功的三个核心因素。由于体验附着在产品和服务之上，所以，商业成功的"三因素之说"通常变成了"两因素之说"。从这一点来看，产品与服务的战略功能设计其实也包含了体验的战略功能设计。

在商业活动中，产品、服务和体验分别需要不同的设计行为，即"产品设计""服务设计"和"体验设计"。设计首先赋予产品、服务及体验的消费功能，满足人们对产品、服务以及体验的消费需求。然而，拥有单纯消费功能的产品、服务和体验，很容易沦落为市场上的"大路货"。提供"大路货"的企业没有战略竞争力。基于这个原因，企业在设计消费功能的同时，必须设计产品、服务和体验的战略功能，形成特别产品、特色服务以及特殊体验，从而创造商业的战略竞争力。

实际上，任何产品、服务和体验的商业功能都可以分为两个方面，即消费功能与战略功能。其中，消费功能是战略功能的基础，消费功能的缺陷影响商业活动的战略竞争力；反过来，战略功能是消费功能的保障，消费功能的实现必须依赖商业活动的战略竞争力。从理论上说，创造消费功能和战略功能的设计行为分别是（普通）设计与战略设计。从实践来看，战略设计混同在（普通）设计过程之中。这样，我们讨论产品与服务的战略功能设计，必然牵扯到产品与服务的（普通）设计。我们必须从产品与服务设计的过程中，发现和挖掘战略功能设计的强大力量。

产品、服务及体验的战略功能设计，是指针对产品、服务及体验的竞争优势的设计。这是商业战略设计的基础行为，它可以为后续的战略设计行为提供一个操作平台。企业的全部战略优势必须建立在产品、服务或体验之上，战略的整体谋划也必须从产品、服务或体验开始。离开产品、服务或体验的优势，任何战略动作都是商业武功中的花拳绣腿。

第一节 产品的战略功能设计

产品的战略功能设计，是指企业设计产品的竞争优势的行为，它包括设计全新产品、创造特色产品以及构思产品卖点等情形。 随着过剩经济的出现，产品（特别是"大路货"）的竞争更加残酷。这就迫使产品设计从单纯的消费功能转向消费功能与战略功能并重，因而进入了产品设计的战略竞争时代。在理论上提出战略功能设计概念的目的，主要是强调创造产品的竞争优势的重要性。对于企业来说，消费功能设计与战略功能设计的完美统一是最理想的产品设计。

在实践中，除了产品设计者对产品进行战略赋能之外，战略设计者也会主动规划产品的战略功能。实际上，产品的战略功能设计是这两种努力的共同结果。具体来说，产品设计者主要关注产品的消费功能，战略设计者主要关心产品的战略功能，他们通力合作，积极沟通，可以共同创造出产品的战略竞争力。通常，产品的战略功能具有以下作用：

○吸引消费者的卖点；
○超越竞争对手的优点；
○商业合作的魅力；
○商业活动的盈利基础；
○商业进步的标志。

现在，产品设计一般由研发团队承担，成员包括技术、工艺、采购、营销、财务以及战略决策等各色人才。至于产品的战略功能到底是怎样设计出来的，每个企业都有自己的做法。这些做法涉及商业秘密，我们不得而知。然而，我们可以从理论上探索和总结产品的战略功能设计的思路。

一、产品的战略功能设计的思路

设计产品的战略功能的总体思路是创造一种特别的产品。怎样通过设计创造一种特别的产品呢？根据商业成功的普遍逻辑，设计产品的战略功能的具体思路可以分为五个方面，简述如下：

（一）量体裁衣

"大路货"肯定没有战略功能。为了追求产品的市场竞争力，设计者首先需要寻求产品的消费主体。随着商业的日益成熟，消费者由过去的品牌消费开始转向现在的品位消费。消费者喜欢符合自己品位的品牌产品，产品市场已经呈现出明显的碎片化态势。对此，多数企业采取小众市场战略，满足小众群体的特别需求。

为了实现小众市场的战略，产品的战略功能设计必须采取"量体裁衣"的办法。其设计要领包括：

（1）为潜在的消费群体画像，观察和描述他们的生活特点以及消费痛点。

（2）从"同理心"出发，调查这些消费者的真实需求，提出具有特色的"产品概念"。

（3）认真分析概念产品与消费群体之间的吻合度。

（4）设计样品并广泛征求消费者的意见，完善产品的战略功能。

（5）依靠产品试用、小批量推广和快速迭代的方式，推进产品的战略功能设计。

在战略功能的设计过程中，设计者的首要工作是明确产品概念。什么样的概念产品可以获得战略优势呢？聪明人喜欢"赛道领先的产品"，如苹果公司的智能手机和特斯拉公司的电动车；跟风者追求"风口地带的产品"，如某些中国企业投资智能手机和电动车；理智的企业注重"产品的核心部件"，如日本企业生产电器产品的关键材料和零件；普通人总是"什么热销就生产什么"，根本不在乎产品的战略功能。

进入网络商业时代，网络渠道为小众市场战略开辟了无限的市场空间。不仅如此，网络还可以为产品的战略功能设计提供很好的沟通渠道。可以预见，借助互联网的普及和互联网技术的提高，"量体裁衣"将成为产品的战略功能设计的主要思路。

（二）创造精品

在商业领域，精品泛指一切具有精良品质的产品，如质量上乘、材质地道、外观精美、结实耐用的产品。随着生活水平的提高和中产阶级的壮大，精品消费逐渐成为中国社会的主流消费。

长期以来，中国制造业以"低质低价"作为战略竞争的普遍手段，一方面可以满足国内的低端消费需求，另一方面又可以抢夺国外低端的消费市场。这样的战略选择有其历史合理性，却造成了中国制造业"大而不强"的特点。现在，中国制造业正面临严峻的挑战：国内市场对低端产品的需求开始减少，同时，东盟国家的低端产品开始涌入中国市场。显然，创造精品已经成为中国制造业的战略选择。

然而，制造业的精品战略需要克服一系列的困难。技术和工艺落后、生产成本上涨、品牌和知名度较差，这些因素都会影响精品战略的实施。从设计的角度来看，企业首先需要设计一个好的产品，才能开始推进精品战略的过程。也就是说，精美设计是企业创造精品的战略基础。怎样进行产品的精美设计？企业普遍重视设计精英的作用。其实，最重要的是决策者的战略理念。长期以来，企业决策者习惯利用"低质低价"的战略赚钱。毫不客气地说，某些决策者在头脑中根本没有做精品的想法，只想依靠"忽悠"收割"韭菜"。

另外，创造精品还需要选料、制造、包装、存储、运输和服务等环节的共同努力，创造精品是一个系统工程。某些企业靠漂亮包装冒充精品，把体积庞大视为产品的华美，取个洋名伪装产品名贵，这些虚假和逐利的行为都不属于精品战略。中国企业从低质低价战略转向精品战略，可能需要一个长期的转变过程。

（三）引领时尚

在商业领域，凡是初创且风格前卫的产品都属于时尚产品，如苹果公司的智能手机、特斯拉的电动汽车等。时尚产品能够满足消费者的猎奇心理，为企业带来更多的销量。另外，时尚产品还能够满足消费者的攀比心理，为企业创造较高的利润。这些理由足以激发企业争创时尚产品的决心。

然而，引领时尚的企业必须拥有强大的实力。如扎实的基础研究与深入的应用研究相结合、拥有雄厚的设计能力和先进的设计专利、较高的品牌知名度，以及充分的市场宣传等。同时，创造时尚产品的企业还必须面对以下战略风险：

（1）研发投入的不确定性。

（2）研发与设计队伍的稳定性。

（3）时尚产品的生命周期。

（4）竞争对手的模仿行为。

总之，企业引领消费时尚犹如火中取栗，大胆、机智、快速且有运气。在商业历史上，即使优秀企业的时尚战略也是喜忧参半。成功者可以成为行业的"引领"，而失败者则成为行业的"先烈"。这种现象提醒决策者，应该谨慎对待时尚战略的设计与实施。

（四）提升性价比

物美价廉是一种商业理想，性价比却是一种商业战略。人们总是喜欢好用的东西便宜一些，即使富豪也不会拒绝便宜。实际上，人们想买的是"便宜的好东西"。这就是性价比现象的实质。

性价比的关键是"性"，即产品是好用、精致和时尚的。某些生产企业将产品的价格定得越来越便宜，同时也将产品的品质做得越来越糟糕。当产品失去了"性"，只剩下"价"，实际上是没有"性价比"的。性价比的正确解释是"同样的质量，价格更低"，而不应该是"同样的价格，质量更好"。因此，性价比战略的设计必须满足以下要求：

（1）寻求更优的产品性能。[①]
（2）设定更低的价格水平。
（3）注重产品的重复利用。
（4）除去产品的多余功能。
（5）优化产品的制造过程。

产品又好又便宜，才会产生竞争力。创新产品需要性价比，这是市场接受新产品的前提。传统产品也需要性价比，这是企业扩大产品销售的重要举措。现在，消费者不愿再为名牌溢价埋单，年轻人更是"消费摆烂"，因此，"提升性价比"将成为产品战略功能设计的长期方向。

（五）创作商业故事

每一件产品都是人们用心设计的。然而，只有那些令人心动的产品才能被人们购买。什么样的产品可以感动人心呢？除了前述的满足特别需求、精致、时尚或性价比高等理由之外，有故事的产品最容易吸引粉丝。比如，特殊产地、悠久历史、绿色安全、环境友好等。人是情感动物。产品包含一个动人的商业故事，可以形成一种强烈的市场卖点。古今中外，依靠讲故事卖产品的手段屡试不爽。久而久之，创作产品故事成为一种战略功能设计。创作产品故事的基本原则包括：

（1）内容是可信的。产品背后的故事在时间、地点和过程等方面明确可溯，传说必须传得合理。

（2）简明扼要。简短的商业故事可以折射出强烈的产品光芒。

（3）情节独特。特殊的情节可以为产品的特殊价值背书。

（4）载体丰富。商业故事可以通过图片、文字、视频等不同方式，满足不同购物场合的需要。

创作产品故事需要设计技巧。怎样从一个普通素材中提炼出具有商业魅力的故事？成功的商业故事背后的创作秘诀，我们不得而知。可是，我们又不得不叹服那些产品段子手的高超技艺。

综上所述，量体裁衣、创作精品、引领时尚、提升性价比、创作故事，分别代表了产品的战略功能设计的五个主要方向。有些企业重视了其中的一个方向，有些企业则是在多个方向同时发力。无论怎样，企业决策者普遍希望通过战略功能设计创造出独特的产品竞争力。应该承认，中国企业在这个方面需要做的功课非常多。其中最基础的功课是深入理解产品应该是什么的问题。[②] 只要企业决策

[①] 刘平，等. 创业学：理论与实践［M］. 北京：清华大学出版社，2016.

[②] 罗伯特·M. 格兰特在《现代战略分析》一书中引用案例说明理解产品是什么的重要性。这个案例的要点是，某个日本企业为了开发咖啡机，围绕做出"味道好"的咖啡，先后从咖啡豆的研磨、温度控制、水的脱氯处理以及煮咖啡的时间设定等方面，提出了一系列正确的设计目标。

者真正理解了产品应该是什么,战略功能设计的问题就会迎刃而解。令人头痛的是,产品到底应该是什么呢?这恐怕是一个永远没有终极答案的问题。因此,产品的战略功能设计潜力无限。

二、产品的战略功能设计的步骤

在匮乏经济时代,产品的战略功能设计没有引起人们的重视。进入过剩经济时代之后,企业不仅要生产出具有一定使用价值的产品,还要保证产品具有战略竞争力。否则,即使具备使用价值,产品也可能成为市场中的滞销品。这样一来,产品的设计过程逐渐分为消费功能设计与战略功能设计两个方面。当战略功能设计成为一种独立的设计行为之后,战略功能设计的流程问题就凸显出来。综合学界的观点和企业的做法,产品的战略功能的设计流程可以划分为以下几个阶段:

(1) 提出创意阶段。根据学者劳伦·威格尔的主张,提出产品创意的活动可以分为三步:第一步,把用户视觉化,展示用户是怎样的人、生活在哪里、拥有什么样的产品、产品有什么特点。第二步,与用户建立共情,确定用户在使用现有产品时的痛点,并制作用户的痛点列表。第三步,构思创意概念,针对用户痛点构思解决方案,并将更多的灵感和想法汇集为方案列表。①

在获取创意的基础上,设计者还要进行深入判断:首先,产品创意与消费者的价值需求是否一致;其次,创意产品是否拥有利基空间;最后,企业经营创意产品是否具有竞争优势。只有经过反复分析与推演,具有战略功能的产品创意才能正式确立。

(2) 构建原型阶段。在产品设计过程中,原型是指可以展示创意特点的产品模型。设计师根据创意概念进行自由发挥,可能形成不同的产品原型,这可以为战略功能设计探索出不同方向。不同的产品原型之间相互迭代,也相互结合。根据迭代或结合的结果,企业决策者可以确定战略功能设计的主要方向。

(3) 工业设计阶段。设计人员根据战略功能创意,并按照原型产品的技术参数进行工业设计。工业设计是指为制造产品而进行的样品设计。显然,工业设计的规范问题已经超出了战略设计的讨论范围。这里强调,产品的工业设计必须体现企业的战略要求。战略设计者应该审查工业设计是否满足了产品战略功能的要求。

(4) 审查阶段。审查行为依次分为三步:一是设计图纸是否满足企业的战略意图;二是产品测试是否达到战略方案的要求;三是用户对产品的满意程度。

---

① 迈克尔·G. 卢克斯,等. 设计思维:PDMA 新产品开发精髓及实践 [M]. 马新馨,译. 北京:电子工业出版社,2018.

设计的普遍经验是，早一点失败，可能换来早一点成功。实际上，产品的战略功能是经过人们不断选择而确定的。

在实践中，产品的消费功能设计与战略功能设计应该是深度结合的。遗憾的是，多数企业的消费功能设计与战略功能设计处于分离状态，消费功能设计由产品设计者完成，战略功能设计则由战略设计者承担，如果双方缺乏沟通和交流，产品的战略功能的设计工作将困难重重。更可笑的是，某些企业等到产品进入市场的前夕，战略决策者才将产品塞进企业的战略体系，此时，战略功能设计也只能是由营销人员根据产品的现状描述其竞争优势。在这种情形下，产品的竞争优势是凑合的而不是设计的，因此，企业在后续战略设计中将失去战略优势的根源和基础。

第二节 服务的战略功能设计

作为商业活动的两个核心因素，产品和服务之间的差异是，产品主要通过物品的使用价值满足消费者需求，服务主要通过行为的使用价值满足消费者需求。在经济落后的年代，产品经济领先服务经济，商业发展处于"重产品轻服务"的状态。随着生活水平的提高，人们对商业服务的需求越来越多，服务产业的规模日益扩大，服务市场的竞争不断加剧。于是，服务企业开始运用战略手段谋求生存和发展。

根据内容不同，商业服务可以划分为产品服务和行为服务两种类型。产品服务是指与产品相关的服务，如产品的研发服务、营销服务、维护服务以及使用服务等。行为服务是指专门提供生活行为的服务，如娱乐服务、旅游服务、护理服务、社交服务等。除了这两种类型之外，某些商业服务属于"产品+行为"型的服务，其中，有的以提供产品为主，有的以提供行为为主，前者如餐饮服务，后者如住宿服务。无论怎样划分，服务商业的基本特征都是"行为的交易"。

长期以来，服务经营主要依赖服务者的经验。由此形成的普遍观点是，服务是无须人为设计的。然而，服务企业通过制定标准流程可以为顾客提供质量相似的服务。这就是服务设计的最基本理由。与产品设计一样，服务设计也是为了提供服务的消费功能。当服务市场的竞争越来越激烈时，服务企业需要在消费功能设计的基础上，不断强化服务的战略功能设计，以求提高服务的竞争力。

服务的战略功能设计，是指企业设计服务的竞争优势的行为，它主要包括提供全新的服务项目、改造传统的服务业务、构筑服务活动的特色等。与产品的战略功能设计相似,服务的战略功能设计也混同在服务设计之中。当服务市场逐渐成熟之后,服务的消费功能已经不足以让企业在市场竞争中胜出,创造特色服务并将特色服务嵌入服务系统,即设计服务的战略功能,逐渐成为服务企业发展的潮流。

目前,服务的战略(功能)设计仍是一个探索性课题。怎样通过设计增强服务的竞争力?通用的经验和系统的理论至今没有形成。即使在这样的情况下,优秀企业根据行业特点和自身优势,已经开始尝试进行服务的战略功能设计,以期提高服务的竞争力。依靠服务的战略功能设计的进步,全球的旅游产业、娱乐产业、物流产业以及酒店产业,无论是经营规模还是经营水平,都取得了惊人的商业成就。在此历史背景下,理论界亟须总结服务战略的实践经验,提出服务的战略功能设计的理论规范。

一、制作顾客体验地图

服务企业的生存和发展主要依赖服务行为的价值。服务行为如何创造价值呢?这个问题涉及顾客需求、经营地域、服务程序以及管理模式等一系列因素。在商业服务领域,正是因为这些因素的共同作用,提供同样服务的企业,有的顾客满堂,有的则门可罗雀。

为什么提供同样服务的企业竞争力出现巨大差异?这显然不是服务设计的问题,服务设计只是满足"提供同样的服务"。在提供同样服务的基础上,服务企业的竞争力依赖于服务的特色与水平。企业服务的特色与水平如何?这主要通过顾客的体验表现出来。因此,服务的战略功能设计也称为"制作顾客体验地图"。

按照前面描述,商业服务可以分为产品服务和行为服务两个基本类型。我们以其中的行为服务为例,解释顾客体验地图的制作流程。提供产品服务的企业参照这个流程,也可以做出相似的顾客体验地图。顾客体验地图的制作流程如下:

(一)为顾客画像

在设计商业战略时,设计者需要反复确认商业活动的消费者。这种行为被称作"画像"。[①] 例如,处于商业观察阶段,观察者对商业活动的潜在消费进行群体画像,以便估计商业活动的价值;进入战略设计阶段,战略设计者需要对产品或服务的顾客进行再次画像,以便寻求商业竞争的突破口;做出重大战略调整时,战略决策者可能需要对产品或服务的新顾客进行画像,以便挑选新的目标市场。总之,画像可以准确描述消费者的特征。

在战略功能设计阶段,设计者对顾客的画像属于第二次画像,即描述顾客的

---

① 在战略设计流程中,画像是指虚构消费者形象的行为,通过视觉化的方式展示其行为、价值观和消费的痛点,从而准确定义商业活动中的目标客户(用户)。

消费细节，然后根据顾客消费的细节特点拟定企业的服务特色。这样的画像是服务企业构筑竞争力的前提。

顾客的消费细节与顾客的年龄、收入、性别、教育以及文化习俗相关。在第二次画像时，战略设计者可以利用现场观察的方式，仔细揣摩和全面分析顾客接受服务时的具体情节，反复确认顾客接受服务后的体验效果。事实上，顾客满意的背后涉及非常复杂的因素。第二次画像可能需要多次才能完成。只有找到顾客消费的关键细节，设计者才能确立企业参与服务竞争的突破口。

画像的质量主要取决于设计者对顾客的观察与了解。[①] 在服务行业，员工可能要比设计者更加了解顾客。聪明的设计者在自己观察的同时，也注意倾听员工对顾客的描述。在开业之前或者开业之初，优秀企业已经清楚为什么样的顾客做出怎样的服务，可以达到预期的效果。只有那些愚蠢和懒惰的企业，才会坐等顾客上门。

（二）选择服务地界

经营位置代表服务企业获取顾客的地利优势。在这里，经营位置包含两个方面，一是服务的地点，二是服务的地域，两者合称"服务地界"。地界差异决定"地利"的大小，它直接影响服务企业的客流量与经营成本。因此，地界选择成为服务战略功能设计的重要内容。

为了获取最大的客流量，企业选择服务地界的标准必须明确，即服务地点优越和服务区域通达。其中，服务地点可以决定服务企业的生存状况，顾客愿意在最方便的地方接受服务，因此，顾客最方便的地方就是最佳的服务地点；服务地域可以决定企业的发展潜力，顾客接受服务时希望付出最小的成本，因此，距离顾客最近的企业最容易获得顾客青睐。在逻辑上，服务地点和服务区域的完美匹配是服务地界的理想选择。在实践中，理想的服务地界需要战略设计者的精心设计（挑选）。

首先，行业不同，最佳的经营位置可能截然相反。比如，多数服务适合扎堆经营，繁华的地段和庞大的客流能够带动很多行业共同发展，而某些特殊服务机构如疗养院和养老院则适宜在清静的地方发展。

其次，市场发展的阶段不同，最佳位置可能发生转变。例如，欧洲大城市的电影院过剩，生意冷清，有人决定远离城市中心，利用郊区的平坦场地建立超大屏幕露天电影院，人们开车到达现场并直接在车内观影。结果，这种奇葩影院的生意相当火爆。

---

① 在商业战略设计领域，消费者、客户、用户及顾客是一系列相近的概念。它们之间的差异是：消费者是指那些可能消费产品/服务的人群（组织），客户是指购买产品/服务的人群（组织），用户是指使用产品/服务的人群（组织），而顾客是指那些既购买又使用产品/服务的人群（组织）。

最后,网络平台的崛起撼动了服务企业的位置优势。人们可以在网络上预约服务,然后由本地的专业人员上门服务。这种网上与网下结合的服务模式对传统的实体服务产生了强烈的冲击,也开始改变服务的地利竞争规则。

总之,服务企业的最佳经营位置是顾客最喜欢接受服务的地方。战略设计者需要系统思考顾客喜好、行业特点以及企业条件,做出综合判断与理性抉择。

(三) 制定服务流程

一般来说,相同行业拥有相似的服务流程。参照同行的服务流程,企业可以轻松制定自己的服务流程。然而,这只是服务的消费功能设计。战略决策者都希望自己企业提供的服务具有竞争力,因而都想在服务流程中增添特殊的战略功能。在服务流程方面,战略功能设计主要强调以下三点:

第一,服务人员的行为标准。企业通过员工行为向顾客提供服务,员工怎样对待顾客决定了企业的服务质量。因此,统一和严格的行为标准是制定服务流程的基础。

多数企业为员工提供了"员工手册",这并不是服务的战略功能设计。在服务人员的行为标准设计方面,服务的战略功能设计主要表现在:通过提高待遇招选高素质员工;通过强化训练贯彻服务标准;通过考核淘汰低素质员工;通过奖励刺激员工创新。

第二,服务行为的分工协作。服务标准只是服务竞争力的基础,服务过程才决定服务竞争力的实现。可是,完美的服务过程需要员工的协作。有人认为,员工合作是一种训练的问题。岂不知,没有预先设计和培训,员工的合作过程必然出现混乱。

为了培养员工的团队精神,企业必须倡导信任与合作的文化,制定责权利相结合的分配原则,采取严格且合理的考核方法,这些都属于战略功能设计的内容。

第三,服务流程的监控管理。在员工为顾客服务的时候,服务流程随时出现一些"即兴行为"。这些即兴行为是否有利于企业经营呢?这是企业决策者必须思考的战略问题。在执行服务的流程规定时,企业没有充分授权,可能出现员工怠慢顾客的现象;反之,员工随意处理某些服务流程的意外情况,则可能损害企业的利益。

合理授权与严格监控并重是企业提高服务竞争力的重要选择。当然,行业和文化的差异决定了企业授权程度与监控力度的不同。无论怎样,监控设计都是企业制定服务流程的重要内容。

战略设计者完成以上步骤后,实际上已经勾勒出服务战略功能的基本结构,即企业对什么样的顾客、在什么样的地界、用什么样的行为,提高服务活动的竞争力。到了这一步，严谨的战略设计者可能感觉意犹未尽，希望在已经完成的顾客体验地图中，继续进行某些细节设计，从而获得更好的服务质量。

二、触点的战略功能设计

在服务的所有细节中，顾客与服务人员的接触环节最重要，它直接决定了企业服务的质量。即使顾客体验地图已经显示出服务的竞争优势，但员工与顾客的触点环节存在瑕疵，服务企业依然不能获得最大的竞争力。从这个角度来说，服务的触点是战略功能设计无法绕开的点。

在服务过程中，"**触点**"是指服务人员与顾客的互动环节，主要包括揽客、待客与送客环节。其中"揽客"是指服务人员招揽顾客，"待客"是指服务人员为顾客提供服务，"送客"是指服务人员送别顾客，这三个环节几乎涵盖了顾客在接受服务过程中的全部体验。同时，服务触点并非简单的"人际互动"，它包含了环境、物品、语言和行为等一系列服务因素。因此，**触点的战略功能设计，就是对员工与顾客互动中的因素进行系统整合，以便提升顾客对服务细节的体验效果**。具体分为以下几个方面：

（1）触点的服务环境设计。顾客总是在特定的空间内消费，服务环境成为触点的首要因素。一般来说，为了招揽顾客，企业舍得在门面、大堂以及周边环境投资，创造服务环境的"高大上"形象。可是，环境尤其外围环境并非顾客的消费对象。企业对外围环境的过度投资必然加重经营成本，有可能削弱企业的竞争力。相反，企业根据行业特点、顾客品位与自身实力设计舒适的内部环境，打造别致的外部环境，有利于形成服务触点的"友好界面"。

（2）触点的物品管理设计。在服务的触点环节，物品是顾客评价体验的重要因素。这主要涉及产品的安全性、使用的方便性以及价格的合理性。顾客对物品的评价通常是综合性评价，因此，企业应该系统设计物品的管理规范，比如，严格要求物品的质量与档次、物品造型和使用必须符合人体工程学的标准、限定物品价格及其变动幅度，等等。服务领域经常出现本末倒置的现象，企业本来依靠服务赚钱，却非要在物品上赚钱，结果，物品瑕疵毁坏了自己的服务声誉。

（3）触点的语言规范设计。语言是触点服务的重要手段。每个行业都拥有系统的服务术语。为了与顾客建立友好关系，企业需要设计规范的服务术语，同时对员工进行严格培训。在此基础上，战略功能设计还强调，利用语言技巧，提供温馨和细腻的服务；积极沟通，消除顾客的疑虑和不满；培养语言人才，满足不同人种的服务需求。

（4）触点的行为标准设计。商业服务是通过行为而实现的商业活动，特别是在触点环节，员工对顾客的行为直接影响企业服务的质量。每个行业对服务人员都做出了某些禁止性规定。然而，员工接触顾客的行为多是分散的、即兴的和意外的情形。这样，企业的禁止性规定与员工的自主性动作可能存在冲突。为了提升服务的竞争力，企业需要充分授权员工与顾客的沟通，鼓励员工的创新行为，留住优秀的骨干员工，培养特色的服务文化。

在深层意义上，服务实现了人与人之间的情感连接，其中的"接点"就是服务的"触点"。触点几乎涉及了服务的所有因素。关于触点的战略功能设计，我们重点关注了其中主要因素的设计要领，实际情形可能更加复杂。因此，战略设计者必须根据行业特点和顾客需要，不断探索触点服务的新形式，积极创造服务细节的竞争力。

三、服务的战略功能设计的趋势

从历史来看，服务商业是在产品商业的基础上发展起来的。现在，服务商业的繁荣已经成为社会发达程度的重要标志。然而，与产品商业相比较，服务商业更容易受到社会发展的制约。因此，服务的战略功能设计必须紧随社会生活的变化，才能不断满足人们对商业服务的新需求。

（1）应对VUCA时代的挑战。当前，人类社会进入VUCA（变化的、不确定的、复杂的、模糊的）时代。经济全球化与逆经济全球化同时并存，网络经济对实体经济的强烈冲击，这些因素进一步加剧了服务市场的动荡。可以预判，在未来的一段时期内，人类交往方式将进入重大调整的阶段，孤立、隔膜和自娱的生活方式已经初露端倪。商业服务怎样重建人与人的友好互动？这必将成为战略功能设计的新课题。

（2）网络服务对实体服务的冲击。进入互联网时代，人类的某些生活行为已经开始转向网络市场。目前，网络商业服务正在成为商业服务发展的潮流。即使经营实体服务的企业，也正在充分利用网络手段来提高自己的竞争力。研究网络服务特点、网络服务手段、网络平台构建、网络生态变化以及网页设计特色等课题，已经成为战略功能设计的重要任务。

（3）AI服务的兴起。由于AI产业的发展，劳动力减少以及服务市场的迅速发展，机器的自动服务（AI服务）正在成为服务业的时尚。例如，交通、旅游、酒店等行业已经出现机器人的自动服务，医院、疗养院和养老院已经尝试利用机器人陪护病人、残疾人和老人，物流行业已经开始利用机器人送货。非常明显，一个人机结合的服务新时代正在形成。如何发挥机器的服务功能、怎样探索AI服务的商业模式，必将成为战略功能设计的重要方向。

在结束服务的战略功能设计的讨论时，我们必须承认，人类对服务设计研究的时间很短，更遑论对服务的战略功能设计的研究。当前，服务产业、服务设计及服务的战略功能设计都处于急剧的变化之中。面对错综复杂的形势，服务企业怎样把握机遇和迎接挑战？很明显，服务业的风口机会和快钱时代已经成为服务产业发展的过去式。服务企业必须通过战略手段获得竞争力，战略功能设计将是服务企业生存和发展的必然选择。展望未来，服务的战略功能设计应以人性和环境的变化为根据，以服务创新为目标，不断探索服务竞争力的新来源。

第三节 体验的战略功能设计

体验是指人们的生活经历与感受。在多数情况下，人们的期待与生活的结果之间总是存在一些差异，这些差异构成了人类生活的体验现象。体验并非完全是个人的主观判断，基于同一生活过程的体验是相似的。运用体验相似的原理，人类在文学、艺术以及商业等领域获得了长足的发展，重视和利用体验的文学家、艺术家和企业家也取得了非凡的成就。在当今社会，体验已经成为人们对生活质量的判断依据和追求目标。

一、体验设计的演变

商业体验主要是指顾客在消费产品或服务的过程中的经历与感受。这种体验一般从市场交易开始，一直到消费完成才能结束。商业体验（以下简称体验）的意义在于，美好体验可以唤起人们重新消费的欲望，企业以此黏住享受型顾客，争取更多的交易机会。

体验与产品（服务）一样，其战略功能设计也是商业战略设计的组成部分。处于经济匮乏的社会，人们能够买到产品或享受服务已经非常满足，体验常常被顾客和企业忽略。体验作为竞争的因素是产品或服务出现过剩后的商业现象。在过剩的市场中，消费者不仅关注产品或服务的价值，而且注重产品或服务的体验。长期以来，商业决策者把体验作为商业活动的附属因素，从来没有将其视为企业生存和发展的战略手段。与此相对应，企业注重设计产品和服务，从来没有对产品与服务的体验进行专门设计。进入战略竞争阶段之后，特别是在产品和服务本身的竞争力已经发挥到极致时，体验就成为企业战略竞争的新着力点。一般来说，体验好的企业，市场份额增大；体验差的企业，市场份额萎缩。为了发挥体验在战略竞争中的作用，某些大型企业专门设立了"首席体验官"，以便加强体验的管理与设计工作。

**体验的战略功能设计，是指专门以产品或服务的良好体验为目标的设计行为。与产品和服务的战略功能设计一样，体验的战略功能设计也混同在产品或服务的体验设计之中。在理论上，体验设计与体验的战略功能设计是有区别的。体验设计是设计者在设计过程中关注产品（服务）的（一般）体验，体验的战略功能设计是指设计者必须构思产品（服务）的良好体验。因此，体验的战略功能设计的目的是通过设计良好体验以增强企业的竞争力。这种设计一般是由产品（服务）设计者与战略设计者共同完成的。

与产品（服务）的战略功能设计相比，体验的战略功能设计具有独特之处。产品或服务的战略功能设计主要是为了增强产品或服务的价值吸引力，比如，让顾客感觉企业的产品或服务更有用或者更便宜，吸引顾客购买企业的产品或服务。在此基础上，体验的战略功能设计则是为了提高产品或服务的满意度，比如，在交易或消费过程中更方便、更舒适和更愉快，促使顾客重复选择企业的产品或服务。什么样的体验可以让顾客满意呢？理论上的答案只能是"良好体验"。

怎样设计一种良好体验呢？由于体验作为商业竞争因素的历史不长，理论上没有统一的设计标准，实践中也没有相同的设计内容，所以体验的战略功能设计完全属于一种探索性行为。即使这样，商业成功者在创造优质产品和服务的同时也注重良好的体验效果。人类商业的发展正在进入产品、服务和体验的共荣时代。

二、良好体验的设计思路

什么样的体验是最完美的？普遍的观点是：商业没有最好的体验，只有更好的体验设计。对体验进行战略功能设计的实质，是设计者坚持"同理心"原则，从顾客的角度和立场，不断提升体验的完美程度。因为体验分为产品体验与服务体验两种情形，所以良好体验的设计思路也分为两个方面。简述如下：

（一）良好的产品体验的设计思路

随着中国消费的转型升级，劣质产品与粗放经营逐渐失去市场。人们不但追求产品的精美时尚，而且重视产品的消费体验。构建产品的良好体验，已经成为企业战略设计的重要内容。其设计思路主要包括：

（1）产品达到好用的程度。人们购买产品的目的是使用产品，因此设计良好的产品体验，首先需要将产品的品质从"可用级"提升到"好用级"。好用的产品具有以下特点：

○材质可靠；

○功能齐全；

○经久耐用；

○界面友好；

○操作方便；

○节省能源；

○运行稳定；

……

"好用"是产品体验的基础。在这方面，设计师经过深思熟虑所提出的设计方案可能是设计师的个人理想，而顾客却认为由该方案产生的产品是一种花哨产品。对此，设计师的解释是：众口难调。然而，什么是好用的产品？好用的标准是什么？这些最终必须是由消费者决定的。这个道理应该引起产品战略功能设计者的重视。

（2）产品具有精美的外观。伴随生活水平的提高，中国消费者开始挑剔产品的外观设计。"傻大黑粗"产品逐渐滞销，精致美观的产品受到人们追捧。①外观设计是提升产品的消费体验的重要途径。具体思路是：

○外观漂亮；

○结构美观；

○尺寸合理；

○色泽典雅；

○包装适度；

……

虽然产品的外观设计还存在许多问题，但从整体来看，中国产品的外观设计已经取得长足进步。当然，过度重视产品的外观设计，企业可能会增加产品成本，反而削弱产品的市场竞争力。在这方面，日本企业无印良品提供了体验设计的成功样本。

（3）创造有趣的东西。当人们拥有更多的选择时，"有趣"可以增强顾客的体验，提高产品的黏合度。同样好用且同样美观的产品，怎样增加产品的趣味性呢？可以尝试以下办法：

○符合审美情趣；

○构成系列产品；

○增添生活乐趣；

○具有收藏价值；

○显示特色文化；

……

与前两种思路相比，有趣产品的体验设计更为复杂。因为趣味涉及产品的艺

---

① 什么是精致美观的产品？根据学者阿黛勒·格伦的总结，决定消费者审美偏好的因素包括三个方面：文化，个体的文化对其审美的品位起着导向作用；个性，个人的审美偏好取决于产品的视觉外观对个人生活的重要性；情境，消费者对产品的购买意向取决于产品的消费环境以及和其他产品的匹配程度。

术性、技术和工艺水平、文化传统以及社会价值观等一系列因素，所以产品的趣味设计面临更多的困难和挑战。

（4）产品的体验系统设计。产品体验通常从顾客挑选产品开始，中间经历交易阶段，一直持续到产品使用或保存的过程。在漫长的体验过程中，除了好用、精美和有趣之外，产品的交易服务、培训服务以及维护服务等，也能够影响顾客对产品的体验。由此可见，产品体验是一种系统性的体验。产品的体验系统设计的主要思路是：

○选择优秀的供应商；

○支持优秀的经销商；

○设立体验官，管理产品的体验系统；

○聘请营销专家，指导产品的营销活动；

○建立先进的售后服务系统；

……

总之，体验设计师应该考虑产品过程的各个环节，保证顾客从认识产品、购买产品、使用产品一直到保存产品，都对企业怀有感激之情。实话实说，完美无缺的产品体验是不存在的，良好体验设计是企业不断追求更好的产品体验的过程。

（二）良好的服务体验的设计思路

与产品体验的方式不同，服务体验主要是通过服务行为来实现的。在接受服务的同时，顾客可以直接体验服务的好坏，而且可能根据体验决定是否重新购买服务。因此，服务的良好体验设计更重要，其设计行为也更复杂。

在实践中，由于服务的行业不同，服务的良好体验设计的具体做法不同。可是，良好的服务体验设计的基本思路相似。主要包括：

（1）提供人性化的服务。服务应以人为核心。然而，人是分为不同民族、阶级、宗教、文化、职业、性别和年龄的，因此，体验设计师需要运用人类学、心理学、历史学、人体工程学等不同的专业知识，剖析顾客的特殊需求，有针对性地设计服务的最佳体验。

（2）测试服务流程的合理性。人性化服务能够激发顾客的消费兴趣。在此基础上，服务企业还须设计合理的服务流程才能赚钱。什么样的服务流程是合理的呢？根据行业特点与企业条件，一个设计师可以提出多种服务流程方案。这些设计方案需要反复测试。实际上，理想的服务流程都是测试出来的。即使服务流程是合理的，随着时间的推移，合理流程也会遇到新挑战，从长期来说，服务流程改进是一个持续不断的过程。

（3）关注服务触点的状况。根据前面分析，服务触点直接决定企业的服务质量。一种服务涉及哪些触点？每个触点包含哪些关键行为？体验设计师必须详细列表并做出具体规定。此外，触点设计属于一种现场设计，员工最熟悉服务触点情况，设计师与一线员工紧密合作，是设计良好的触点体验的重要途径。

综上所述，产品与服务的良好体验的设计思路存在明显差异。基于这些差异，产品的（良好）体验设计主要依靠设计者的技术积累而实现，而服务的（良好）体验设计主要依靠设计者的经验积累而实现。至于那些"产品+服务"型的商业活动，体验设计者既要依靠产品技术的积累，又要依靠服务经验的积累。总之，良好的体验设计是一个复杂和长期的探索过程。

三、良好体验的设计原则

在产品（服务）的设计过程中，设计者经常出现的误解是：只要产品（服务）吸引了顾客的注意力，顾客就会购买产品（服务）。为此，设计者注重产品（服务）的性价比，力求产品（服务）的质优价廉。然而，如此设计在现代商业竞争中未必有效。理由非常简单，即使产品（服务）成功吸引了顾客的注意力，顾客在交易的最后一刻也会犹豫，即使顾客毫不犹豫地完成交易，也不意味着他会再次交易，更不意味着他能够持续交易。这些不确定性可能与顾客的情感波动有关。

实践已经证明，拥有好产品（服务）并不保证企业在竞争中胜出，"好产品（服务）+好体验"才能留住顾客。为了感动和黏住顾客，在好产品（服务）的基础上，设计者必须专门设计产品（服务）的情感系统。这就是体验的战略功能设计。可是，现有的体验（战略功能）设计没有系统的理论指导，也没有丰富的实践样本，完全处于探索的过程之中。为了避免和减少体验（战略功能）设计的风险，设计者应该坚持以下原则：

（1）维护客户关系比建立客户关系更重要。体验设计来自商业体验竞争的需要。在一些人口基数大、经济发展水平不高的国家，消费市场规模大，但人们的消费水平低，企业粗制滥造也可以赚钱，根本不用考虑体验问题。一直到产品和服务出现过剩，体验才逐渐成为商业的焦点问题，企业决策者才逐步认识到体验设计的重要性。

对于企业来说，体验设计的发展必须依赖决策者的观念转变。其中最重要的观念是：维护客户关系比建立客户关系更重要。建立客户关系基于产品（服务）的吸引力，目的是促成企业与顾客交易。如果客户没有感受到良好的体验，客户关系随着交易完成而结束。维护客户关系基于产品（服务）的良好体验，良好体验有助于顾客与企业的持续交易。如果可以实现持续交易，同一客户能够为企业带来源源不断的利润。顾客不是傻瓜。人类商业的发展已经进入体验消费的时代，维护客户关系已经成为企业生存的战略选择。

（2）始终坚持"同理心"的方式。商业体验是顾客的体验。体验设计师怎样设计他人的理想体验呢？唯一办法就是采取"同理心"的方式，即站在顾客立场来设置产品或服务的体验优势。首先要对顾客进行分类，不同的顾客群对同一体验的感受不同；其次要针对顾客的消费痛点，设置特别的消费体验；最后要根据顾客的反馈情况，不断调整体验的内容。在众口难调的情况下，体验设计也只能让多数顾客满意，企图"独揽天下客"是一种不切实际的梦想。

在实践中，为什么体验设计经常出现费力不讨好的结局呢？从根本上说，是设计师没有坚持"同理心"的方式，把自己的体验理想当作顾客的理想体验，结果出现设计师向左而顾客向右的尴尬结果。良好体验的设计捷径是：设计师作为消费者亲自感受产品或服务，并以此设计体验的内容，在此基础上，还需要不断听取消费者的不同意见，以便完善体验的内容。

（3）体验设计是一种系统设计。体验经常是顾客对商业活动的整体感受。有人认为，好用的产品自己会说话。其实，好用只是良好体验的基础。即使把"好用"作为产品的一种体验，"好用"也只代表体验设计的一个方面，而不是产品体验设计的全部内容。从产品的体验过程来看，良好的产品体验涵盖了设计、供应、制作、存储、运输、交易、培训、维护等一系列环节的体验设置。体验设计师需要对所有环节做出体验的具体要求，还需要对重点环节做出体验的战略要求。

从服务体验来看，服务行为本身可能无法满足顾客的良好体验。通常情况下，商业服务是产品、设备、环境与行为密切配合的过程。假如没有其他因素的配合，服务人员仅凭自己的行为是无法感动顾客的，甚至无法吸引顾客。因此，优秀企业对人员培训、产品制作、设备采购和环境装饰做出统筹安排，尽力为顾客提供系统性的体验过程。

（4）体验设计的时代性原则。在不同的消费时代，企业需要创造出不同的良好体验。例如，20世纪90年代，英国维珍航空公司创造了豪华乘机服务的完美体验；21世纪初，美国的苹果公司创造了iPod、iPad、iPhone等精美产品的完美体验。体验优势让这两个企业成为当时的行业明星。

然而，消费时代的转变可以淘汰一切完美的商业体验，比如，人们改变了消费偏好、技术和工艺出现了新的突破、产品和服务发生了迭代现象，这些方面都可能给企业的体验设计带来新挑战。实践证明，体验是一种永恒变化的现象，体验（战略功能）设计是一个永无止境的过程。

本章的核心议题是"产品与服务的战略功能设计"，其重要意义是让消费者愉快地成为产品的享有者或服务的享受者。这是商业战略设计流程的基础行为。

商业战略设计

当结束这个议题的讨论时，我们不能忽略这样的现实：企业普遍重视产品、服务和体验的竞争力，却不能很好地创造出这些竞争力。造成这种结局的主要原因是：企业决策者没有充分重视产品与服务的战略功能设计。在产品（服务）的设计过程中，设计者拥有消费功能的设计经验，但他们不是战略设计者，难以兼顾产品（服务）的战略功能设计；相反，战略设计者拥有战略理念，但他们不是产品（服务）的设计者，难以兼顾产品（服务）的消费功能设计。将产品（服务）设计师与战略设计者组成产品（服务）的研发团队，加强彼此的交流与沟通，这是战略功能设计的关键举措。

从战略设计的流程来看，产品与服务的战略功能设计只是商业战略设计的基础部分。这时，商业战略的主体设计还未启动。战略主体设计包括战略行为的选择与设计、商业模式设计、企业内部的战略管控设计、企业外部的战略调控设计以及战略愿景设计五个方面。等到战略主体设计完成之后，产品与服务的战略功能设计可能已经湮没于整个战略体系之中。另外，为了迎合企业战略特色的要求，产品与服务的战略功能还需要做出某些调整，以便增强战略的整体效果。这样一来，在整个战略设计完成之后，人们只是看到战略整体的优势与战略特色的光彩，而看不到产品（服务）的优势对整个战略体系的支撑作用。

长期以来，人们严重低估了产品与服务的战略功能设计的价值。商业决策者普遍重视战略的主体设计，以为商业战略就是商业的行为、模式、管理的技巧。然而，产品、服务与体验的竞争力是任何商业活动的基础优势。离开这种基础优势，战略的主体部分就会失去自己的根基。由此我们可以断定，产品与服务的战略功能设计应该是商业战略设计的首要行为。

第五章 战略行为的选择与设计

战略设计实质上是赋予商业活动的战略优势。商业战略的优势来自商业活动的方方面面，比如，产品与服务的特色、商业行为的效果、商业模式的灵巧、内部管控的严密、外部环境的和谐，以及商业愿景的魅力。在诸多优势中，产品与服务的优势构成商业战略优势的基础。除此之外，商业行为的优势是商业战略优势的集中体现。

在理论上，**具有战略优势的商业行为可以称为"战略行为"，亦称为"行为战略"**。按照目的不同，企业的战略行为可以划分为三大类型，即发展的战略行为、竞争的战略行为以及合作的战略行为。相应地，企业的行为战略也可以分为三个方面，即发展的战略、竞争的战略以及合作的战略。从内容来判断，"战略行为"与"行为战略"是一致的。两者的差异只是它们强调的重点不同，前者强调战略的行为，后者强调行为的战略。

主流的战略教科书认为，商业行为战略就是商业活动战略，根据战略行为的不同，商业活动战略可以归为不同的战略行为模型，制定战略就是选择或改造战略行为模型而已。[①] 这是对战略和战略设计的一种误解。实际上，商业行为只是商业活动的一个因素，行为战略只是商业战略的一个部分。因此，战略行为设计只是商业战略设计的一个方面。

在实践中，战略行为常常是商业战略的集中体现。可能正是因为这种情形的影响，许多教科书根据战略行为的不同划分商业战略的类型，并且将"战略行为模式"直接称为"战略模式"，从而忽略了商业行为战略与商业活动战略之间的差异。

[①] 御立尚资在《BCG视野：战略思维的艺术》中指出，在构想新战略时，优秀的战略咨询顾问能够直接从已经积累的战略模型中迅速选择合适的战略方案。战略模型可分为成本类、客户类、结构类、竞争模型类和组织能力类共五类，而这五类战略模型代表了企业的五种战略行为优势。根据企业的战略行为优势，决策者可以迅速生成理想的商业战略。"希望读者能够了解这种方法：确认定式的模型后，能够对相应的概念进行检索以逐渐提高制定战略的能力。"很明显，这位作者将企业的行为战略等同于企业战略的全部，从而在不知不觉中将战略与战略设计简单化。

在设计企业的战略行为时,设计者可以选择经典的战略行为模式作为企业战略行为设计的参照模型。选择经典的战略行为作为战略行为设计的模型,这种行为也属于战略行为设计的范畴。理由很简单,经典的战略行为模式相当于战略行为设计的标本,企业根据需要采取同样的战略行为是一种理智的行为。但是,这样做可能导致的结果是:环境相同与实力相当的企业,选择的"战略行为模型"可能具有相似性,由此必然引发企业的战略行为具有趋同性,而战略行为的趋同性必然造成企业"同挤独木桥"的灾难。

为了避免战略行为趋同的风险,战略设计者需要对选择的"战略行为模型"进行个性化改造,努力为企业量身打造一个有效且独特的行为战略。由此看来,战略行为设计(也称为"行为战略设计")可以分为两个内容:根据产业环境选择有效的战略行为模型、根据企业实际设计独特的行为战略方案。

如何从理论角度介绍战略行为的设计过程呢?可以肯定,战略行为模型是不需要介绍的,主流的教科书已经做出归纳和总结;行为战略方案是无法介绍的,每个企业的行为战略方案各具特色。这样,本章介绍战略行为设计的基本内容是,企业选择一种战略行为模型的正确理由,以及设计一种行为战略的注意问题。实际操作时,战略设计者可以按照商业行为性质—战略行为模型—行为战略特色的逻辑顺序,努力为企业设计一个有效且独特的行为战略。

第一节 发展战略的选择与设计

对于战略设计者来说,企业总是处于发展过程的不同阶段,也面临着各种各样的发展问题。一旦停止发展,企业将失去存在的意义,决策者的商业梦想也将化为乌有。

哪些行为属于企业的发展行为呢?根据发展的重点不同,企业的发展行为可以划分为三个方面:代表企业发展状态的行为、关于企业发展方式的行为、涉及企业发展地域的行为。相应地,企业发展的战略行为也可以分为三个方面,即代表企业发展状态的战略行为、关于企业发展方式的战略行为、涉及企业发展地域的战略行为。

根据企业发展的战略行为的划分,我们将企业发展的战略行为设计分为三个类型,即代表企业发展状态的战略行为设计、关于企业发展方式的战略行为设计、涉及企业发展地域的战略行为设计。在企业发展的战略行为的设计过程中,每个发展类型的战略行为又可以细化为若干具体形式的战略行为。这样,所谓的发展战略行为的选择与设计，最终变成一个特殊的发展行为的战略选择与设计。

一、代表发展状态的战略行为

什么样的发展状态是最理想的？这主要取决于企业的能力和商业环境的特点。总体来看，企业的发展状态可以分为三种情形：稳定状态、扩张状态以及紧缩状态。相应地，企业在发展状态方面可以选择的行为战略分别是：稳定战略、扩张战略以及紧缩战略。设计要领如下：

（一）稳定战略

稳定战略是企业在一定时期内对产品或市场保持现状的战略行为。由于稳定战略没有表现出一种波澜壮阔的发展气势，所以，有些人并不认为稳定战略是一种战略选择。可是，在市场出现不稳或停滞的情况下，以及企业处于弱小或困难的时期，稳定是企业发展的理想状态，因而稳定战略也成为企业普遍和现实的战略选择。具体来说，企业选择稳定战略的正确理由是：

○企业依靠现有的条件，勉强维持当前的市场地位，或者难以改变市场地位。

○产业发展没有出现较好的机会，或者预测市场发展前景不利。

○企业组织缺乏创新能力，或者处于动荡时期。

稳定战略的好处是，企业可以避免盲目发展的风险。具体操作时，成功的稳定战略必须针对市场环境的特点以及企业资源的状况。因此，设计稳定战略应该注意下列问题：

○稳定战略是企业的主动行为，消极与懒惰不属于稳定战略。

○处于产业领导地位的企业暂时采取维持战略，实际上是等待创新机会。

○初创企业利用补缺战略可以获得生存机会。

在商业实践中，稳定战略常常是企业不得不做出的战略选择。这符合"生存也是发展"的道理。然而，企业的发展与人的成长一样，不进则退。长期的稳定战略容易导致企业失去发展潜力。稍有机会，企业的战略决策者就可能采取扩张战略。

（二）扩张战略

扩张战略是企业充分利用产品或市场潜力以求成长的战略行为，亦称为"成长战略"。由于扩张的重点不同，企业采取的扩张战略可以分为：非细分市场战略（组织用基本的产品配置尽力获取广泛的市场）、细分市场战略（将某些细分市场作为目标市场）、利基战略（聚焦在单一的细分市场）、定制战略（将市场细分到客户）、渗透战略（以现有产品和市场为基础，增加在市场中的份额）、市场开发战略（在新市场促销现有产品）、地域扩展战略（市场开发战略的一种，即地理区域市场的扩展）、产品开发战略（产品线的扩展）。① 与稳定战略相比，扩张战略属于真正的发展战略。企业选择扩张战略的正确理由是：

○企业决策者重视企业发展的任何机会。

○企业可以满足正常发展的要求。

○产品与市场处于稳定时期，产业缺少超常发展的机遇。

扩张是一种温和性的发展行为。因为扩张战略偏向稳妥和正常的发展状态，所以，有人认为扩张战略属于保守的发展战略。即使这样，扩张战略也存在一定的战略风险。其风险主要表现在，行业内的多数企业都希望通过扩张实现发展，因而导致同行企业在战略上的内卷现象。为此，在选择扩张战略的时候，战略设计者需要创造企业扩张的个性，避免企业在扩张过程中与对手盲目撞车。

○采取特别的扩张手段，充分释放企业的扩张潜力。

○尽力维持与对手的和平共处局面。

○决策者不应保守，尝试不同的扩张方向，增强企业扩展的效果。

扩张战略的实质是扩大企业的生存机会，属于"常规"的战略行为。显然，常规的发展战略只能产生正常的发展效果。对于雄心勃勃的企业决策者来说，与其承担一定风险获得正常发展，不如承担更大风险换来企业的超常发展。因此，许多企业的扩张战略最终演变为超常的发展战略。

（三）紧缩战略

紧缩战略是指企业在当前的产业或市场中主动退缩的战略行为。由于退缩的方式不同，紧缩战略具体可以分为：转向（新领域）战略、放弃（现有业务）战略、清算（企业）战略。任何企业的发展都表现为"有进有退"，只是人们重视"进攻"的战略，忽略或低估了"撤退"的战略。因此，紧缩战略在实践中普遍被贬（称）为"紧缩行为（动作）"。与前进性的发展战略相比，撤退性战略更需要决策者的商业智慧。企业选择紧缩战略的正确理由是：

○由于出现新的商业机会，企业通过紧缩前景黯淡的旧业务，可以将资源转向新领域。

○行业发展出现严重危机，企业通过主动缩小经营规模，可以渡过市场突变的危险期。

○企业经营遭遇重大失败，决策者通过清算企业，寻求东山再起的机会。

任何决策者都愿意企业处于扩张状态，都不希望企业进入紧缩阶段。然而，萎缩可能是企业经营必须面对的现实。面对经营萎缩的困局，决策者采取灵巧的战略行为可以实现"柳暗花明"的神奇效果。为此，设计紧缩战略需要注意：

---

① 明茨伯格，等. 战略过程：概念、情景、案例 [M]. 徐二明，译. 北京：中国人民大学出版社，2012.

○经营转向要"准",由薄利的旧市场转向危险的新市场,企业的转向战略可能遭遇跨界失败。

○市场撤退要"快",过多计较损失以及过分考虑面子,企业都不可能快速退出。

有时,企业发展就是这样的状态:退一步进两步。根据历史经验,凡是没有经历退缩痛苦的企业,其新的发展战略也不可能成熟。由此可以断定,商业的战略智慧尽在企业的进退之间。

在发展状态方面,企业似乎没有更多的理想选择,稳定战略是一种无奈选择,紧缩战略是一种痛苦选择,扩张战略是一种平常选择。显然,这些都不是最畅快的发展战略。一旦企业拥有机会,战略设计者就会不断探索发展的方式以及开拓发展的地域,他们决心在企业发展的道路上,谋求实现最耀眼的战略成果。

二、体现发展方式的战略行为

体现发展方式的战略行为,是指那些能够促进企业迅速发展的商业行为,这是学术界探索企业发展战略的主要领域。根据战略教科书的总结,促进企业迅速发展的行为战略包括一体化战略、多元化战略以及并购战略。客观地说,这些战略在促进企业迅猛发展的同时,也给企业带来更大的战略风险。设计要领如下:

(一)一体化战略

一体化战略是指企业顺应产品或业务的延伸方向,推动经营向深度或广度扩展的战略行为。由于延伸方向存在深度和广度的区别,一体化战略又细分为"纵向一体化战略"和"横向一体化战略"两种情形。每个决策者都希望企业既快又稳地发展,一体化战略是实现这种理想的最佳选择。企业采取一体化战略的正确理由是:

○企业已经具备产业竞争的优势,比如,产品、品牌、技术和渠道的实力。

○战略决策者追求快速且稳定的发展方式,纵向一体化可以扩大企业利润来源,横向一体化可以增强企业竞争地位。

○产业竞争出现一体化发展的机会,在产业上下游之间存在纵向一体化的机遇,或者在市场上出现强势企业可以并购对手的机遇。

从逻辑角度分析,一体化战略是以企业当前的战略优势为基础,又是在企业熟悉的业务和市场中发展,因此战略风险应该是可防和可控的。然而,由于战略决策者的贪婪,一体化战略常常导致企业消化不良或者运转不灵。为了避免这种不利后果,一体化战略设计必须注意:

○纵向一体化的关键是企业的能力,但企业的经营链条并非越长越好。

○横向一体化的关键是企业的地位,但企业的经营规模并非越大越好。

○一旦成长为商业"巨无霸",企业很可能遭到政府的反垄断制裁。

总之,企业决策者不能迷恋超常的发展速度。即使选择"又快又稳"的一体化战略,决策者也无法排除超常速度带来的战略风险。相比较而言,平缓的发展方式更有利于企业的健康成长。

(二) 多元化战略

多元化战略是指企业同时在多个行业谋求发展的战略行为。 与多元化战略相对应的是专业化战略,即企业谋求在一个行业发展的战略行为。长期以来,专业化战略被视为企业经营的本分表现,因而很难成为强势企业的选择对象。相反,企业决策者普遍认为,多元化可以争取更多的商业发展机会,既可避免单个行业经营风险,又能迅速做大企业规模。因此,多元化战略成为企业(主要是大型企业)发展的普遍选择。企业选择多元化战略的正确理由是:

○企业在现有行业的发展已经见顶,继续深耕的潜在风险开始增长。

○相关行业或者非相关行业存在投资机会,企业储备了资源和人才的竞争优势。

○企业决策者拥有做大企业的雄心和能力。

根据"元"的关系不同,企业经营的多元化可以划分为相关多元化(围绕企业经营的重心)、相联多元化(新旧业务存在联系)、非相关多元化(业务之间没有关联)。显然,多元化经营不可能是无限多元的。可惜,疯狂的多元化决策者眼里没有这种"不可能"。商业领域经常出现这样的现象:一旦选择多元化战略之路,企业就处于动荡的发展进程,直至多元化困局出现。因此,多元化战略设计的关键是风险控制。

○在主营业务没有达到顶点之前,多元化存在重大风险。[①]

○相关多元化要比非相关多元化稳妥。

○人才是多元化经营的前提,也是多元化战略成功的重要条件。

多少年来,战略决策者希望通过多元化将企业迅速做大,可是,多元化成为许多企业的死亡陷阱。从根本上说,这并不是多元化战略本身的问题。在面对行业发展见顶和市场发展潜力见底的情况下,多元化战略是大企业决策者的唯一选择。实践证明,只要控制风险集中爆发以及风险连续传递的情形出现,多元化仍是大型企业发展的主要战略选择。

(三) 并购战略

并购战略包括兼并和收购两种战略行为,是企业通过控制其他企业产权的方

---

① 日本战略学者大前研一认为,对于一家希望推进其初始业务或主要业务的公司来说,多样化作为一种沟通剩余资源的方式,当然应该考虑一下。然而,对于一家仍然没有将其主要业务发挥到极致的公司来说,多样化可能是一种最有风险的战略选择。

式谋求发展的战略选择。这种战略的最大好处是可以满足企业快速发展的需要。在企业发展方式方面，一体化战略与多元化战略主要强调战略发展的目的，并购战略则强调战略发展的速度。在实际操作中，并购战略经常发生在企业实施一体化战略或多元化战略的过程中，以至于出现这三种战略相互融合的现象。此时，并购战略的设计实际上就是并购行为的设计。企业选择并购战略的正确理由是：

○通过并购方式发展，企业可以实现跨界经营或者提高行业地位。
○被并购的企业具有价值潜力或发展潜力。
○企业为并购行为准备了人才和资源。
○排除并购的战略风险，主要包括评估风险、融资风险、法律风险以及文化冲突风险。

在并购过程中，稍有不慎，并购企业吞下的不是"肥肉"而是"毒药"。为此，并购战略设计者需要深思熟虑，切不可操之过急。应该注意的问题是：

○并购目的应该明确，绕过行业壁垒，改变市场格局或者猎取优质企业。
○防范和控制并购风险，与审计、律师、金融等机构紧密合作。
○为并购后的企业整合做好充分准备。

并购战略能够满足企业跳跃式发展的要求。正是因为跳跃式发展的欲望刺激，企业决策者满怀欣喜地"买、买、买"，结果很可能造成企业运转不灵或者消化不良；反过来，又马不停蹄地"卖、卖、卖"，结局很可能是经营陷入混乱。可见，并购很容易变成大企业发展的一个荒诞游戏。

三、涉及发展地域的战略行为

企业总是在一定地域内发展，按照地域不同，企业发展一般由本地（土）市场开始，然后进入跨国市场，最终控制全球市场。相应地，企业选择的发展战略分别是本地（土）化战略、国际化战略、全球化战略。事实上，大多数企业的发展最终没有超越本地（土）市场的范围。但是，这并不妨碍企业决策者在发展地域上的雄心壮志。现在，人类经济发展已经进入全球化阶段，本地市场、跨国市场以及全球市场不再呈现绝对分割的状态。只要具备条件，企业可以选择在不同地域的市场中谋求发展机会。

（一）本地（土）化战略

本地（土）化战略是指企业选择在当地市场经营的战略行为，或者外企选择由子公司在当地市场自主经营的战略行为。 一般来说，深耕本地市场是中小企业的战略选择。也有人认为，本地经营战略是中小企业无奈的战略选择，称作战略行为有些勉强。然而，选择深耕本地市场，实际上是企业在一定时期内生存和发展的重要战略行为。特别是在国际化经营失败之后，企业决策者才可能认识到本地化经营战略的重要性。企业选择本地（土）化经营战略的正确理由是：

○企业的产品（服务）适合本地市场需求。

○决策者熟悉本地市场，企业占据地利与人和的优势。

○企业的经营规模与本地市场规模相匹配。

人们常常认为，本地人可以做好本地生意，这是一个简单的事情。然而，本地（土）化经营战略绝不是企业的随意决定。本地（土）化经营战略设计应该注意以下问题：

○尽力挖掘和满足本地市场需求。

○充分利用本地资源，降低经营成本。

○不断完善本地化的商业体验，提高企业在本地市场的竞争优势。

进入全球化和网络化的时代，本地（土）化经营战略正在面临新的挑战。借助网络和物流的便利，本地市场早已成为本国市场的组成部分，而且连接世界各地市场，本地企业在本地经营也会面临残酷的竞争。在此情形下，企业的本地化经营可能需要进一步下沉至本（社）区或本楼（寓所），本地（土）化战略仍有其发挥作用的空间。

（二）国际化战略

国际化战略是指企业选择在国际（海外）市场经营的战略行为。 主要包括两种形式：将产品或服务出口海外市场、在外国的本地市场经营。在贸易保护主义盛行的时期，企业的国际化经营面临许多困难。但是，国际化经营是大型企业发展的重要战略选择。企业选择国际化经营战略的正确理由是：

○企业的产品（服务）在国际市场具有竞争力。

○国内市场出现饱和或者行业利润率下降。

○企业具备国际化经营的经验、资源以及人才优势。

国际经营和国内经营相比，企业需要承受更多的风险。因此，设计国际化战略必须控制风险。

○国际化经营面临法律、政治、民族、宗教、文化等风险。

○企业国际化经营的战略实施，应该是由小到大或者由浅到深的过程。

○企业开拓国际市场应以本土市场为基础，国际化战略不应牺牲企业的本土市场优势。

在网络时代，企业的国际化经营具有无限的发展潜力。即使当今世界处于逆全球化的浪潮中，借助网络的便利，以共享优质产品（服务）为核心的国际经营战略仍然具有强大威力。可以预见，网络平台将成为国际化经营的重要渠道。

（三）全球化战略

全球化战略是指企业选择在全球不同区域进行组合式经营的战略行为，目的是获得技术研发、原料供应、生产制造以及销售服务的全球优势。这种战略是巨型企业的竞争威力的极限发挥，也是一种罕见的企业发展战略。企业选择全球化经营战略的正确理由是：

○ 企业的业务属于消费产业领域，产品（服务）具有全球领先水平。

○ 企业已经（或正在）成长为国际巨型企业，拥有全球竞争的优势。

在开启全球化经营时，大多数企业已经建立了战略设计与决策的团队。但是，全球化经营战略设计的风险仍然不可小觑。一般来说，全球化经营战略的设计团队能够对这种风险做出合理应对。即使这样，设计全球化经营战略必须重视：

○ 企业的技术组合、产品（服务）体系是否存在潜在风险。

○ 世界各地发生的地缘冲突、宗教冲突以及文化冲突带来的全球不确定性风险。

全球化经营代表企业发展已经达到顶峰，这是企业发展的最高水平和最后阶段。全球化企业进一步发展的战略选择，只能是维持企业的全球竞争力。在这个商业帝国身上，再次显示出企业在弱小时期的"生存就是发展"的道理。

本节讨论的九种战略代表了企业在发展行为方面的主要战略选择。具体来说，在发展状态方面，企业可以选择稳定、扩张以及紧缩战略；在发展方式方面，企业可以选择一体化、多元化以及并购战略；在发展地域方面，企业可以选择本地（土）经营、国际化经营以及全球化经营战略。无论企业怎样选择，发展战略必须体现出战略逻辑。可是，发展的诱惑常常导致决策者丧失起码的理性。一旦失去理性，企业的发展行为根本没有逻辑，此时企业的战略发展也是企业的衰败过程。

从这一角度来说，企业最重要的战略行为可能并非发展，而是竞争与合作。只有在成功的竞争与合作过程中，企业才能实现最理想的发展状态。由此可以进一步推断，有效的战略行为必定是组合式的行为。在设计企业的战略行为时，发展战略、竞争战略以及合作战略应该进行一体设计；在战略执行中，发展行为、竞争行为以及合作行为必须相互策应。这就是商业行为战略的真谛。现实经常出现与此相反的观点，某些成功企业宣扬，一个战略行为就可以在商战中定乾坤。到底谁说的是真理？相信实践自有答案。

第二节　竞争战略的选择与设计

此处的竞争是狭义的竞争，是指企业与同行对手之间的竞争行为。商业历史上的竞争战略究竟有多少？这是无法统计的。除去非法的竞争行为，竞争战略可以分为两种类型：一般的竞争战略和特殊的竞争战略。这是战略学界的主流划分方法。战略教科书普遍认为，成本领先、差异化与聚焦战略属于企业通用的竞争战略，因此也称为"一般的竞争战略"，相应地，其余的竞争战略都可以称为"特殊的竞争战略"。

在这两类战略之间，战略教科书主要介绍了一般的竞争战略，很少有人总结特殊的竞争战略。隐含的理由是，一般的竞争战略比特殊的竞争战略更普遍，因而一般的竞争战略更重要。从战略实践来看，竞争战略并不存在一般和特殊的区别，战略决策者只关注战略的好用与不好用，根本不在乎战略的一般与特殊的区别。

不管人们在理论上怎样赞美战略的神奇，都抵不上战略在实践中的实际效果。本书按照一般到特殊的顺序介绍竞争战略的设计问题，完全是遵从叙述逻辑的需要，而不代表一般竞争战略比特殊竞争战略更重要。

一、一般的竞争战略行为

根据美国战略专家迈克尔·波特的总结，一般的竞争战略主要包括成本领先、差异化与聚焦三种形式，它们分别代表了企业竞争的三个基本方向，因此也被称为"通用的竞争战略"。设计要领如下：

（一）成本领先战略

成本领先战略是指企业通过成本领先获取竞争优势的战略行为。其战略目标可以分为两个方面：一是企业利用低成本优势而采取低价竞争的方式，掠取对手的市场份额；二是企业利用高利润率的优势积累资源，为战胜对手准备条件。长期以来，许多企业把低成本战略理解为"低价格战略"，正常的成本竞争演变为疯狂的"低价拼杀"。这种做法既损害了产业的竞争环境，也坑害了产品的终端消费者。

商业竞争的基本途径是降低成本或提高利润。两者相比较，降低成本更容易实现。因此，成本领先特别是总成本领先成为企业普遍选择的竞争战略。企业采取成本领先战略的正确理由是：

○企业拥有规模经济的优势。
○企业可以控制关键的成本驱动因素。
○企业具备先进的成本管理水平。

显然，企业单凭成本管理无法实现成本领先的优势。有时，即使有条件选择成本领先战略，企业也难以取得满意的竞争效果。成本领先战略的风险来自不同方面。只有保持成本的综合优势与长期优势，企业才能实现成本领先战略的有效性。设计有效的成本领先战略必须注意：
○优化企业价值链组合，实现经营总成本领先。
○控制成本驱动的关键因素，实现稳定的成本优势。
○防止竞争对手模仿，实现长期的成本优势。

再次强调，企业进行成本竞争的主要目的是获取利润，而不是消灭对手。令人悲伤的是，大多数的成本竞争最终变成了低价搏杀。例如，中小企业为了站住脚而亏本招客，亏损企业为了活下去而血本甩卖，强势企业为了抢市场而微利促销，每个企业都以成本战略的名义进行残酷竞争，结果是"商场"变成了"战场"。与其说这是对成本领先战略的误解，不如说这是人性的残忍。

（二）差异化战略

差异化战略是指企业通过向顾客提供特色产品或服务而取得竞争优势的战略行为。 在同一行业内，企业经营存在差异是正常现象，企业拥有差异化的竞争优势则是战略现象。由于差异的内容不同，差异化竞争战略可以进一步划分为价格差异战略（即产量的巨大差异）、形象差异战略（如包装美观）、支持差异战略（如售后服务）、质量差异战略（如性能更好）、设计差异战略（如功能独特）、无差异战略（特意淡化差异）。[①] 在激烈的市场竞争中，每个决策者都希望企业依靠特色经营赚钱。但是，企业选择差异化竞争战略必须拥有正确的理由。主要包括：
○企业具备差异化经营的资源和条件。
○差异化的竞争行为可以创造更多的利润和更好的生存条件。
○企业能够保护差异化竞争力。

企业的差异化经营战略经常遭遇对手的模仿。即使对手没有模仿，对手的差异化也可能冲抵企业差异化的竞争力。因此，企业设计差异化战略的关键是战略的个性问题。
○寻觅垄断性的差异优势，如产地、技术和文化的差异等。
○设计差异系统，如差异产品的系列化或者差异行为的多样化，增强系统差异化的竞争优势。
○追求差异程度的极致化，始终保持与竞争对手的差距。[②]
○企业奖励差异化的创新行为，保护差异化经营的秘密。

[①] 明茨伯格，等. 战略过程：概念、情景、案例 [M]. 徐二明，译. 北京：中国人民大学出版社，2012.

[②] 据罗伯特·M. 格兰特所著的《现代战略分析》一书所述，水泥是最没有差别化的产品。墨西哥的 Cemex 公司依靠混凝土的品质以及98%的准时运输率，成为世界上最大的水泥供应商。同行业的平均水平仅为34%。

差异化战略的实质，是企业差异化能力与顾客特殊性需求互相匹配的技巧。在商业实践中，差异化战略很可能变成"水中月亮"，企业为差异化战略付出高昂的代价，但顾客低估了差异化的价值或对手抢占了差异化的风头，以至于让差异化战略的决策者吃尽苦头。由此可见，企业竞争的成功不能完全依赖差异化的优势。

（三）聚焦战略

聚焦战略是指企业通过聚集资源和能力获得竞争优势的战略行为。由于焦点不同，聚焦战略可以分为产品集中、顾客集中与地区集中三种具体形式。聚焦战略是中小企业普遍选择的战略竞争行为。企业选择聚焦战略的正确理由是：

○企业拥有聚焦竞争的资源、能力或其他优势。
○企业决策者具有灵活经营的头脑和长期聚焦经营的定力。

聚焦战略虽然是中小企业的普遍选择，但是，企业选择聚焦战略也面临一定的风险。设计聚焦战略应该注意：

○企业规模虽小，但生意要做到"精、特、巧、专、强、优"。
○企业不要随意改变经营的焦点。
○企业准备随时为保护焦点而战。

在残酷的市场竞争中，聚焦战略是中小企业生存的必然选择。即使这样，聚焦战略也不是中小企业的竞争神器。与任何领域的竞争一样，商业竞争最终也是实力竞争。中小企业只有依靠快速成长，才能彻底消除自己的生存风险。

按照主流的战略理论，一般竞争战略必须基于某些关键的经营条件。比如，成本领先战略基于企业的规模实力，差异化战略基于企业的特色能力，聚焦战略基于企业的战略定力。即使拥有了这样的关键条件，一般竞争战略有时也可能让企业陷入竞争的困境。比如，选择成本领先战略的企业可能面临"大路货低利润"的情况，选择差异化战略的企业可能面临"弄巧成拙"的情况，选择聚焦战略的企业可能面临"市场不稳"的情况。这些意外表明，企业采用单个的竞争战略难以实现竞争的目标。

因此，企业决策者经常将三种战略混用（如降低成本的同时又强调经营的差异化或市场的聚焦），也可能将三种战略轮用（如通过成本战略掠夺市场份额后又采取差异化战略进行固守）。一般竞争战略理论之父波特曾警告战略决策者们，竞争战略的混用必将破坏战略的效果。然而，商业竞争的复杂性决定了企业综合利用竞争战略的必然性。理论专家和实践达人孰是孰非？这应该通过实践来检验，相信战略设计者在实践中自有判断。

二、特殊的竞争战略行为

一般竞争战略并非企业竞争的全部选择。事实上，只要企业能够胜出，任何竞争行为都具有战略意义。当然，法律禁止的竞争行为除外。在合法的竞争行为中，由于成本领先、差异化和聚焦战略被界定为"一般竞争战略"，其他竞争战略也只能称为"特殊竞争战略"。然而，与一般竞争战略相比，特殊竞争战略不仅操作简单易行，而且形式灵活多样，其地位和作用完全不输于一般的竞争战略。限于篇幅，本书只能介绍一些比较典型的"特殊竞争战略"。

（一）技术竞争战略

技术竞争战略是指企业通过技术研发获得竞争优势的战略行为。 技术创新和工艺革新具有明显的竞争潜力。在多数情况下，技术竞争战略是科技类企业竞争的必然选择。同时，这种战略也受到其他生产企业的重视。企业选择技术竞争战略的正确理由是：

○技术研发成为产业发展的重要方向。

○企业具有技术创新的人才、资源和经验优势。

○企业预购的专利技术属于产业发展的关键优势。

可是，企业在拥有技术先发优势的同时，却无法限制对手研发技术的权利，也难以消除对手的技术模仿。因此，设计技术竞争战略时应该注意：

○将技术独享优势变成专利独享优势。

○将封闭的技术竞争优势变为开放的技术合作优势，更有利于技术先进企业的发展。

总体来看，单独的技术优势不可持续。即使企业获得技术上的竞争优势，决策者也不应迷恋技术竞争战略。技术创新总是处于不断迭代的状态。单纯的技术竞争存在很大的不确定性。企业将先进技术作为成本优势或者差异化优势的基础，也许可以产生更好的竞争效果。

（二）原料竞争战略

原料竞争战略是指企业通过控制原料供应获得竞争优势的战略行为。 凡是原料供应集中的生产领域，控制原料供应必然成为企业竞争的战略行为。其战略目标包括两个方面：一是通过原料控制来降低对手的产量；二是通过原料的成本优势抢夺对手的市场份额。企业选择原料竞争战略的正确理由是：

○原料供应集中达到一定程度，可以将原料控制的优势变成市场竞争的优势。

○企业有能力控制和消耗大量的生产原料。

企业设计原料竞争战略的目的是采用"釜底抽薪"的办法突然打击竞争对手。这一战略容易引起对手的强烈反应，因而产生某些不确定的战略风险。为此，设计原料竞争战略要特别注意：

○选择战略的时机应该是原料产量可能大幅下降或者原料价格大幅上涨。

○企业控制原料是为了削弱对手，而不是消灭对手。

企业之间的原料竞争常常变为原料抢购大战。从长远来说，原料竞争战略并不适合作为企业长期的战略选择。历史上，多数的原料竞争战略最终演变成为"原料稳定战略"。有实力的生产企业采取后向一体化战略，自建或参股原料基地，从而保证生产原料的稳定供应。

（三）渠道竞争战略

渠道竞争战略是指企业通过控制市场渠道获取竞争优势的战略行为。市场渠道是企业连接消费者的通道，它相当于企业的呼吸管道，一旦出现渠道受阻的情形，企业就可能面临生死考验。在激烈的市场竞争中，企业争夺市场渠道的方法几乎达到"千方百计"的程度，每个企业都要为自己的生命通道付出高昂的代价，如重金买断市场位置、支付昂贵的代理费用、投入巨资进行广告宣传等。现在，网络市场的形成开始改变"渠道为王"的局面。可是，网络渠道竞争也在逐渐升温，如网络搜索中的付费排名、购买商业信息数据、网络广告投资等。总之，渠道竞争是企业永恒的竞争行为。企业选择渠道竞争战略的正确理由是：

○市场出现饱和状态，同行企业处于渠道大战前夕或之中。

○企业无力自建专卖店。

只有敢于拼搏，企业才能在渠道争夺中杀出一条血路。然而，渠道竞争持续不断，市场挤占、分流、"截和"的现象层出不穷。因此，设计渠道竞争战略需要注意：

○市场渠道与产品档次、企业实力相匹配。

○根据渠道/投资的性价比，寻找和尝试企业生存的更好渠道。

有人认为，与渠道竞争战略相似的战略行为还包括营销战略、广告战略以及公关战略。客观地说，营销、广告与公关是与企业争夺市场渠道相关的行为，将这些行为说成"战略行为"实属勉强。从性质上判断，这些行为应该属于企业在渠道竞争过程中的战术行为。基于战术行为的判断，关于营销、广告以及公关的战略设计问题，本书不予论述。

（四）人才竞争战略

人才竞争战略是指企业通过人才资源获取竞争优势的战略行为。随着商业发展的成熟，人才成为企业竞争的重要条件。为此，吸引人才、激励人才和保护人才的人才战略，逐渐成为企业竞争的战略选择。企业选择人才竞争战略的正确理由是：

○人才成为行业发展的关键因素。

○企业制定了长期的发展战略。

在行业竞争中，人才竞争常常演变成同行企业的人才争夺大战，获益方很可能是人才，企业都要为此付出高昂的代价。因此，设计人才竞争战略时必须注意：

○ 重视人才的企业文化是人才竞争战略的基础条件。
○ 关键人才应该持有企业股权，分享企业发展红利。
○ 杜绝人才浪费现象。

传统观念认为，价值创造先于价值分配，有才能的人们根据价值创造的贡献参与价值分配的过程。进入现代社会，企业决策者希望通过价值分配刺激人才的价值创造。实践表明，有人才的企业必然兴旺。没有"人"，企（业）只剩"止"了。正是因为人才在企业中如此重要，人才竞争将成为企业的长期战略行为。

（五）服务创新的竞争战略

服务创新的竞争战略主要是指企业通过加强客户服务获取竞争优势的战略行为。客户服务主要是指企业提供客户咨询、客户培训和指导、产品的安装与维护、客户回访等服务。在买方市场条件下，企业不仅需要向顾客提供优质的产品（服务），还要提供良好的商业体验。事实上，任何企业都无法提供完美的产品、服务和体验，客户服务可以帮助企业消除或减轻消费者的不良体验。这相当于企业竞争过程中的强大盾牌，它可以培育和维护企业的声誉，因而成为企业（特别是初创企业）竞争的秘密武器。[1] 企业选择服务竞争战略的正确理由是：

○ 企业处于初创阶段，迫切需要创造品牌知名度。
○ 产品性能和服务流程存在不稳定性。

有人认为，最好的产品是不需要客户服务的。这种观点存在欺骗成分。实际上，最好的产品照样存在瑕疵，仍然需要服务客户，何况大多数企业并没有提供最好的产品，所以，售后服务和服务创新必然成为企业竞争的战略行为。在经营中，售后服务是企业运营的常规工作，要把服务创新设计为企业的竞争战略，设计者必须关注以下问题：

○ 以人性服务为基础，设计客户服务流程的个性。
○ 把客户服务做成企业与客户沟通的渠道。

在客户竞争方面，大多数的竞争行为是争夺客户，而服务创新的竞争主要是为了留住客户。假若有能力争夺客户却无力留住客户，企业终将失去稳定的客户群。当然，企业完全依靠服务创新的竞争是一种幼稚的想法。没有好产品和好效果，再好的服务也是留不住客户的。

（六）财务创新的竞争战略

财务创新的竞争战略是指企业通过财务创新获取竞争优势的战略行为。按照

---

[1] 任厚升. 企业战略思维 [M]. 北京：人民出版社，2019.

传统观念，财务行为属于商业活动的支撑因素，因而不能成为商业的战略行为。当市场竞争进入胶着状态，一些企业（主要是互联网企业）将财务创新作为市场竞争的驱动器，通过提供免费服务、实现经营成本重构以及结成财务合作伙伴的方式，设法构筑一种特别的市场竞争力。例如，中国的360公司通过收取第三方的广告费用获利，进而通过提供免费的杀毒软件占领互联网的安全市场；美国的戴尔公司利用先收取顾客付款后支付供应商货款的方式，重构和降低电脑经营的成本，从而抢占电脑的销售市场；中国的娃哈哈公司要求农村经销商预付定金，同时回报定金的高利率以及商品的高折扣，建立了稳定的市场渠道。这些案例表明，企业通过财务创新可以获得较低的经营成本和较快的发展速度，从而取得了市场竞争的优势。企业选择财务创新战略的正确理由是：

○企业拥有财务创新的理想方案，以及高水平的财务管理团队。

○企业的其他优势并不逊于竞争对手。

财务创新的竞争行为存在一个特殊风险，即对手可以利用同样的财务手段参与竞争。一旦所有企业都参与了这样的竞争，整个产业盛行免费或者陷入价格战，势必引起灾难性的后果。因此，设计财务创新竞争战略时必须注意：

○财务创新必须具有震撼力，一般的财务革新不宜作为企业竞争的战略行为。

○在设计财务创新的竞争战略时，设计者也要重视产品（服务）与商业模式的设计。

○企业必须防备竞争对手的模仿，尽力提高战略行动的速度。

财务创新战略主要是围绕现金流的优化，以求快速构筑企业的成本竞争力。在对手迟疑的情况下，如果能一鼓作气，企业可以迅速形成自己的竞争优势。否则，财务创新活动可能导致现金流危机，反而吞噬企业已经拥有的竞争优势。

（七）规则创新的竞争战略

规则创新的竞争战略是指企业通过改变商业竞争规则获取竞争优势的战略行为。毫无疑问，规则竞争是一种实力竞争。发起竞争的企业通常是传统商业游戏规则的挑战者。为了超越市场的领导者，挑战者企业直接从市场规则入手，通过改变旧规则或者创造新规则，谋求市场的领导地位。企业采取规则创新竞争战略的正确理由是：

○企业在现有的竞争格局中处于劣势地位。

○企业决策者已经发现破坏竞争格局的理想角度。

○企业拥有打破传统竞争规则的关键资源和特殊手段。

传统规则的受益者绝不会容忍这样的行为。因此，规则竞争战略的风险很大，其结果常常难以预料。为了稳妥起见，战略设计者必须注意：

○设法让市场领导者的主要优势变为主要劣势，或者让其无法适应变化。

○通过改变消费行为或经营方式，创造新的商业游戏。

规则创新竞争一般是从改变商业的个别行为开始，然后改变行业的普遍做法，再到彻底改变商业游戏，竞争过程变幻无常，结果也惊险刺激。在历史上，相关的成功案例分别是：复印机领域的佳能挑战施乐是从小型复印机开始的、沃尔玛战胜传统零售企业则是采取了"天天超低价"的做法、亚马逊完胜传统书店则是构建"网络售书"的新游戏。这些案例证明，规则创新行为属于顶级的竞争战略行为。

具有同样效果的竞争战略是"蓝海战略"。严格地说，"蓝海战略"是理论家宣传的一种竞争战略行为。**所谓蓝海战略，是指企业通过开创新市场获取竞争优势的战略行为**。其目的是将原先市场的竞争对手甩掉，转而在新市场构筑产业的先发优势。很明显，"蓝海战略"已经超越市场竞争的范畴。从性质上判断，"蓝海战略"属于企业发展的战略行为。实际上，真正的蓝海市场并不存在，所谓蓝海市场，不过是初创市场的企业可以享受"像蓝色海洋般的清净时刻"，即"蓝色时刻"。这种时刻非常短暂且可遇不可求。因此，蓝海战略设计没有普遍的价值和意义。

一般来说，竞争压力是人们设计竞争战略的动力。如果企业的竞争行为不再有效，战略决策者就需要设计新的竞争战略。因此，竞争战略与竞争战略设计都是永恒存续的现象。商业竞争不停，竞争战略设计不止。随着商业竞争的变化，企业决策者应该不断探索竞争的新形式，大胆设计竞争战略的新方案。

第三节 合作战略的选择与设计

从竞争角度观察，商业活动是企业争夺利益的过程。只有当无法取胜的时候，合作才成为企业的战略选择。这就是为什么竞争战略在商业发展中层出不穷，以及商业战略被人们直接称为"竞争战略"的原因。

从合作角度观察，商业活动是企业分享利益的过程。任何企业都是商业分工体系的一个角色，没有稳定的合作与环境，企业不能正常生存和发展，也无法获取更大的利益。因此合作与竞争一样，也是企业的战略行为。

简单地说，商业合作是指企业之间紧密协作的行为或协调一致的行为。根据合作的紧密程度不同，商业合作可以分为两种类型：松散型的合作（又称商业联盟）与紧密型的合作（又称商业外包），其中每个合作类型又分为若干具体形式。在现代社会，商业合作（以下简称合作）已经成为企业生存和发展的重要手段。

一、松散型合作的战略行为

松散型合作是指企业利用自身优势，通过相互协作，共同完成预定的商业目标的行为。另外，企业之间为了共同利益而采取一致行动的行为，也属于松散型的合作行为。在战略实践中，松散型合作的主要形式包括：产品（技术）的共同研发行为、资源的合作开发行为、合作经营行为、同行企业的一致行动。相应地，企业可以选择的松散型合作战略分别是合作研发战略、共同开发战略、合作（资）经营战略、行业（潜）规则。

（一）合作研发战略

合作研发战略主要是指企业在产品或技术的共同研发过程中采取的战略合作行为。为了分担产品或技术的研发风险，也为了加快研发的速度，各方利用自身优势加入共同研发的过程，从而形成研发合作的关系。企业参与合作研发过程的战略意义是共担研发风险、共享研发利益。企业选择合作研发战略的正确理由是：

○企业独立研发存在难以克服的障碍和困难。
○合作可以发挥各方的研发优势，提高研发速度。

当然，企业独立研发的困难在合作研发过程中也未必能够解决。设计合作研发战略的目的是保证共同研发行动的顺利进行。设计者应该注意以下问题：

○制定详细和严密的合作研发合同。
○由专业人员管理研发项目。

研发可以是企业的一个长期战略行为。可是，合作研发是企业的短期战略行为。即使合作研发成功，合作研发关系也要随着研发活动的结束而解除。进入互联网时代，有些企业建立了合作研发的网络平台，这也许可以为长期合作研发提供便利条件。

（二）共同开发战略

共同开发战略主要是指企业为参与资源开发活动而采取的战略合作行为。在商业领域，某些资源属于战略性资源。一旦控制战略性资源，企业就拥有了竞争的资源优势。然而，资源开发总是受到资本、技术以及人力等条件的限制，这就为合作开发资源提供了可能性。在资源所有者、资本优势者、技术优势者以及资源利用者之间，共同开发是一种战略性的合作行为。企业选择共同开发资源战略的正确理由是：

○等待开发的资源具有市场（特别是战略性）价值。

○企业拥有参与共同开发活动的战略优势，或者利用资源的战略机会。

世界上的资源分属于不同国家、地区、组织和个人，企业参与资源开发活动将面临许多风险。为此，设计共同开发战略时应该注意：

○全面评估资源开发的风险。

○制定详细和严密的资源共同开发合同。

共同开发资源既可以分散资源开发活动的风险，也有利于企业控制资源市场。但是，各方在共同开发过程中出现的利益纠葛，随时考验着合作设计者的远见卓识，也反映了合作管理者的战略执行力。总之，合作开发战略是资源共同开发活动顺利进行的有力保障。

（三）合作（资）经营战略

合作（资）经营战略是指双（各）方为了占领目标市场而共同运营企业的战略合作行为。在合作（资）经营中，企业各自发挥优势，彼此取长补短，从而实现共享市场的目的。合作（资）经营是企业跨国或异地投资的战略选择。企业选择合作（资）经营战略的正确理由是：

○合作（资）经营可以绕开市场保护或者行业壁垒。

○合作（资）各方拥有市场运作或者行业竞争的关键优势。

在本质上，合作（资）经营是企业为了分享市场而做出的利益交换。利益消失或者利益失衡都将导致合作关系的终止。设计合作（资）经营战略的关键是利益平衡。为此，设计者必须注意：

○制定详细和严密的合作（资）经营合同。

○设计灵活的合作（资）方式和管理方式。

随着各方利益关系的变化，合作（资）经营要么变成一个独立企业，要么变成几个独立企业。另外，合作（资）经营只是企业进入异地市场或者陌生行业的战略选择之一，而不是唯一的战略选择。总的来看，企业之间没有长久的合作（资）经营。即使这样，与合作研发战略以及共同开发战略相比，合作（资）经营战略实现了企业在经营过程中的整体合作，从而成为一种全面的战略合作形式。

（四）行业（潜）规则

行业（潜）规则是指同行企业通过一致做法或彼此默契达成某种利益的战略合作行为。在商业领域，同行企业之间的竞争关系多于合作关系，以至于同行企业的"一致行为"常常被战略学者忽略。其实，同行企业的"一致行为"本质上属于一种"彼此协调或各自默认"的松散型合作行为。为了实现公正的竞争，行内企业彼此达成某些一致的商业习惯，共同抵制某些不合理行为，这就是行业规则的实质。同时，为了生存或利益，同行企业暗地采取同样的行为，如环境污染、资源浪费、产品瑕疵、商业欺骗等,企业只做不说,这就是所谓的行业潜规则。毫无疑问,行业(潜)规则属于企业之间的特殊战略合作,它不是企业主动设计的结果,而是同行企业的共同选择。企业接受(默认)行业(潜)规则的正确理由是:

○行业的繁荣与发展有利于行内的所有企业。

○打破行业生存的"玻璃屋",行内的每个企业都是受害者。

一般来说,行业规则受到社会肯定,行业潜规则遭到人们痛斥。我们不得不承认,行业潜规则属于商业领域的一种普遍现象。即使损害了社会利益,在被纠正之前,行业潜规则因为有利于行内企业的生存与发展,同行企业仍然会心照不宣地做下去。人们批评行业潜规则的主要手段是商业道德。可惜,当企业追求生存机会的时候,对其进行道德批评是非常无力的方式。破除行业潜规则必须依靠政府治理。

二、紧密型合作的战略行为

紧密型合作就是核心企业通过开放自身的经营过程,吸引某些专家企业替代自己完成某些经营内容,从而提高市场竞争力的合作行为。其中,开放经营过程的企业被称为"核心企业",加入其经营过程的企业被称为"专家企业"。紧密型合作俗称"外包"。按照内容不同,外包合作可以划分为生产外包、特许经营和服务外包。相应地,外包合作战略可以分为生产外包战略、特许经营战略以及服务外包战略。

(一)生产外包战略

生产外包战略是指企业将生产行为外包专家企业的战略合作行为。生产外包又称"代工"。在生产外包合作中,核心企业拥有研发、品牌和销售的优势,专家企业拥有人力成本和生产管理的优势,双方长期合作有利于核心企业提高产品竞争力,也有利于专家企业的生存和发展。企业选择生产外包战略的正确理由是:

○企业具有强大的市场地位,但面临生产成本过高或生产投资过大的困难。

○专家企业拥有代工生产的能力。

生产外包合作的最大风险是,随着生产经验的积累和生产能力的提高,专家企业可能成为核心企业的竞争对手,也可能不断提高代工的条件,这些都会威胁核心企业的生存和发展。因此,核心企业设计生产外包战略时应注意:

○寻求双方长期合作的利益平衡点。

○为应对生产外包的战略风险准备预案。

生产外包实现了品牌强势企业与生产优势企业的紧密合作。这既是社会分工进步的表现，也有利于发达地区与欠发达地区的共同进步。可以预见，生产外包将成为紧密型合作的一种长期形式。

（二）特许经营战略

特许经营战略是企业利用品牌和技术的优势，授权他人运营品牌服务店，从而实现规模经营的战略合作行为。对于特许方来说，企业可以迅速做大规模和提高收入。对于被特许方来说，企业可以获得稳定的生存与发展机会。与生产外包相比，特许经营实现了企业在整个经营过程中的紧密合作。企业选择特许经营战略的正确理由是：

○企业经营的产品或服务属于大众消费领域，并且拥有品牌和技术的优势。
○企业决策者具有做大企业的雄心和毅力。

特许经营战略的主要风险来自特许方的管控不力所造成的损害。因此，战略设计者必须注意：

○制定合理的特许经营流程，以及严密的特许经营合同。
○严格培训连锁经营的加盟者，并且加强运营监控的力度。

进入互联网时代，网络的合作服务正在冲击实体的特许经营行为。通过网络平台，品牌企业可以向不同地区的消费者提供优质服务，这就必然减少特许经营的合作机会。现在，以品牌企业为主，以消费地企业为辅，双方利用网络共同向消费者提供优质服务的合作模式正在流行。

（三）服务外包战略

服务外包战略是指企业将经营过程中的一些辅助活动交由专业机构承担的战略合作行为。随着市场竞争压力的日益增大，企业经营逐渐回归自身的强势业务，大量的辅助经营行为外包他人，如员工培训、财务代理、软件服务、物流服务、售后服务、物业服务等。企业在战略上"归核"是一种潮流，因此，服务外包代表了紧密型合作的重要方向。企业选择服务外包战略的正确理由是：

○社会出现大量的优质服务企业。
○服务外包可以减轻企业负担、提高企业竞争力。

当前，服务外包市场日趋成熟和规范，企业无须设计专门的服务外包战略。但是，决策者选择外包服务时要注意服务机构的资质和信誉，签订详细和严密的服务合同，避免在外包过程中出现一些不必要的纠纷。

与松散型合作相比，紧密型合作主要是发生在企业内部的合作行为。紧密型合作战略的优势在于，将合作方拉入企业的经营过程，替代企业完成经营过程中的生产行为、经营行为或者某些辅助行为，从而实现一种稳定的合作关系。

关于战略行为选择与设计的问题，坦白地说，本书主要介绍了企业选择战略行为的共同理由以及设计战略行为的普遍问题，却无法介绍其中的个别理由以及特殊问题。事实上，任何企业选择和设计战略行为都存在一些个别理由和特殊问题。本书也没有进一步介绍这些战略行为的具体知识，诸如战略行为的特点、意义、内容及条件等。事实上，战略教科书提供了战略行为的具体知识。本书更没有介绍这些战略行为之外的非商业行为，如企业针对政府的公关行为、针对社会的公益行为等。事实上，企业不能依靠对政府进行公关以及为社会做公益而谋划自己的战略行为。总之，本书概括性地介绍了战略行为的设计流程，有关企业战略行为的特殊问题、具体知识或极端情形，都需要读者自行解惑。

企业选择和设计战略行为的目的，是利用特别的商业行为获取战略的行为优势。当某种行为可以给企业带来战略优势的时候，这种商业行为就属于战略行为。本章虽然论述了战略行为选择与设计的主要思路和注意问题，却没有涉及战略行为的判定问题。在实践中，商业决策者经常把商业行为与商业战略行为混淆，以至于"战略"成为某些决策者重视某种行为的"标签"。比如，将广告行为视为"广告战略行为"、降价行为视为"价格战略行为"，等等。判断一种商业行为是否属于商业的战略行为，这是战略行为设计的前提而不是战略行为设计的内容。然而，判断战略行为的错误势必导致战略行为设计的失败。站在战略设计理论的角度，我们也只能再次告诫战略设计者们：战略行为一定是带来战略优势的商业行为。

不仅如此，在选择和设计战略行为的过程中，战略行为并非企业战略优势的唯一来源。例如，企业发展的战略优势并非全部来自发展行为的战略设计，企业内部的战略管控设计也是发展战略优势的重要来源（参阅第七章）；企业竞争的战略优势并非全部来自竞争行为的战略设计，企业之间竞争关系的战略设计也是竞争战略优势的重要来源（参阅第八章第二节）；企业合作的战略优势并非全部来自合作行为的战略设计，企业之间合作关系的战略设计也是合作战略优势的重要来源（参阅第八章第二节）。总而言之，企业的战略优势是各种战略的集合，构筑战略的整体优势是战略设计的成功之道。

第六章 商业模式设计

商业模式是指人们从事商业活动的方式。自 20 世纪 80 年代以来，这一概念风靡全球，成为人们谈论商业战略的重要话题。然而，时至今日，人们关于商业模式的理解依然存在分歧，有人理解为"企业的经营模式"，也有人理解为"商业的运作模式"，还有人理解为"生意的盈利模式"。这些说法都没有准确表达商业模式的本质。在本质上，商业模式是一个反映商业活动方式的概念，正是因为商业活动的方式不同，使企业经营、商业运作以及生意盈利的特点不同。历史上，最古老的商业活动是"买卖"，"一买一卖"代表了最简单的商业模式。在此基础上，人们不断探索商业活动的形式和技巧，从而创造出许多灵巧和复杂的商业模式。

在商业实践中，企业常常把战略的成功归结为商业模式的创新。著名管理学家彼得·德鲁克也认为，当今企业之间的竞争，不是产品之间的竞争，而是商业模式之间的竞争。为什么商界和学界在战略上都重视商业模式呢？这是因为商业模式与商业战略已经实现了深度结合。从逻辑角度分析，商业战略是商业活动的战略，而商业模式代表商业活动的方式，基于商业活动的联结，商业模式成为商业战略的缩影。因此，商业模式设计也被视为战略设计流程的核心。

第一节 商业模式的设计现象

在商业落后的时代，商业模式只是商业活动的既定条件，人们按照传统的商业模式，从事传统的商业活动，进行有限的商业竞争。从历史来看，商业的落后抑制了商业模式的作用。"二战"结束后，商业发展进入繁荣时期，技术发展、产品过剩、市场饱和，从此开始了战略竞争的时代。在战略竞争的过程中，依靠"单一优势"的竞争手段已经落伍，各企业逐渐偏向采用"组合优势"的方式。

商业模式就是各种商业因素组合的方式，先进的商业模式可以整合商业因素的作用，提升企业竞争的整体优势。在这样的历史背景下，商业模式创新越来越受到企业决策者的重视。

一、判断商业模式有效性的标准

在商业领域，每个行业都拥有传统的商业模式。传统模式是不断传承和逐渐完善的商业活动方式。传统模式本身没有创新，因而不能产生竞争优势。相反，商业模式创新可以进一步发挥商业因素的综合效用，能够帮助企业获得整体性的竞争优势。因此，人们主要根据竞争优势判断商业模式的有效性。什么样的商业模式是有效的？具体表现为以下三个方面：

（1）整合利用商业因素。作为商业活动的方式，商业模式几乎涉及商业活动的各种因素。这些因素可以大致划分为四个方面：社会因素、行业特点、企业资源以及决策者能力。商业模式的有效性代表了这些因素相互结合所形成的总体优势。其中任何一个因素存在欠缺，都可能削弱商业模式的竞争力，从而降低商业模式的有效性。

（2）强烈的价值逻辑。虽然商业模式可以整合企业资源，但是，商业模式并非企业经营的实体运行。在深层意义上，商业模式代表商业活动的价值逻辑。这主要包括赚钱的诀窍是什么、利润从哪里来、业务的竞争力如何。只有建立在强烈的价值逻辑的基础上，商业模式才能拥有强大的竞争优势。

（3）保持长久的独特性。在同一行业内，商业活动因为模式相似而不能产生竞争优势。不仅如此，创新模式也会因为对手模仿而失去竞争优势。一个有效的商业模式必须同时具有先进性和独特性。也就是说，商业模式必须既包含商业的技巧性，又保持模式的神秘性。只有那些人们看不懂和学不会的商业模式，才可以为企业赢得长期的竞争优势。

凡是符合上述三个标准的商业模式，都可帮助企业提高资源的整合效率，获得稳定的价值来源，保持长久的商业竞争力，从而成为企业生存和发展的战略力量。这些也是商业模式创新设计的标准。[①]

二、商业模式设计的概念

在实践中，商业模式设计的动机源自企业战略竞争的需要。企业或者受困于

---

① 根据《发现商业模式》一书，好的商业模式可以举重若轻，化重为轻。在赢得顾客、吸引投资者和利润创造等方面形成良性循环，使企业经营达到事半功倍的效果，成长速度快，成长效率高。根据这一表述，"轻巧、高效和快速"成为学者心目中的商业模式标准。显然，这种观点看重模式的外在表现，忽略了模式的内在性质。按照这一思路，商业模式创新将走向华而不实，很容易产生模式创新的风险。有人梦想通过模式的魅力收割别人（韭菜），结果却可能割了自己企业的命。

传统模式而缺乏竞争力，或者受限于单项竞争能力的薄弱而追求资源整合的优势，这时决策者才将商业模式设计列入战略设计流程之中，以期通过商业模式创新获取整体性的竞争优势。

所谓商业模式设计，是指决策者对企业的商业模式进行研究、改良或颠覆的过程。商业模式设计属于综合性的战略设计。商业活动涉及的主要因素，如产品（服务）、商业行为、各种资源以及行业属性等，都属于商业模式设计需要考虑的因素。商业模式设计的任务就是寻求这些因素的理想组合。与其他的战略设计行为相比较，商业模式设计具有以下特点：

第一，商业模式设计的对象是商业活动的方式，商业活动的方式影响企业经营的整体运行，因而模式设计成为战略设计的核心。

第二，商业模式的设计方案是商业战略整体设计的重要依据，其余的战略设计都要因为模式特色而做出调整。

第三，商业模式设计过程非常复杂，涵盖了模式的研究、改良或颠覆等行为，且需要反复测试与调整才可得出确定的结论。

长期以来，商业模式很少成为商业竞争的优势来源，人们习惯运用传统模式从事商业活动。截至目前，商业模式的创新实践仅有几十年的历史。人类对商业模式的研究刚刚起步，商业模式设计理论正处于形成阶段。在这样的历史背景下，本书将研究、改良或颠覆商业模式的行为统称为"商业模式设计"，从一个广泛的角度定义商业模式设计，这种定义有利于商业模式设计理论的全面发展与研究的深入。

三、商业模式设计的分类

在商业活动中，多数企业运用传统模式进行经营。即使这样，企业决策者也必须选择适合自己企业的模式。少数的优秀企业通过研究传统模式，试图对传统模式进行改良。个别的卓越企业尝试颠覆流行模式，创造全新的商业模式。这样，本书将商业模式设计行为分为选择、改良和颠覆三种不同情形。

（一）选择合适的传统模式

经过长期磨合与完善，传统商业模式普遍具有自身的合理性。不仅如此，大多数传统模式还演变出一些具体形式，可以满足企业在某些特殊环境下的需要。因此，选择适合的传统模式成为商业模式设计的主要行为。在传统模式中，企业怎样选择一种合适的形式呢？

一般来说，传统模式的不同形式各有利弊。商业模式的好坏在于它是否能够满足企业经营的要求。流行的传统模式只是行业通用的合理模式，并不一定是符合企业特点的有效模式。只有合理且有效的商业模式，才是企业选择的理想模式。

作为企业从事商业活动的方式，商业模式犹如人脚上的鞋子一样，鞋子是否合适要看脚的情况。商业模式是否有效，决策者必须考虑企业的条件。在判断企业条件的时候，许多人自以为了解自己的企业，但是，企业的优劣需要通过企业横向比对才能得出正确结论。假若决策者没有进行企业与同行之间的比较，那么，关于企业的优劣判断可能就是一种主观臆断。在商业模式选择方面，企业出现"东施效颦"的情况屡见不鲜。

另外，选择商业模式是一个不断验证的过程。具有行业合理性的模式可能很多，而且企业处于不断变化的状态，所以，企业选择商业模式需要不断兼顾模式特色和企业条件。也就是说，鞋子舒服既要看鞋和脚是否匹配，还要看它们是否继续匹配。

在实际操作中，**商业模式选择可能变成两种情形：根据企业的条件，决策者选择优势明显的商业模式；决策者利用商业模式的长处，尽量避免企业的不足。**这两种选择都是对传统模式和企业实际进行全面研究的结果。从这个角度来说，商业模式选择也是一种商业模式的设计行为。

（二）改良现存的商业模式

商业模式改良，是指人们对商业模式进行细节改变或局部调整，以提高商业模式的有效性。其范围涵盖了从商业模式的细节改变到局部调整的所有情况。由于人们对商业模式的持续改良，随着时间推移，传统模式在成为主流模式的同时也成为相对完善的模式。

模式改良者与模式选择者一样，在改良模式之前，也需要对传统模式进行系统和深入的研究。与模式选择者不同的是，改良者发现了模式的不足并努力改变模式的弊端。具体分为以下两种情况：

（1）根据商业环境的最新变化，设计者改变了商业模式的运行特点。例如，消费市场逐渐呈现饱和状态，依靠低价冲量的商业推销模式难以为继，于是，有人利用网络平台进行"直播"，在低价的基础上，利用明星或名人效应提高销售数量，从而实现了"低价+明星"合力开拓市场的新模式。

（2）因为客户消费偏好的改变，设计者变换了商业模式的运行手段。例如，由于大量读者转向屏幕阅读，出版企业开始减少印刷品的数量，尝试通过网络传播吸引读者，以求增加出版物的阅读规模。当前，基于视（音）频手段的信息经营模式正在猛烈冲击着传统的印刷市场。

在改良模式的过程中，商业模式的创新特点必须紧随商业活动的变化趋势。商业活动没有标准模式，商业模式改良也没有统一做法。事实上，企业成功改良传统模式，无论是改变了模式的局部还是细节，其运营效率都可以获得某种改善。这是一种渐进的过程，其效果犹如"润物细无声"，因而模式改良一直没有引起人们的热捧。

（三）颠覆主流的商业模式

商业模式颠覆，是指企业从根本上改变主流商业模式的行为。一般来说，当商业模式的价值逻辑、运行基础或者根本特征发生改变，商业模式就可能处于被"颠覆"的状态。商业模式设计是否达到颠覆的程度，设计者需要通过以下三个方面进行判断：

（1）改变了商业模式的价值逻辑。价值逻辑代表了企业获取价值的方式中所蕴含的关键技巧。通常，价值逻辑的改变意味着赚钱方式的改变。例如，原先生产者靠生产主机赚钱，如果将这种模式变成"主机便宜招客，附件高价赚钱"，那么，价值逻辑的改变就可以带来商业模式的颠覆。惠普公司"靠打印机便宜招客，靠墨盒高价赚钱"的商业模式，属于一种典型的模式颠覆。360公司提供免费杀毒软件，则是将这样的颠覆行为推向了顶峰。

（2）改变了商业模式的运行基础。一般来说，产品、服务与体验是商业模式运行的主要着力点，即商业模式的运行基础。企业调整商业模式运行的着力点，有时可以产生颠覆效果。当个人电脑成为廉价产品时，IBM公司由电脑的生产领域坚决转向电脑的服务领域，而电脑服务比电脑生产更赚钱；当电器生产成为中国企业的优势时，日本电器企业转向关键零件的生产，而电器零件生产比电器整机生产更赚钱。显然，IBM公司和日本的电器企业都颠覆了自己曾经依赖的商业模式。

（3）改变了商业模式的根本特征。商业活动的基本状态决定商业模式的根本特征。当商业活动的基本状态已经发生变化，意味着商业模式的根本特征发生了改变。例如，实体商业模式可以概括为"买，要到店"，网络商业模式可以概括为"卖，送到家"，两者经过长期博弈，消费者逐渐喜欢上了网络购物，零售商业模式已经开始由"买，要到店"向"卖，送到家"转变，网络商业模式正在强烈冲击实体商业模式。

历史上，商业模式的颠覆现象主要出现在极端、突出或系统的商业变化层面。假若企业没有创造极端行为或突出优势，行业也没处于系统变革时期，颠覆模式的成功率就非常低。既然如此，企业决策者为什么热衷于商业模式的颠覆行为呢？

第一，新进企业借助模式颠覆行为，可以迅速进入一个行业并占领主要的市场。在位企业主要依赖传统模式生存，如果它们想在模式创新中获得竞争优势，那么也只限于对传统模式进行改良。毕竟，传统模式代表了在位企业的主要优势。相反，新进企业颠覆传统模式，那就等于消灭在位企业的主要优势。戴尔公司对传统电脑销售模式的颠覆是一个典型案例。

　　第二，行业遭受严重的生存危机。当整个行业陷入生存危机的时候，颠覆传统商业模式就成为企业生存的战略选择。例如，自行车曾是人类的主要交通工具，当自行车被摩托车和汽车替代时，自行车的消费市场整体坍塌，一些企业转向运动自行车的生产，结果，生产和经营运动自行车成为这个产业的主流模式。

　　现在，商业模式已经成为商业竞争的热点话题。有人故意将商业模式"神秘化"，有人特意做出创新模式的"模板"。这些行为导致商业模式设计走向混乱的状态，结果是人们都想创新模式却不知如何去做。实际上，大多数企业需要选择模式，少数企业可以改良模式，个别企业有幸颠覆模式，这是商业模式创新的实际情形。在设计商业模式之前，设计者首先应该判断模式设计的种类，以便为模式设计确立正确的方向。

第二节　商业模式的设计过程

　　商业模式的选择、改良或颠覆行为，实际上属于广义的商业模式设计概念。在狭义上，商业模式设计只包括模式改良和模式颠覆两种行为。人们普遍认为，商业模式选择不应该属于商业模式设计行为。理由可能是，商业模式设计就是商业模式创新，而商业模式选择的行为没有改变商业模式。顺应这样的理解，我们遂以狭义的商业模式设计为例，探索商业模式设计的具体流程。

　　模式研究是商业模式创新的基础。由于模式选择者在研究之后继续利用合理的传统模式，所以，他们无须考虑模式设计的问题。与模式选择者不同，在研究传统模式的基础上，模式创新者根据商业活动的性质、商业环境的特点、客户的消费偏好、企业的竞争优势，积极改良或大胆颠覆传统模式，一直到创新的模式形成特色之后，商业模式的设计过程才能宣告结束。总之，商业模式设计是一个系统工程，其中的每个步骤都有特殊的设计要领。

一、研究商业活动的根本性质

　　商业模式几乎涉及商业活动的所有因素。商业模式设计从何处开始呢？笔者认为，设计者首先要为商业模式设计框架，并以此作为商业模式运行的基础。其道理是，商业模式代表商业活动的技巧，而商业活动的机巧又以商业活动结构的灵巧为前提，这样，商业活动结构与商业模式框架形成相互对应的关系。因此，设计商业模式框架成为商业模式设计的基础工作。

根据这个道理，为了设计一种理想的商业模式框架，设计者需要深入研究商业活动的性质，并且根据商业活动的根本性质，摸索和总结商业活动的主要技巧。具体要领如下：

（1）明确商业活动的关键行为。商业活动是由不同行为组成的，其中的关键行为决定商业活动的成败。在商业运营中，模式设计者对商业活动应该非常熟悉，但是对其中的关键行为可能含糊不清。为了判断商业活动的关键行为，设计者先要确定商业活动的根本性质，如其性质是属于生产活动、销售活动还是供应活动。在此基础上，继续分析其中的商业行为与商业活动成败的关联度，并按照最重要、次重要、重要的顺序进行排列，一般来说，最重要的行为可以被认定为关键行为。确认商业活动的根本性质与关键行为是商业模式设计的突破口。

（2）分析企业经营的核心业务。在商业模式研究中，大多数人可能知道商业活动的关键行为，但是，为什么很少有人在商业模式创新方面实现突破呢？主要原因是模式设计者对企业的核心业务分析不够，以至于在商业模式上出现"跟风"的做法，例如，听说技术重要，大家都搞研发；听说人力重要，大家都迁工厂；听说原料重要，大家都建原料基地。重要的事情大家一起做，结果出现模式"撞衫"的现象，企业在模式竞争中毫无优势。

为了设计有效的商业模式，设计者不仅需要确认商业活动的关键行为，而且还需要明确企业的核心业务。前者是决定商业活动成败的最重要行为，后者是决定企业经营成败的最重要业务。两者经常重合，但有时它们并不重合。模式设计者研究商业活动的一个重要任务是找到两者的重合点，并将这个重合点作为模式设计的核心。也就是说，商业模式设计的核心是构思企业进行商业活动的特殊方式，它既要抓住商业活动的关键环节，又要体现企业经营的突出优势。因此，确定商业活动的特殊方式是商业模式设计的核心工作。

（3）设置商业活动的边界。当前，商业领域流行"跨界"之风，强势企业非常任性，想干什么就干什么，商业活动似乎没有边界。事情果真如此吗？商业竞争的真相是，最佳模式是商业活动的特殊模式，商业活动不同决定了商业模式不同。据此，模式设计者必须明确商业活动的边界。具体行为包括：在产业竞争中，对原料商、生产商、经销商和服务商的角色进行选择；在经营过程中，对管理、技术、成本、市场的优势进行确认；在企业管理中，对组织能力、研发能力、采购能力和营销能力进行判断。总之，商业模式设计需要综合企业的产业角色、经营优势以及管理能力，并以此构造一种适合企业特殊需要的商业模式。

世上没有通用的商业模式。商业世界之大，可以容下各种模式；商业领域之小，只能容许特殊模式成功。试图一种模式打遍天下的人应该觉醒了，走什么样的路就应该穿什么样的鞋！

二、洞悉商业环境与客户偏好

在商业模式的发展过程中,商业环境与客户偏好是商业模式流行的两个基本条件。先进模式必须顺应商业环境的特点且满足客户的消费偏好,两者不可偏废。

商业环境是指影响商业活动的外部因素的集合,它涵盖了社会的经济水平、政治状况、文化特点以及自然条件等一系列因素。这些因素对商业模式可以产生系统性的影响作用,以至于商业模式被淘汰的时候,商业决策者蓦然发现,环境早已改变,模式彻底失灵。

为了赶上时代的步伐,设计者需要深入研究商业环境的变化趋势。商业环境研究涉及经济学、社会学、文化历史学等学科领域,某些领域可能超出了模式设计者的认知能力。因此,模式设计者应该从有关专家的研究结论中寻求根据。在利用专家结论的时候,模式设计者既要明白这些结论的科学逻辑,又要清楚结论中的相关因素对商业模式影响的实际程度。盲从或拒绝都可能导致对环境的误判,之后的模式设计也将处于危险之中。

商业活动是企业与客户的互动过程。从这个角度来说,商业模式也是企业与客户的互动方式。商业模式的有效性依赖于客户对商业模式的接受程度,而客户对商业模式的接受程度取决于模式是否满足客户的偏好。客户偏好一般由两个因素决定,即生活的真实需求和问题的真正解决。商业模式是否能够满足客户的真实需求或者解决客户的真正问题,这是模式设计者必须重视的事情。

在研究客户偏好的过程中,模式设计者应该运用人类学原理,发现和列出影响客户消费体验的所有因素,分析模式运行与客户体验的具体关系,从而选择能够满足客户偏好的最佳方式。只有让客户喜欢的商业模式,才能成为流行的商业模式。

另外,设计商业模式还必须考虑商业环境与客户偏好之间的平衡。理想的状态是,商业模式既符合商业环境的趋势,又满足客户的偏好。符合商业趋势却无法满足客户偏好的商业模式没有生存优势,相反,满足客户偏好却不符合商业趋势的商业模式没有发展潜力。总之,商业环境与客户偏好是构成商业模式有效性的两个基本点,模式设计者必须把握两者的平衡关系。

三、剖析企业的竞争实力

根据前面的描述,商业模式与企业实力之间是一种鞋与脚的关系。脚的特点限制人对鞋的选择,企业实力决定模式类型。在商业战略学领域,学者已经总结出许多先进的商业模式。可惜,很多企业注定与先进的商业模式无缘。为什么同样的商业模式，有些企业可以得利，而有些企业无法驾驭呢？其中的关键是企业的实力。两者关系的具体表现是：

（1）企业的体量决定商业模式的样式。那些资产庞大和设备先进的大型企业，商业模式明显偏向规模与技术优势，因而其商业模式具有大气磅礴的特点，如产品规格齐全、市场份额巨大、薄利多收等。相反，小型企业只能选择小巧的商业模式，如生产特色产品、聚焦特殊市场、利用市场空缺机会等。在商业模式设计方面，大企业钟情大气的模式和小企业偏爱小巧的模式，都是企业从实际出发所做出的理性决定。

（2）产品与服务的档次决定价值逻辑的选择。一般来说，产品（服务）可以分为高、中、低三档，它们分别满足不同层次的消费需求。高端消费者重视产品（服务）的心理价值与生活品位，中低端消费者则注重产品（服务）的货币价值和生存需求。基于这种差异，在选择商业模式的时候，处于同一行业的企业必然出现分化现象，高端商业的价值逻辑偏向"物美"或"享受"，而中低端商业的价值逻辑则偏向"价廉"或"刚需"，同时满足物美价廉需求的商业模式最终将无法正常运行。

（3）设计者的战略能力影响商业模式的创新程度。在商业模式创新过程中，除了企业具有的客观优势之外，设计者的战略能力是其中的主观优势。它主要包括这样几个方面：对传统模式的分析能力、对企业的了解程度以及挑战传统模式的决心。一般来说，高手设计的模式既可以充分体现商业活动的特殊性质，又可以实现对企业条件的扬长避短，从而在模式竞争中保持高效与特色的统一。

模式设计的动机是企业提高竞争力的需要。然而，模式设计又受到企业竞争实力的影响。这是一个"鸡和蛋"的问题。在残酷的市场竞争中，企业决策者都想在模式创新上拔得头筹，却可能因为实力不足而变成一个"黄粱美梦"。

四、探索商业的价值逻辑

企业设计商业模式的目标是轻松获取商业价值，而商业价值的实现必须满足客户的偏好。在前面的讨论中，我们曾经分析了商业模式与客户偏好之间的关系，即商业模式必须满足客户的偏好。实际上，模式设计满足客户偏好是一个复杂的过程。其中的关键行为是构建商业模式的价值逻辑。

（一）企业满足客户偏好的价值主张是什么

严格来说，客户偏好与客户价值是两个层面的商业现象。客户偏好反映了客户的消费倾向，它决定客户喜欢什么样的产品或服务；客户价值则代表客户对消费价值的判断，它决定客户可以购买什么样的产品或服务。在商业模式设计中，商业模式符合客户偏好，只是选择了正确的设计方向。只有商业模式真正满足客户价值，企业才能实现模式设计的客户目标。最终，人们设计的商业模式既要符合客户偏好，又要满足客户价值。在实现客户偏好转向客户价值的过程中，模式设计者必须首先提出企业的价值主张。主要包括：

○客户通过消费可以解决什么问题？按照客户需求的强烈程度列表。

○企业从事的商业活动可以提供的价值有哪些？具体落实到产品（服务）和业务上。

○客户对企业提供的价值感知如何？利用"同理心"原则评判这些价值。

○企业为客户提供的独特价值有哪些？与对手企业进行比较和分析。

○整理和提炼企业的价值主张。

再次强调，符合客户偏好的商业模式只是行业的通用模式，或者是许多企业的共用模式，单个企业无法从通用模式中获得竞争优势。在通用模式的基础上，模式设计者提出独特的价值主张，并以此满足客户的特殊价值需求，企业才能拥有独特的模式竞争力。

（二）企业实现价值主张的条件有哪些

在许多情况下，企业可以提出独特的价值主张，却无力实现这些价值主张。这可能是因为企业无法充分满足客户的价值需求，从而削弱了商业模式的竞争力。因此，模式设计者不仅要提出企业的价值主张，还要考虑企业实现价值主张的条件。具体包括：

○梳理产品（服务）的类别及其主要特征，明确商业活动的市场界限。

○企业主张价值的核心优势是什么？进一步落实到产品、服务、商业秘密、知识产权上。

○企业实现价值主张的关键资源是什么？诸如财务资源、人力资源、知识产权、社会资源，或者是它们的组合。

○分析产品（服务）的成本优势和渠道优势，这是企业实现价值主张的市场条件。

○谁是最重要的商业伙伴？详细列出企业与商业伙伴合作的益处，以及保持合作关系的条件。

总之，为了满足客户的价值需求，模式设计者既要充分运用企业的内部资源，又要重视利用企业的外部资源。商业江湖早已不是单打独斗的时代了，企业实现价值主张必须学会整合资源的技巧。

（三）测试盈利机制是否合理

盈利机制是指企业价值主张与客户价值需求自动耦合的方式，这属于价值逻辑的核心。实际上，在企业的价值主张与客户的价值需求分别确定之后，企业的盈利机制已经可以显现出来，即企业价值主张的实现可以满足客户的价值需求。

此时，模式设计者还需要反复检测商业模式，以便验证盈利机制是否顺畅。检测工作主要包括：

○为什么客户热衷于购买企业的产品或服务？列出企业产品、服务、业务的亮点。

○这些亮点与企业收入的关系怎样？找出确定的数据。

○确认企业获利的技巧是什么？分析其中的合理性。

○预测这种技巧是否可以持续？说明持续的理由。

○评估这种技巧的风险？提出应对措施。

盈利机制代表了企业处理成本和取得利润的重要技巧。例如，在成本分担方面，由传统的生产者自己承担转向生产者、中介者、消费者共担；在利润贡献方面，由传统的消费者单独提供变成消费者与市场受益者共同提供。商业竞争正在进入网络和数字的时代，盈利机制的创新形式令人眼花缭乱。然而，商业模式创新的成果又让人欲哭无泪。人们精心设计的商业模式，或者是无法盈利的，或者是无法持续盈利的，模式设计的成功者寥寥无几。从价值逻辑的角度分析，无法盈利的商业模式可能满足了客户的偏好，企业却无法盈利；无法持续盈利的商业模式可能满足了企业获利的欲望，却损害了客户的价值。

说到底，价值逻辑创新并非模式成功的唯一条件，创新模式绝非商业成功的灵丹妙药。至于某些企业打着模式创新的旗号大肆收割"韭菜"，这不是模式创新的成功样本，而是消费者的无知让不良企业做成了"模式骗局"。

五、构筑商业模式的特色

商业模式设计的过程也是人们主动调整商业活动方式的过程。按照这种理解，模式设计者根据商业活动的性质，满足商业环境和客户偏好，结合企业优势，提出基于价值逻辑的商业模式，这就意味着商业模式设计过程的基本结束。

可是，此时的商业模式仍然不是企业竞争的有效模式。虽然设计者在商业模式有效性方面已经做出了努力，但是，这些努力或许其他企业也能做到。比如，对于商业活动性质的理解、对于商业环境与客户偏好的观察、对于企业优势和商业价值逻辑的运用，企业与对手可能相差不大。因此，商业模式设计非常容易出现"模式撞衫"的现象。

为了避免"模式撞衫"的情形，设计者最好能够设计出企业独有的商业模式。在这里，独有的商业模式并不一定是企业独创的模式，而主要是指商业模式具有企业的个性特征。商业实践表明，只有个性的商业模式，才能最终帮助企业从模式竞争中脱颖而出。设计者怎样实现商业模式的个性呢？

（1）不断查找模式设计方案的弊端。世上没有完美的商业模式，模式设计不能坐而论道。设计者应该从企业客户、合作伙伴、管理人员等模式相关者的反馈中,寻求模式运行的效果评价,同时还需要尽快收集模式运行的经营数据。从商业发展的历史来看,商业模式一直处于不断地完善过程中。从成功企业的发展历程来看,只有在不断完善的基础上,创新的商业模式才能形成坚实的企业个性。

(2) 分析竞争对手的模式优势。在某种程度上,商业模式的特色来自企业间模式的比较与借鉴。企业与对手的模式竞争也是它们相互学习的过程。具体表现为:一是学习对手的模式优点,将其作为自己模式优点的一部分;二是发现对手设计模式的新思路,并借鉴到自己的模式设计中。当然,每个企业都试图保护商业模式的秘密。企业极力宣传自己的商业模式,或者是想借用别人无法运用的商业模式威胁对手,或者是想借助自己都没有真正使用的商业模式欺骗对手。因此,分析对手的商业模式应该是一个深入细致的观察过程。

(3) 分析商业模式特色的根源。商业模式的特色肯定来自企业的特别优势。在人们可以想到的企业优势中,如资源规模、商业环境、技术秘密、客户偏好、产品特性、服务水平、人才结构、社会关系、文化背景等,都可以作为商业模式的优势来源。在商业实践中,模式特色往往是几种优势的融合,因而成功的模式常常显示出"婆娑迷离"的特点。正常情况下,决策者都极力掩盖企业的模式特色,谁也不肯透露自己的模式秘密。

当然,设计者妄想给商业模式加上更多特色,这必将是一个危险行为。设计商业模式特色的意义在于,利用自己最重要的竞争优势或者优势整合的结果,打造一款独特和有效的商业模式。在商业世界,每个在市场竞争中生存下来的企业,在商业模式方面都有自己的特色。商业模式的特色在于"特",而不在于"多"。

随着模式竞争的逐渐升温,市场上有关模式设计的书籍不断涌现,这些书籍的作者们看到了模式竞争的重要性,却可能低估了模式设计的复杂性。从根本上说,商业模式设计代表了人们主动寻求商业活动的最佳方式,以便充分发挥企业整体优势的思考过程。实话实说,商业的模式竞争不能替代企业的实力竞争。那些主张模式竞争至上的人们应该看到,一个没有关键实力作为支撑的商业模式,终将无法产生(持续的)竞争优势。

第三节 商业模式设计的原则和建议

目前,商业模式设计仍然属于一个实践性课题。商业模式设计的许多理论观点，诸如本章前面讨论的模式有效性的判断标准、模式设计行为以及模式设计过程等，都需要商业实践的反复检验。这些理论观点实际上是模式创新经验的总结。与此同时，人们也需要吸取商业模式失败的教训。一般来说，以往的经验可以形成今后实践的理论原则，以前的教训可以变成今后实践的行动建议。这些也是我们总结商业模式设计原则和建议的重要意义。

一、商业模式设计的原则

根据前一节的描述，商业模式设计是在研究的基础上改良或颠覆传统模式的行为。怎样设计出有效且独特的商业模式呢？除了遵循商业模式设计步骤之外，设计者还必须遵守商业模式的设计原则。主要包括：

（一）从传统模式起步

商业模式设计从哪里入手？许多专家认为，模式设计必须从客户出发，首先解决商业为谁服务的问题。笔者认为这是没有必要的。从性质上来看，商业模式设计是商业战略设计的组成部分。商业战略设计是从商业观察开始的，只有发现商业机会，人们才能形成战略创意；有了明确的战略创意，人们才能正式进入战略设计流程。这就说明，在模式设计开启时，企业选择客户的行为已经结束。关于模式设计从选择客户开始的观点，只是专家们的主观想象而已。

在商业实践中，商业模式设计的动机产生于传统模式的不利或不足。任何行业都有自己的传统模式。如果传统模式有利于企业经营，或者传统模式没有明显的缺陷，商业模式设计也就无从谈起。在这种情况下，商业模式设计实际上是指企业如何选择有效模式的问题。

总之，商业模式设计必须从传统模式起步。只有深入了解传统模式，设计者才能根据企业的优势与传统模式的现状，或选择有效的模式，或改良有缺陷的模式，或颠覆落后的模式。人们热衷于模式设计的主要原因是，希望通过对传统模式的改良或颠覆可以获得"一骑绝尘"的竞争效果。从长期来看，即使经过改良或颠覆之后，新的商业模式也只是传统模式的完善或迭代。无论何时何地，传统模式都是模式设计者不能回避的问题。离开对传统模式的研究，模式设计就是空谈。

（二）客户价值最大化

商业活动的最基本模式是"买卖"，其中的卖方是企业，而买方就是客户。假若企业设计的商业模式损害了客户利益，只是满足企业利润最大化，无论模式怎样精巧都是无法持久的。反之，商业模式保证了客户价值最大化，即使商业规模迅速做大，却可能因为企业无法盈利而最终失败。最佳模式必须是企业赢利与客户获益的完美结合。

商业战略设计

在商业实践中，客户价值最大化的商业模式，往往被世俗笑称为"傻子模式"。企业放弃最大盈利而换取客户最大价值，对于眼光短浅的人来说，这是非常不划算的商业模式。一旦商业领域出现"傻子模式"，多数的企业决策者们会惊呼"看不懂"。"傻子模式"的奥秘在于企业利用貌似"傻瓜"的行为换取商业盈利的持续化。可惜，在浮躁的年代，商业决策者都喜欢赚快钱，把模式当成"圈套"或"迷药"，妄想套住客户或者迷倒客户，轻松地从他们身上不断赚钱。

还有一种错误是，模式设计者通过无限满足客户的利益诉求，聚集庞大的市场规模，以便吸引更多的投资者加入商业活动，然后企业通过占用商业伙伴的资源赚钱。客户价值最大化并非客户价值无限化。在商业竞争中，"免费消费"或者"砸钱引客"的行为，虽可以极大地满足客户的价值需求，却可能损害了合作伙伴的商业利益，最终也将损害企业的利益和信用。

（三）合理的价值逻辑

商业模式的价值逻辑主要分为两个部分：企业的价值主张和商业的赢利机制。其中，价值主张代表企业获取价值的方式，赢利机制代表企业获取利润的技巧。企业获取商业的哪一部分价值，又怎样将价值转化为利润呢？一般来说，企业普遍希望获取最容易的价值和最丰厚的利润。轻松赚钱是企业构建价值逻辑的最高目标。

可是，价值逻辑的合理性是一种复杂判断。在价值逻辑判断中，企图获取全部价值的设想是最愚蠢的。太多的竞争对手以及太多的竞争行为，可以很快挫败这种愚蠢的想法。因此，"不吃全鱼"是设计价值逻辑的基本前提。在这个前提下，价值逻辑的合理性表现在两个方面：一是企业获取价值的容易程度必须与其拥有的竞争优势相关；二是企业必须对赢利程度和赢利时间进行权衡。最终，企业选择和设计的价值逻辑是商业活动、市场环境、企业优势以及决策者能力的协同结果。事实上，再好的价值逻辑也只能是较好的价值逻辑。

价值逻辑属于企业最重要的模式秘密。商业模式本身没有知识产权，因而不受法律保护。企业必须为构建的价值逻辑设置保护措施。将最赚钱的行为混同于最普通的行为之中，或者将最有利的价值逻辑设置在最强势的竞争力之上，造成自己的对手看不懂或者学不会，企业就可以长久保护价值逻辑的有效性。

（四）提高资源与行为的效率

商业模式即商业活动方式。商业模式设计的一个重要任务是提高商业活动的效率。包括两个方面：

一是提高企业资源的效率。资源是商业活动的物质基础。每个企业都拥有一定数量的资源。可是，这些资源是分散的和有限的。企业需要将各种资源整合起来，作为商业竞争的物质基础。商业活动的效率首先来自企业对资源的整合效果。从这个角度判断,商业模式也是企业整合资源的方式。不仅如此,企业还需要整合社会资源。只有充分利用企业的内外资源,商业模式才能产生强大的竞争力。

二是提高商业行为的效率。商业活动可以细分为不同的商业行为。商业模式的设计过程也是人们调整商业行为的过程。具体可以分为两个方面:去除冗余的商业行为和加强关键的商业行为。有些人盲目喜欢商业模式的"规模宏大",以为"高大上"的模式容易形成竞争力。其实,商业模式的先进程度主要依赖商业行为的效能表现。总体来说,简单、极致和高效是人们调整商业行为的基本目标,其中,简单意味行为的成本低,极致说明行为者做得最好,高效代表行为者尽了最大努力。只要在商业行为上同时满足了这三个标准,商业模式必然产生巨大的竞争力。

(五)努力控制风险

在模式创新的狂潮中,人们往往只是看到模式创新带来的奇迹,却忽略了模式创新面临的风险。实践中,商业模式设计的主要风险是:

首先,面临商业模式的运行风险。商业模式犹如商业活动的软件,商业要素则是商业活动的硬件。模式设计就是为了设计一套软件,从而整合商业活动的各种硬件,保证商业活动的高效运行。传统模式虽历经多年磨合,但其中包含的 bug 也不少。可想而知,创新的商业模式必将面临各种问题和困难。一般来说,商业模式的设计原型需要经过多次讨论才能付诸试验,并且经过长久试验的创新模式才可运行稳定。

其次,面临国家的法律和政策风险。传统商业模式已经被国家法律和政策认可,但可能是低效的商业活动方式。相反,创新设计的商业模式,特别是颠覆性的商业模式,具有高效率和竞争力,对行业乃至整个社会可能产生巨大的冲击力。可是,新的商业模式面临诸如垄断、欺诈以及妨害经济秩序等指责。为了避免这些指责可能给企业带来风险,模式设计团队应该吸收有关的法律和政策专家,尽量降低模式设计的风险。

最后,面临商业道德的谴责。传统模式代表传统的商业道德。商业模式创新所形成的商业方式,需要经历商业道德的考验。例如,"截和"断了别人财路,"省力"增强了人们的生活惰性等。怎样获得模式竞争力又避开道德谴责呢?这的确考验模式设计者的智慧。

总之,模式设计属于商业战略设计的核心部分,也汇集了商业战略设计的最大风险。后续的战略设计行为,比如企业内部的战略管控设计、企业外部的战略调控设计以及战略愿景设计,都可能因为模式设计失误而陷于不利的局面。坚守商业模式设计的原则,无论是对模式设计还是对整个战略设计来说,都具有重要的意义。

二、商业模式设计的建议

商业模式设计是一个探索的过程，其间涉及商业活动的不同因素、关系和条件，设计者稍有疏忽，创新的商业模式就可能出现缺陷。如果决策者不能及时发现和调整，新的商业模式就可能给企业带来灾难性的损害。近些年来，因为商业模式创新而失败的商业案例屡见不鲜。根据人们在商业模式创新中的历史教训，笔者提出以下建议：

（1）最佳模式来自实践，商业模式设计只是人们在探索商业活动的有效性而已。在商业领域，大多数商业模式是比较完美的，因此，选择合理模式是最普遍的商业模式设计行为。即使遇到商业模式的困扰，企业决策者最初也只是想调整模式中的某些细节。这种调整很可能是偶然性的，因而也不属于正式的模式设计行为。一旦出现以下两种情况就可能引发模式设计行为：一是模式调整取得成效，刺激决策者决定改良传统模式；二是模式调整力度很大，致使决策者决心颠覆传统模式。由此可以看出，商业模式设计是一种边实践边思考的创新行为。

如果脱离商业实践，模式设计过程很容易出现"闭门造车"的现象。其主要表现是：虽然表现出强烈的价值逻辑，但是新商业模式无法落地；即使可以落地，新商业模式也不能长久运行。那些梦想通过模式创新而创业成功的人，绝大多数因为模式理想化而创业失败。

（2）任何模式都不具有权威性，商业模式创新是一个永恒的过程。对于同一种商业活动来说，最佳模式必须反映商业的时代性和企业的竞争优势。然而，商业时代性和企业竞争优势都是不断变化的，曾经灵光的商业模式可能变得没有效率，甚至成为企业前进的羁绊。于是，企业需要重新设计商业模式。

对旧模式的成功者来说，抛弃旧模式和采用新模式都是非常痛苦的事情。模式的长期优势已经造就了这些成功者的"旧模式思维"，他们习惯基于旧模式做出战略决策。由此可能导致两种危险的决定：对外，他们仍然运用旧模式进行垂死竞争；对内，他们顽固拒绝尝试新模式。在这种情况下，无论过去怎样辉煌，模式成功者必将随着旧模式的淘汰而成为昔日明星。大润发超市依靠极高的性价比，做到中国实体零售商业的第一，最终却被互联网商业巨头阿里巴巴收购。

（3）不要对设计的商业模式期望过高，新模式的成功必须经历磨合期。任何新设备的使用都需要经历磨合期。只有经过不断调试，新设备才能正常运行。与新设备相比较，商业的新模式更具复杂性。商业因素嵌入新模式本身需要一个过程，新模式的运行则需要一个熟悉过程，两者叠加在一起，新模式出错的概率非常高。

怎样尽快度过新模式的磨合期呢？模式设计者需要对新模式进行不断调试和完善，一切以模式的有效性和独特性为准。无论价值逻辑多么奇巧，也无论模式结构多么诱人，只要没有显示出有效性和独特性，决策者就必须放弃新模式，哪怕是重新回到旧模式也在所不惜。

（4）商业模式设计是一种团队行为，要防止模式设计过程的简单化。由于商业模式涉及商业的整体运行，所以商业决策者通常是商业模式的设计者，或者是商业模式设计的领导者。这样，商业模式设计很容易变成决策者的个人工作或决策层的集体工作。

可是，这种组织形式忽略了商业模式设计的复杂性。作为商业活动的方式，商业模式的设计需要考虑商业活动的不同环节、因素和条件，也需要不同经营层次的知识、经验和技能，因此需要组织一个复杂的设计团队。其中，商业决策者是模式的核心设计者或设计团队的领导者，团队成员包括战略设计参与者、主要管理者、业务骨干以及专家顾问等。进入模式的测试阶段，基层员工也需要参与新模式运行的试验工作。

（5）构筑模式原型是商业模式设计的重要方法，一个设计原型胜过 1000 个设计观点。面对不同的设计观点，模式设计者需要尽快地将"模式想法"变成"模式原型"，然后对原型进行完善和迭代。这也是加快商业模式设计的一条捷径。相反，经过长期的思考和讨论之后，设计者没有提出新模式的原型，则可能导致模式设计的流产。

如果设计团队出现设计思路的分歧，设计负责人可以将不同的设计思路转化为不同的原型，然后，经过不同原型之间的比对与融合，提出正式的模式原型。从这一点来看，商业模式与其说是设计出来的，还不如说是人们对模式原型进行比较和试探的结果。

自从有人提出商业模式代表商业的最高竞争之后，商业决策者一直对商业模式创新充满期待。随着模式创新故事的不断出现和流传，商业世界也好像进入了魔幻的模式年代。无论处于什么样的商业环境中，企业似乎都可以通过模式设计创造商业奇迹。现在应该是人类反思的时候了，人们需要重新看待商业模式竞争的机会与风险。

任何领域都存在一种或几种传统的商业模式。即使人们没有设计新的商业模式，传统模式照样可以为人们的商业活动提供便利。在传统模式下，商业竞争也是非常激烈的，商业决策者也需要考虑模式设计的问题。这时，商业模式的设计问题主要是对传统模式的选择问题。商业历史证明，不是所有的战略设计都需要重新设计商业模式，也不是所有的商业活动都需要创新商业模式，认为凡是商业创新就必须进行商业模式设计的观点，在理论上是狭隘的，在实践中也是不切实际的。

在模式创新狂热的地区,商业骗子经常以"创新模式"为名行骗。行骗者将那些表面花哨、结构宏大和逻辑奇巧的模式作为诱饵,诱骗人们参与危险的商业活动,最终把消费者或投资者作为"韭菜"进行收割。有时,模式创新者也可能出现自我欺骗的情形,他们幻想凭借模式的奇效而侥幸取得成功,以为奇巧的商业模式就是医治各种经营杂症的灵丹妙药。在这两种情形的背后,某些"模式邪说"犹如隐性毒品,它们不断提供有害的"模式理论",为模式骗局和模式幻觉摇旗呐喊。很明显,模式骗局的出现与人们对模式的错误认知相关。因此笔者再次强调,商业模式的本质是商业活动的方式,最佳模式是有效且独特的商业模式,商业实践是创新商业模式的主要途径。

第七章　企业内部的战略管控设计

进入战略管理时代，企业的运营行为可以划分为"战略领导"与"日常管理"两个方面。其中，"战略领导"是指决策者通过战略对企业经营方向进行引导。在战略实践中，战略领导权主要体现为战略的决策权，而战略决策权首先表现为战略的设计权。

战略设计权是指商业决策者有权提出商业活动的战略思想。在内容上，战略思想的设计可以分为战略想法的设计和战略行动的设计两个部分。前者涉及想要做一个什么样的商业活动，后者涉及如何做成这样的商业活动。相较而言，决策者可能不缺少单纯的战略想法，他们可以通过很多途径获取战略想法。他们真正缺的是可以实现的战略思想，即商业想法与行动措施的组合。在第四至第六章中，我们主要讨论了战略想法的设计问题。然而，没有强大的战略行动力，再好的战略想法也只能是战略幻想。为了描述一种"可以实现的战略思想"产生的完整过程，我们还需要进一步讨论战略行动的设计问题。

战略行动设计是指商业决策者对战略实现过程的筹划与安排，其内容可以分为两个层次，即企业内部的战略管控设计与企业外部的战略调控设计。这是本书第七章和第八章的两个议题。本章主要讨论企业内部的战略管控设计问题。

商业战略多数是企业组织的战略。战略的成功主要取决于企业内部在战略、组织、文化、人才之间的相互匹配，即整个战略过程的管理与控制，简称"战略管控"。**企业内部的战略管控设计**，就是指决策者对企业内部的战略行动的筹划与安排。具体可以分为以下内容：

首先，战略组织设计。企业的战略行动是一种组织行动。根据"组织紧随战略"的战略原理，设置战略组织成为战略管控设计的首要任务。

其次，战略考核制度设计。战略绩效考核是战略管控的普遍手段，设计考核制度是战略行动的制度保障。

再次，战略监控系统设计。战略监控系统包括监控组织系统和监控信息系统两个部分。其中，战略监控的信息系统相当于战略管控者的"眼睛"和"耳朵",高效的信息体系是企业掌控战略行动的必要条件。

最后,战略文化设计。战略行动常常是企业的全员行动,优良的文化风格可以为全员的战略行动提供精神力量。

在战略行动问题上,学者认为,非凡的战略可能遇到糟糕的执行力,执行不力导致战略失败。这种观点的错误在于它忽略了战略设计包含想法设计与行动设计两个方面,战略行动的失败主要是战略行动设计错误所致的。因此,缜密的决策者在构思战略想法的同时,也应对战略行动做出精心的安排。

第一节 战略组织设计

资源和能力是企业竞争力的重要来源。对于企业来说,资源可以通过购买或者合作的方式取得,但是,能力特别是组织能力不易获得。企业的组织能力必须依赖企业的自我设计和创建。在战略实践中,战略决策者时常抱怨"杰出的战略遇到差劲的实施"。对此,国外学者提出两种不同的观点:"结构紧随战略"和"策略追随结构"。从根本上说,企业的战略与组织结构并不存在优先差异,两者是相互依赖的关系。①

在国内,有人将"定战略,搭班子"作为企业决策的两件大事。事实上,"定战略"和"搭班子"是同时设计的。精明的战略想法与坚实的战略组织相统一,企业才能获得战略的成功。如何为精彩的想法构建一个坚实的组织呢?在多数情况下,战略组织设计与创建企业组织结构无关。企业组织是在创业过程中产生的,即"企业组织的创建"。**战略组织设计是指决策者根据战略行动的需要对企业组织作出重大调整**。其过程主要包括三个重点行为,即规划业务流程、组建战略团队和设计薪酬制度。具体操作时,这三个行为依次进行,缺一不可。

一、规划业务流程

简单地说,业务流程是指企业为完成经营目标而设定的行动步骤。为什么业务流程规划成为战略设计的内容呢?这是因为,随着产品(服务)和商业模式的确立,企业的核心业务已经显现出来,在此基础上进行业务流程规划,可以促使战略行动有序进行。业务流程的规划可以分为三个方面:

核心业务设计。核心业务既代表产品(服务)的主要优势,又属于商业活

---

① 罗伯特·M. 格兰特. 现代战略分析[M]. 艾文卫,等译. 北京:中国人民大学出版社,2016.

动的关键部分。基于这两个标准,战略设计者必须明确企业的核心业务,并为核心业务部门配足商业资源。从实践来看,只要完成产品(服务)战略功能设计和商业模式设计,设计者确定核心业务就不困难。可是,重新确立核心业务必然牵扯企业内部的利益关系,容易引起企业内部的斗争。因此,战略设计者确定企业的核心业务必须拥有充分的理由,即核心业务是整个战略行动的核心部分。

重点业务设计。与核心业务联系紧密的经营环节,可以被认定为企业的重点业务。在企业的业务流程中,核心业务通常是一个,而重点业务则是若干个。从战略地位来说,重点业务是核心业务的有力支撑,一旦失利,核心业务必将受到严重影响。但是,重点业务需要设置多少?这没有确定的答案,一切取决于核心业务发展的实际需要。不仅如此,随着商业环境的变化,企业的重点业务还可能增加或者减少。

一般业务设计。人们普遍认为,一般业务是不需要设计的,在划出核心业务和重点业务之后,剩下的经营环节都可以列入"一般业务"。这是一种误解。从战略行动的角度分析,并非所有的一般业务都是战略需要的,有些甚至可能成为战略的累赘。将这些累赘业务拆除或合并,可以节省企业的战略资源。在规划业务流程中,战略设计者要控制一般业务的范围,保持企业经营规模的合理性。

20世纪末至21世纪初,企业界曾经掀起一股"业务流程再造"的浪潮,有力地促进了业务流程的合理化。其实,业务流程再造的前提和基础就是业务流程规划。**业务流程规划的基本任务是根据战略行动的需要,将企业的业务流程划分为核心、重点和一般三个层次**。这种看似简单的业务流程规划,既是业务流程再造的需要,也是展开战略行动的需要。

在经营实践中,除了业务流程规划之外,企业还需要对业务流程进行管理。如果决策者只是重视业务规划而疏于业务管理,那么,企业的业务流程照样不能进入理想状态。这也许是流程再造运动为什么会昙花一现的重要原因。

二、组建战略团队

在业务规划的基础上,战略设计者按照责权利相统一的原则,将企业的不同部门组建为战略行动的各种组织,这样的组织称为"战略团队"。**战略团队是一个相当宽泛的概念,包括项目公司、业务团队或者任务小组等不同的形式,其主要特征是承担战略任务**。当企业推进战略时,战略团队可以替代企业的建制单位,全力完成战略实施的任务。

企业传统组织是以科室为基础的,大型企业因为管理环节太长而失去活力,小型企业也可能"麻雀虽小,五脏俱全"。战略团队打破企业科室的僵化体制,以战略行动为目标,根据战略需要而建,随着战略结束而散,高效精悍,成为灵活的组织形式。

企业应该设置多少战略团队以及怎样组建战略团队？**战略团队设计的基本原则是，根据业务流程划分为核心、重点和一般三个层次，战略团队可以区分为核心团队、重点团队以及一般团队，它们分别承担战略行动的核心任务、重点任务以及一般任务。**

核心团队因战略的核心目标而组建，配置最优和最多的资源，赋予崇高的战略使命。例如，日本小松公司为了与美国卡特彼勒公司竞争，专门设置一个"Eat the Cat"小组。① 为了配合核心团队的行动，企业必须组建若干重点团队，分别承担战略的重点任务。在重点团队之外，战略设计者还应该明确一般团队，其任务是协助核心团队及重点团队的战略行动。总的来看，划分战略团队的三个层次并非困难之事。设计者根据战略任务的不同，按照一个核心团队、几个重点团队和多个一般团队的原则，可以顺利搭建战略的组织体系。

企业组建战略团队是一个竞选的过程，遴选优秀人才组建核心团队，选择专业人员组建重点团队，一般团队的成员也必须经过考核而定。所谓的"全员战略"，应该是指企业在全体人员中择优选拔战略行动者。这样，团队组织保持柔性，团队成员保持流动性，企业的战略行动因此可以产生活力。

三、设计薪酬制度

从全球来看，国家与国家、地区与地区以及企业与企业之间，人才的自由流动已经不可阻挡。人们根据薪酬选择工作单位，企业通过薪酬吸引人才，这已经成为商业发展的潮流。在当代，先创造价值后分配价值的观念已经落伍，与此相反，通过价值刺激人才创造更大价值的观念正在流行。

除了吸引人才之外，薪酬制度也是企业管理员工的重要手段。任何商业都以提供产品（服务）获取价值。这个理念既适用于企业与客户的关系，也适用于企业与员工的关系。对于决策者来说，只有客户与员工满意，客户付钱，员工出力，企业才能真正获利。

在企业经营中，薪酬是属于战略领导和日常管理的共同问题。战略设计者重新调整薪酬制度的行为，很可能与企业的日常管理发生冲突。为了避免企业经营出现混乱，**薪酬制度设计主要规定薪酬的等级、标准和规模，以及薪酬奖罚的规则。**除此之外，薪酬的其他问题都应该属于日常管理的职责。薪酬在战略竞争中的作用必须通过薪酬设计和薪酬管理的共同努力才能实现。

企业经营千差万别，战略设计者应该根据企业实际情况，制定具有竞争力的

---

① "Cat"是"Caterpillar"的缩写，即美国著名的建筑机械制造公司卡特彼勒的缩写。

薪酬制度。总的原则是：

第一，高薪留住人才。这是由人才流动性决定的。在商业竞争中，人才竞争是一个关键环节。国家、地区和企业都必须为人才埋单。否则，人才飞向薪酬高地是必然现象。

第二，中薪稳住员工。在这里，"中薪"并非中等水平的工资收入，多数情况下，其薪资数量要比同行的平均工资水平略高一些。只有这样，企业才能吸引高素质的劳动力。

第三，低薪逼退冗员。很多企业都存在冗员现象，这些冗员或者无法创造价值，或者不利于价值创造。利用低薪逼退冗员，可以减轻企业的人力负担。

按照上述的薪酬设计原则，企业可以获取三大好处，即高薪吸引行业人才、中薪留住熟练员工、低薪淘汰冗员并将其甩给对手。人才竞争是长期的竞争行为。在长期的人才竞争中，先进的薪酬制度可以逐渐优化企业的人才结构，有利于企业形成明显的人才优势。

在战略实践中，提出精明的想法仅是战略成功的开始，战略理想变为商业现实必须依赖战略组织的行动，而高效的战略行动必须依靠有效的战略组织设计。商业成功的普遍经验表明，最佳的战略组织的特点是任务明确、结构灵活与执行高效。由此可以推断，战略组织设计的重点工作应该是规划业务流程、组建业务团队以及设计薪酬制度。

这三项工作存在的共同困难是，它们冲击企业的日常管理秩序，稍有不慎，战略组织设计的方案可能遭遇企业管理层的反对。根据战略是企业经营灵魂的原理，战略组织设计要严格限制在战略领导范围之内，不仅要避免冲击企业的日常管理体系，而且还需要借助管理体系的支持。最终，企业通过战略与管理的合力实现战略目标。[①]

第二节 战略考核制度设计

战略设计者是企业的决策者，而战略行动者是企业的员工。战略设计者与战略行动者的分离决定了战略设计者必须依赖战略行动者实现战略的目标。有人认为，绩效考核属于企业日常管理的范畴，只要日常管理跟上战略推进的步伐，就没有必要设计战略考核制度。

[①] 迈克尔·莫思高·安德森，等. 战略回报——如何实现 [M]. 黄丹，等译. 上海：格致出版社，2012.

实际上，战略考核制度设计与绩效考核管理是两个层面的问题。正如战略领导与日常管理的区别一样，战略考核制度设计属于战略领导的权限范围，而绩效考核管理属于日常管理的职责范围。战略考核制度设计的任务是制定战略组织的评价标准和考核办法，从而为战略行动设置一个动力机制，这种机制的运转问题则属于日常管理的职责。

一、战略评价工具

为了帮助企业对战略行为进行评价，20世纪90年代，美国人罗伯特·卡普兰和戴维·诺顿提出了一种系统评价企业战略行为的工具——平衡计分卡。平衡计分卡的运用，突破了传统的用单一财务指标衡量战略业绩的方法，被《哈佛商业评论》评为最近75年来最具有影响力的管理学创新成果。

从提出到现在，平衡计分卡已经历了三个发展时期。不同时期的平衡计分卡的概念各不相同，包含的内容也各不相同。

第一阶段，平衡计分卡时期。在这一时期，专家采用一组全新的绩效指标架构来评价企业的战略绩效，即财务（financial）、顾客（customer）、内部经营流程（internal business processes）、学习与成长（learning and growth），经过完善之后，这四项指标又进一步量化为一系列的具体评价指标。其中，财务指标衡量的主要内容包括收入增长、收入结构、降低成本、提高劳动生产率、资产利用和投资战略等。客户方面指标的主要内容包括市场份额、老客户挽留率、新客户获得率、顾客满意度以及从客户处获得的利润率。内部经营流程以对客户满意度和财务目标实现影响最大的业务流程为核心，涉及企业改革、企业创新、经营流程和售后服务的情况。学习与成长的指标分为员工能力、信息沟通、员工激励、授权、员工相互配合等的评价。总之，这套战略绩效指标可以全面反映企业战略实力的变化。

第二阶段，"平衡计分卡+战略图"时期。在这一时期，单一的平衡计分卡演变为企业战略图。企业战略图是一组文件，包括"图、卡、表"，其中，"图"是指企业的战略图，是用图表形式描述企业的战略要求；"卡"是指平衡计分卡，根据战略图要求，列出战略实施的各项衡量指标；"表"是指单项行动计划表，把企业战略变为单项的、可操作监控的，具有明确时间限定、责任归属以及资源安排的战略行动计划。经过这种演变，企业的思想战略变成可以考评的行动战略。

第三阶段，"平衡计分卡+战略图+战略中心组织"时期。这时，平衡计分卡已经演变成平衡计分卡体系。其中，战略中心组织是指能够系统描述、衡量和管理战略的经营单位。构筑战略中心组织必须满足五个方面的原则要求，具体包括：将战略转变为业务术语；使组织与战略一致；使战略成为每个人的日常工作；使战略成为连续的过程；通过果断、有效的领导方式动员变革。这样，平衡计分卡由战略行为评价工具进一步演变为一种战略管理工具。[①]

这套战略评价工具为什么被称为"平衡"计分卡呢？平衡计分卡究竟要"平衡"什么？简单地说，"平衡"是指采用多项指标评价企业战略行为，而不是用传统的单一财务指标。由于战略优势是一种综合性优势，所以，采用这种系统评价的方法，战略决策者可以检验短期目标与长期目标之间的平衡、财务目标与非财务目标之间的平衡、内部组织与外部客户之间的平衡、领先指标与滞后指标之间的平衡，从而保证企业在综合平衡的状态下健康发展。

作为评价企业战略的工具，平衡计分卡的优势在于它找到了与企业战略密切相关的四个角度，即顾客角度、财务角度、内部流程角度以及企业成长角度，并把这四个方面的考核纳入统一的目标体系之中，从而分别显示出四个最重要的战略问题的答案。这四个问题分别是：顾客如何看待我们？我们怎样满足股东的要求？我们必须擅长什么？我们能否继续创新？平衡计分卡因此成为战略考核的重要工具。

企业运用平衡计分卡的好处是：避免通过财务评价战略的短期行为，有利于实现企业的长远发展；有效地将企业战略转化为各层组织的绩效指标，调动整个企业组织的力量实现战略目标；加强各级员工的沟通和学习，有利于培养员工和企业的竞争力。其缺陷是：指标的设定、操作以及落实具有较大困难，同时企业实施平衡计分卡也需要专项投入。大型企业可以采用平衡计分卡作为评价战略的工具。中小企业在利用平衡计分卡的时候，由于资源的限制，应该发挥其多角度评价战略的长处，选择其中实用的评价指标构建自己的战略评价系统，不必设置如此复杂的战略评价体系。

二、战略考核办法

战略评价是战略考核的前提，却无法替代战略考核的过程。即使企业拥有科学的评价标准，如果战略考核的办法不当，也能造成战略考核过程的混乱。因此，在确定战略评价标准的同时，战略设计者还需要制定战略考核的办法。

在经营实践中，战略绩效考核属于企业绩效考核的组成部分，考核的条款可能散见于业务承包合同或管理协议之中，或者干脆以业务考核替代战略考核，这就导致战略行为考核与业务行为考核经常混同。最好的做法是，企业为不同的战略设置不同的考核办法。在此基础上，企业还需要坚持战略绩效考核与管理绩效

[①] 郭焱，等.企业战略分析、预测、评价模型与案例［M］.天津：天津大学出版社，2012.

考核相结合，从而实现对战略行动的全面考核。在制定战略考核办法时，战略设计者应该注意：

（1）战略行动的责、权、利规定必须明确。人们行动的积极性源于利益的诱惑力，这是人的本性。战略考核办法首先需要落实责任到人，然后根据责任授予权力并配给资源，最终根据战略任务的完成情况分配利益。在整个过程中，假如责、权、利的规定出现混乱，轻者导致行动迟缓，重者造成战略失败。

（2）规定战略绩效的核实办法和原则。战略绩效是战略考核的根据。在考核战略绩效的过程中，除了制定统一的战略评价方法之外，企业还应该制定战略绩效的统计、审计以及公示的方法。这些规定可以保证战略绩效的真实性和公正性。只有真实与公正的战略考核，才能有效激发员工的战略积极性。

（3）重奖与严惩相结合。奖罚分明是战略考核的重要原则。一旦战略奖励没有兑现，就会严重挫伤战略行动者的积极性。为此，战略考核设计要明确战略奖励以及奖励失信的责任，同时，也要为战略行动设置底限，整肃战略行动的纪律。对于战略行动的负责人，企业必须采取重奖与严惩相结合的原则，这样可以刺激他们力争上游，勇挑重担，开拓创新，不甘落后。

总之，战略考核是战略管控的重要手段。然而，战略考核办法设计的重点不是规定战略考核的细节内容，而是为战略考核制定标准和原则。在此基础上，企业还需要加强战略考核的管理，只有这样才能全面实现战略考核的目的。

三、利用管理的力量

在企业经营中，战略领导与日常管理是一种"灵与肉"的关系。"战略决定商业成败"的观点是一种片面认识，商业成功是"战略灵魂"与"管理肉体"共同作用的结果。

正如战略无法替代管理一样，战略设计也无法替代管理设计。管理设计的主要目标是构建企业的运营组织和业务规范。企业怎样进行管理设计？这个问题已经超出本书的讨论范围。企业管理设计具有其自身的逻辑和流程。本书强调，战略领导与日常管理应该相互融合，战略设计与管理设计应该相互结合，最终都统一于企业的战略行动中。对于战略设计者来说，战略考核制度设计必须借用管理的力量，这样才能实现战略管控的目标。

在设计战略时，设计者都企盼战略奇迹的发生。事实上，战略奇迹是由战略行动累积而成的。其中的逻辑是，战略想法必须依赖战略行动才能实现，而战略行动必须依赖日常管理才能完成。可是，等到剖析战略成功的案例时，人们只能发现战略行动的决策轨迹，却无法重现战略行动的管理细节，从而很容易得出战略成功就是战略决策成功的错误结论。这也是战略狂徒们不能理解"为什么细节也可以决定商业成败"的原因。与战略领导的前瞻性不同，企业的日常管理者利用细节管控可以有效避免战略行动的多数风险。由此我们断定，战略考核设计必须充分利用管理的力量，企业的战略考核应该由战略决策者与日常管理者共同完成。

第三节 战略监控系统设计

在战略实施过程中，战略方案与战略行动之间一直处于冲突的状态。战略方案因为环境变化而可能束缚战略行动，同时，战略行动因为战略设计缺陷而可能偏离战略方案。情况严重时，前者可以导致战略调整，后者可以导致战略终止。当然，企业出现战略调整或战略终止的现象并不可怕，再好的战略也要顺应现实。可怕的是，战略决策者没有感到环境的变化或者没有发现战略设计的缺陷，从而错过战略调整的最佳机会，以至于造成战略损失或失败。因此，战略监控是企业战略管控的重要手段。

所谓战略监控，主要是指企业决策者对战略变化的监视以及对战略行动的控制。战略监控是一个系统，总体上可以分为信息系统和组织系统两个部分。其中，信息系统是决策者监控战略的"眼睛"和"耳朵"，决策者依赖信息系统能够判断战略行动的状态；组织系统是决策者监控战略的"手"和"脚"，决策者依赖组织系统能够监控战略的进程。在这两部分之间，战略监控的组织系统融于信息系统之中。因此，本节我们主要讨论战略监控的信息系统设计。

战略监控的信息系统是企业信息系统的组成部分。从逻辑上判断，企业信息系统本身不是战略设计的结果，而是战略设计的手段。精明的战略思想肯定得益于战略信息的精确。可是，在考虑战略管控措施的时候，战略设计者必须对企业信息系统进行主动整合，构建出专门监控战略行动的信息系统，从而保证战略监控的信息畅通。这就是战略监控信息系统设计的重要意义。

一、监控信息系统的总体设计

根据重点不同，战略监控的信息系统设计可以划分为监控信息系统的总体设计、战略情报系统的设计以及战略反馈系统的设计，它们的任务分别是设置监控信息的整体系统、外部系统和内部系统。由于监控信息系统的运行涉及人员安排、信息收集和信息处置等不同内容，所以，战略监控信息系统的每个部分设计又可细分为三个方面，即信息人才系统设计、信息收集系统设计和信息处置系统设计。在具体操作时，企业的体量不同，战略监控信息系统设计的复杂程度也不同，大型企业的复杂设计与中小企业的简约设计都有自身的道理，目标都是要利用高效的信息手段监控战略行动的正常进行。

在战略监控的信息系统设计中，**监控信息系统的总体设计是指企业监控信息制度的总体规定与安排**。其内容包括以下三个方面：

（1）信息人才系统代表企业信息人才的集合。在信息时代，企业对信息的收集和处置应该实行专员负责制。依照责任不同，他们分别是企业的首席信息官、信息专员和信息管理员。即使中小企业无法单独设立上述岗位，企业的决策者和员工也要兼任这些角色。当战略进入实施阶段，企业的这些人员应该立即启动战略监控的工作。

（2）信息收集系统是指企业收集信息的渠道和手段的总和。信息收集系统的设计主要包括信息收集渠道的规划、收集手段的规定以及收集设备的配置等。中小企业虽然无法构建这种系统，但是，决策者应该为收集商业信息投入资金和精力，以便获取必要的商业信息。

（3）信息处置系统是指企业处理信息的机制和办法的总称。面对海量的信息，企业规定高效的信息处理机制和办法，是获取信息价值以及保护商业秘密的重要保证。对于中小企业来说，设立专门的信息处置系统是一种奢望，但决策者必须拥有处理信息的技能。

总之，监控信息系统的总体设计，相当于企业构建战略信息管理的"中枢神经"。设置专人负责信息处理，保证信息渠道畅通，提高信息处理的效率，是大型企业保持战略稳定的重要条件。

二、外部情报系统的设计

商业情报系统是指企业外部各种商业信息的总和。从战略与情报的关系来看，情报首先是战略设计的依据。随着战略进入实施阶段，情报又可以成为战略监控的依据。理由是，企业的战略行为必然引起外部环境的变化，如消费者的反应情况、竞争对手的应对行为，以及商业伙伴的合作意愿等，这些变化构成了企业推进战略的有利因素或者不利因素。

外部情报系统设计，主要是对商业情报的人才、收集和处置方面做出规定和安排。具体内容如下：

（1）战略情报的人才系统设计。大型企业一般设置首席情报官，专门负责企业的情报管理，具体的情报工作则由情报专员和情报管理员承担。有时，首席情报官也可能由首席信息官兼任。由于资源限制，中小企业的情报人员大多是兼职的。这并不意味着中小企业的情报工作可以被忽略，决策者仍然需要对情报工作做出安排，并且投入必要的精力和财力，保证战略情报的畅通。

（2）战略情报的收集系统设计。包括情报收集的范围、渠道和管理等具体规定。所处的行业不同，企业情报收集的重点、方法、渠道和程序存在差异。但是，准确、及时和全面的情报收集要求是相同的。有时，企业还可以购买专门调查机构的商业情报。对于中小企业来说，虽然无力设置情报收集系统，但是，决策者也应该重视情报收集工作，以便及时了解外部环境的变化。

（3）战略情报的处置系统设计。包括情报传阅、情报分析和情报保存等具体规定。情报处置的水平影响战略监控的质量，特别是情报分析工作，这可以直接影响战略的决策质量。中小企业基本没有情报处置系统，决策者需要亲自处置商业情报。

总之，情报系统相当于企业监控战略外部环境的"监视器"。战略情报系统设计实际上就是企业准备安置这样的"监视器"，以此保证战略决策者及时掌握外部环境的变化情况。

三、内部反馈系统的设计

在企业内部，战略反馈系统主要包括两个方面：战略行动（测试）的数据传输以及战略运行的判断机制。对于战略决策者（设计者）来说，构建一套灵敏的战略反馈机制，保证战略反馈信息及时、准确和全面，可以有效判断战略行动（测试）的轨迹，防止战略失控或跑偏。

内部反馈系统设计，主要是指战略设计者对战略的内部反馈信息处置的规定。在日常管理系统中，大多数企业已经建立了数据统计和信息沟通制度。在此基础上，战略反馈信息系统设计强调以下三个方面：

（1）在人才方面，明确企业信息官和信息员的权力和责任，包括战略信息的采集、核实上传和保密等方面的权力与责任的落实。对于中小企业而言，战略决策者必须亲自落实战略反馈信息的具体责任。

（2）在信息收集方面，建立内部信息收集渠道，保证战略思想下达与战略行动信息上传的畅通。中小企业的规模虽然较小，但决策者也必须关注内部战略反馈信息的畅通问题。

（3）在反馈信息的处置方面，制定战略调控的关键指标，主要包括战略的容忍指标、调控指标以及放弃指标。当企业战略反馈信息触及战略运行的关键指标时，战略决策者需要做出相应的战略控制行为。例如，当企业战略运行处于战略容忍指标之内，观察就是最佳的战略决定；当企业战略处于失衡状态，调控就是最佳的战略决定；当企业战略处于崩溃的边缘，放弃可能就是最佳的战略决定。在这些方面，中小企业对战略反馈信息的处理更加灵活。

总之,战略反馈系统相当于战略运行的"内部感应器"。缺少这样的感应器或者忽略感应器的提示,战略决策者就会陷入战略上的错觉状态,以至于战略阻力越大,企业努力就越大,一直到战略进入"死胡同"。

从某种意义上来说,战略实施比战略设计更难。战略进入实施过程,意味着企业已经投入资源和精力。这常常是企业以命相搏的过程。一旦战略的"冲锋号"吹起,敢于对战略"喊停"的人需要勇气、理由和技巧。战略不是撞大运。人们在理性上都认为,战略止损比战略获益还重要。然而,"喊停"战略是一个复杂的过程,这个问题也远远超出了战略设计可以解决的限度。对此,本书着重强调了战略"喊停"的前提条件,即健全的战略监控信息系统是战略管控的有效工具。

企业的战略行动对外产生一系列战略反应,对内可以形成一系列战略反馈,外部的战略反应与内部的战略反馈相互叠加,又可能导致战略运行的整个信息系统呈现紊乱状态。正是基于这样的担心,战略监控的信息系统设计者需要从监控信息系统的总体设计、外部情报设计以及内部反馈信息设计的角度,分别制定企业在信息人才、信息收集以及信息处置方面的制度,从而帮助企业有效地监控战略运行,积极稳妥地推动战略的进程。

第四节　战略文化设计

在大多数情况下,商业战略行动属于组织行动,战略行动是在一定的组织氛围中完成的。这种组织氛围通常被称为"企业文化"。**企业文化反映了企业成员的价值观念、经营意识与行为作风,代表了企业竞争的软实力。**客观地说,企业文化犹如人的性格特点,其本身并没有好坏之分,但是,文化风格与战略行动存在相互匹配的问题。某些文化风格有利于企业的战略行动,有些文化风格不利于企业的战略行动,甚至出现"文化会把战略当午餐吃掉"的现象[①]。鉴于这些情形,战略设计者必须考虑文化与战略之间是否匹配,并提前做出相应的预案。

然而,培育企业文化风格是一项长期的工程。一般来说,企业文化始于创业者的商业理念,经历较长时间的沉淀、酝酿和演化,才能形成稳定的企业文化风格。在这一过程中,**战略文化设计主要是指企业决策者对企业文化进行梳理,去除不良文化因素,发扬优良文化因素,从而为战略行动提供精神力量。**在商业实

[①] 罗伯特·M. 格兰特. 现代战略分析 [M]. 艾文卫, 等译. 北京:中国人民大学出版社, 2016.

践中，大多数的企业决策者认为，文化是无关紧要的战略因素，文化设计更是多此一举。事实上，企业的文化设计属于一种未雨绸缪的商业策划。在战略成功时，文化的作用往往被人们忽略。只有在重大战略出现失败之后，企业决策者才可以发现文化设计的深远意义。此时，决策者已经遭到淘汰或者被迫下课。

一、文化风格与战略行动的关系

企业的文化风格就是企业的文化特色，它可以分为不同的类型，如创新和保守的文化、服从和平等的文化、粗放和细腻的文化等。从历史角度观察，企业文化风格与企业所在行业特点、员工素质以及决策团队的背景密切相关。伴随企业不断转型，企业的文化风格还可以不断转变。例如，华为公司前期的文化风格属于典型的"狼性文化"，在经营国际化之后，其文化风格则变成"全球视野与包容合作"。企业文化风格变化的实例为文化设计提供了事实根据。

在战略文化设计中，当前的企业文化风格通常是战略文化设计的对象。文化具有历史传承性，文化转变是一个缓慢的过程。因此，设计者必须审慎处理企业文化风格与战略行动之间的关系。一般来说，文化风格与战略行动之间的关系可以分为两个方面：

其一，与战略相随的文化风格对战略行动具有促进作用。相对于正在设计的战略来说，企业文化风格是一种确定的战略因素。然而，战略设计者可能欣喜地发现，企业的文化风格有利于企业形成战略合力，企业的文化特征与战略的行动特点相互匹配。

其二，与战略相悖的文化风格对战略行动具有阻碍作用。既然文化风格是一种无法选择的战略因素，那么战略设计者就可能遭遇不利的文化风格。比如，精细的商业战略与粗放的企业文化之间必然发生冲突，精细的商业战略要求员工精心工作，而性格粗放的企业员工必然抵制精细的制度规定。

实际上，无论文化与战略之间的关系怎样，战略设计者都需要主动关注和协调文化与战略的关系。战略文化设计的必要性在于：

第一，企业发展依赖于战略的实现。战略是为了企业发展的谋划，而发展是企业生存的关键行为。明智的决策者不会因为企业文化滞后而放弃一项宏伟的战略规划。在当前文化与未来战略之间，文化必须为战略服务。历史上成功的企业普遍经历了文化紧随战略变化的痛苦过程。如果长期陷于文化羁绊的困境，企业最终将难逃消亡的厄运。

第二，企业为战略转型主动变革文化风格。面对不利的文化风格，一些决策者表现出消极的态度，他们或者无视文化的不利影响，或者无力重新选择文化风格，结果，错位的文化风格严重阻碍战略的落实。相反，设计者主动调整企业的文化风格，如废除不合理制度、重塑员工的行为、淘汰不合格人员，这些举措可以为战略推进扫清文化障碍。

第三，决策者从企业文化体系中寻求战略支撑点。文化风格是企业环境的综合表现，其本身包含了丰富的内容。对于战略设计者来说，完全和战略匹配的文化风格是不存在的。但是，无论风格怎样，企业文化中总有一部分因素有利于战略行动。战略文化设计的一个重要任务就是不断挖掘和总结企业文化的优良因素，为战略行动寻找精神力量。

总之，文化相当于战略过程的"黏合剂"。优良文化可以为企业内部的战略沟通提供有利氛围，将普通的战略行动演绎成为精彩的战略运动。然而，多数的企业决策者认为"文化设计"是一个滑稽可笑的问题。他们的理由是，文化是一种自发现象，战略是一种自觉现象，文化设计无异于画蛇添足。这种错误观点的根源是他们低估了文化导向的作用。一直等到战略无法贯彻的时候，文化设计的价值方能显露出来。

二、优良的文化风格

根据前面的分析，企业的文化风格虽然没有好坏之分，但文化风格与战略行动之间存在顺向或逆向关系。什么样的文化风格与战略行动之间是逆向关系？这个问题只有在战略实践中才能做出判断，其复杂性已经超出了理论研究的限度。在理论层面，我们只能讨论那些可以促进战略行动的文化风格，即顺向的文化风格。顺向的文化风格也可以称为"优良的文化风格"。在总体上，优良的文化风格可以划分为两种类型：共性的优良文化和个性的优良文化。

共性的优良文化，是指企业战略行动中普遍存在的优良文化因素的集合，人们将其植于任何一个企业的战略行动中，都能产生战略的支持力量。根据实践总结，共性的优良企业文化因素主要包括：

（1）高效协作。企业的战略行动经常是企业的全员行动，战略实施的进度依赖于员工的工作效率。同时，企业的战略目标由不同团队分担，战略实现最终是各个团队协作的结果。高效与协作的文化体现了员工勤奋和团结的作风，有利于战略计划的执行。

（2）开拓创新。一旦进入战略执行阶段，战略计划可能变得支离破碎。在开拓创新的文化感召下，员工积极为战略目标的实现寻求新的路径和方法。为了维护这种文化精神，凡是可能成功的战略行动都应该受到企业决策者的坚定支持。

（3）信任共享。企业成员之间的彼此信任，包括下级对上级战略决策的信心、同级之间的相互支持和上级对下级的充分授权，这些都有利于企业形成战略合力。人们的彼此信任应以价值共享为条件。只有共享战略价值，战略才可以激发全体员工的积极性。

共性的优良文化包含的优秀文化因素有多少？这在理论上是无法确定的，但是，我们确信，高效协作、开拓创新和信任共享是最普遍的优秀文化因素。

除了共性文化因素之外，企业的文化风格还包括个性特征。个性的企业优良文化是指企业单独拥有的文化风格，它可以为企业提供特别的战略优势。历史上著名的企业在辉煌时期都形成了自己独特的文化个性。剖析企业文化个性的经典案例，我们可以发现，个性的优良文化由一些特殊的优秀文化因素汇集而成。主要包括：

（1）行业的特质。每个行业都有特殊的商业性质。可是，企业决策者对行业特质的认识存在巨大差距。随着对行业理解的深入，他们对行业特质的认识都经历了不断提升的过程。在这一过程中，有些决策者凭借对行业特质的创新认识可以引领行业的发展方向，也为企业文化增添了个性特征。

（2）企业创始人的追求。在企业初创时期，创始人的行为对企业文化风格的影响巨大，其个人的商业理念可能成为企业文化的核心。总的来说，个性的创业者催生个性的企业文化。伴随企业在战略上不断成功，这种个性的企业文化会逐渐稳定下来。

（3）民族与地域的文化特征。企业成员可能来自不同的民族和地域，民族和地域的文化特征可以渗透在企业文化之中。本土企业具有浓厚的民族文化特征，国际企业则具有全球文化融合的特征。

（4）社会时代的特点。文化是一种历史现象。企业文化也不例外。随着社会时代的变迁，落后于时代的企业文化最终被淘汰，先进的企业文化总是引领商业进步的潮流。

个性的企业优良文化设计，实际上是将上述的个性文化因素进行梳理与整合的过程。在这一过程中，设计者需要分清企业文化个性因素的优劣，并将其中最优秀的因素作为企业个性文化的核心因素，然后围绕这个核心进行不同文化因素的搭配与融合。一旦形成个性文化，对手企业是无法模仿的。原因非常简单，人们无法弄清楚这些因素是怎样融合在一起的，等到商业对手明白一种个性文化的精髓时，这种个性的企业文化又会进一步发展。因此，个性的优良文化是企业战略竞争的神秘力量。

战略文化设计的复杂性不仅表现在文化共性和文化个性的形成过程中，还表现在共性文化与个性文化的结合过程中。针对文化设计的错综复杂，设计者一方面需要汲取优良的共性文化，为战略行动提供普遍动力；另一方面需要培育优良的个性文化，为战略行动提供特殊动力。战略文化设计的成功是这两方面工作的完美结合。

三、战略文化设计的主要步骤

在进行文化设计之前，多数企业已经形成了稳定的文化风格。为了发挥文化对战略的促进作用，也为了避免文化对战略的负面影响，战略设计者必须认真处置文化风格与战略行动的关系。这就是战略文化设计的核心。具体包括企业文化的梳理、转型和引导等一系列工作。

（1）梳理企业文化的风格。企业文化是自发形成的。文化设计并非创造文化，而是主动引导企业文化风格的变化。战略设计者常常担心战略执行问题。精心设计的战略能否获得准确和坚决的执行呢？战略执行的硬件是战略团队，软件则是文化风格，而"硬件"的表现最终取决于"软件"的作用。文化与战略之间的关系分为"顺风"与"逆风"两种情形。为此，战略设计者需要分别审视企业文化中的有利因素和不利因素，全面了解战略面临的文化风向问题。这是战略文化设计的基础工作。

（2）推动企业文化的转型。在梳理企业文化的过程中，那些与战略相悖的文化因素必然成为清除的对象。根据文化紧随战略的原理，战略设计者必须为战略行动扫清文化障碍。通常的做法是，将企业文化的不利因素详细列出，制定稳妥的清除方案，淘汰不能适应文化转型的员工。

（3）引导企业文化的发展。对于那些有利战略行动的文化因素，战略设计者需要总结提炼、主动引导和积极宣传，促进优良文化风格的形成。无论是共性还是个性的文化因素，没有人们的主动设计与积极倡导，优良文化风格的发展将是一个漫长的过程。

即使企业做出以上努力，战略文化设计也不可能一帆风顺。从根本上说，企业文化是自发形成与人为干预的共同结果。其中，自发因素属于主导作用，人为干预只是辅助作用。在重大战略行动之前，文化设计只能做到这样的程度：将文化有利因素的影响尽力放大，同时将不利因素的影响尽量降低。

在分别讨论了战略组织设计、战略考核制度设计、战略监控信息系统设计以及战略文化设计之后，我们需要对战略管控设计做出总结。人们可能认为，战略管控属于企业管理的职能，因此，战略管控设计纯粹是多余的行为。然而，事实并非如此。战略代表人们应对商业环境变化的"设想"，战略设想的实现必须依赖战略行动的推进。在战略实践中，多数战略死于由设想到行动的转变之中。许多人抱怨，"糟糕的执行力"破坏了战略的实现。实际上，糟糕的战略执行缘于战略管控的不力，而后者又缘于战略管控的设计缺陷。

战略设计是一件煞费苦心的事情。为了保证精明的想法变成精彩的行动，战略设计者对战略管控的设计丝毫不敢懈怠。战略组织设计可以为战略行动汇聚人力资源，战略考核设计可以为战略行动提供动力保障，战略监控设计可以为战略行动设立反应机制，战略文化设计可以为战略行动培育良好氛围。总而言之，战略管控设计就是为企业战略行动做出制度安排和措施准备。

第八章　企业外部的战略调控设计

在战略实施过程中，除了企业内部各个团队的"自（己行）动"外，战略行动还包括企业与外部主体的"互（相）动（作）"。第七章我们主要讨论了企业内部战略"自动"过程中的管控设计。本章我们将集中分析企业与外部战略"互动"中的调控设计。企业与外部进行战略"互动"的基本特点是，企业以自身优势为基础，积极参与商业或非商业的博弈，努力分享商业价值。企业战略的实现是内部战略"自动"与外部战略"互动"的共同结果。

企业与外界的战略"互动"是从企业展现自身商业魅力开始的，而品牌是企业魅力的集中表现，因此，品牌设计成为企业外部战略调控设计的首要行为。在此基础上，企业与商业伙伴之间的合作、与同行对手之间的竞争以及与有关社会组织之间的交涉，代表了企业对外战略关系的主要方面，这些关系构成了外部战略调控设计的重要内容。为了维持企业与外部的良好关系，战略设计者还必须考虑如何塑造企业形象的问题。这样，品牌设计、外部战略关系设计以及企业形象设计，组成了企业外部战略调控设计的体系。

也许有人认为，战略"互动"关系涉及企业无法控制的因素，外部战略调控设计有可能是企业决策者的一厢情愿。这个观点忽略了一个非常重要的事实：任何战略的实现都离不开企业与外部环境之间的互动。在本质上，**外部战略调控设计是企业通过调整自身的行为，控制或引导外部环境朝着有利于战略实现的方向发展**。外部环境即企业的生存环境。任何企业的生存都需要一个有利的外部环境。选择和营造有利的外部环境是非常重要的战略设计行为。

当然，外部战略调控设计也只是战略设计者对外部环境的设想。事实上，任何战略设计行为都是人们构筑自己的战略设想，都将面临主观与客观之间的巨大落差。坦白地说，外部战略关系的确不是企业能够完全调控的，外部战略调控设计与外部实际环境之间总是存在某些偏差。但是，这种设计行为代表了企业主动追求理想生存环境的积极心态。这就是外部战略调控设计的重要意义。

第一节　品牌的战略功能设计

商业的品牌现象源于商业的竞争活动。当不同主体从事相同的商业活动时，品牌就是不同商业活动的区分标志。其中，"品"代表了商业活动的"品质"，"牌"则是不同商业活动的"标记"。从品牌内容来看，品牌的主体部分是指企业经过注册的商标。以注册商标为核心，商品包装、商业广告以及门（网）店布置等则属于商业品牌的延展部分，它们和商标一起构成企业的品牌系统。

企业构建品牌系统是一个复杂的过程。从横向来说，品牌构建包括商标注册、商品包装、商业广告以及门（网）店布置等不同内容；从纵向来说，品牌构建包含设计、宣传和管理等不同行为。在企业构建品牌的所有工作中，品牌设计是一个关键的行为。

依据品牌系统的概念，品牌的设计可以分为三个方面，即品牌的名称设计、品牌的标志设计与品牌的传播设计。品牌的传播设计又可以分为三种情形，即包装设计、广告设计以及门（网）店设计。与品牌系统一样，品牌设计也形成了一个系统。

在战略竞争时代，品牌成为商业竞争的战略资源，企业的生存与发展离不开品牌的作用。这时，品牌的功能已经从商业活动的标志提升至商业战略的旗帜，相应地，品牌的设计过程已经从品牌设计扩展到品牌的战略功能设计。**品牌的战略功能设计主要是指战略设计者关注品牌的战略功能，努力把品牌设计成为企业的战略旗帜**。在具体操作时，品牌的设计工作主要由专业设计者承担，而品牌的战略功能设计工作则由专业设计者与战略设计者共同完成。

进入现代社会，顾客对品牌的信任有助于企业形成"品牌资产"，合作者对品牌的信任有助于企业形成"品牌资源"，而"品牌资产"和"品牌资源"又是企业竞争力的重要来源。从这一角度来说，品牌的战略功能设计是企业战略设计的重要组成部分。

一、品牌名称的战略功能设计

品牌的名称和标志就是商标的名称和标志。通常，商标的内容分为两个部分：文字部分称为"商标的名称"，图形部分称为"商标的标志"。根据我国《商标法》的规定，商标可以由"文字+图形"组成，文字或图形也可以单独构成商标。只有在"文字+图形"的商标中，才会出现品牌名称与品牌标志之分。

品牌名称设计是企业为自己设计商业名号。**随着战略竞争的出现，品牌名称设计工作需要从商业名号设计进一步升级为战略旗号设计，因此，品牌名称设计需要进一步提升为品牌名称的战略功能设计**。具有战略功能的品牌名称必须满足以下特点：

一是独特性，名称必须与众不同。

二是趣味性，名称可以形成共鸣。

三是有效性，名称展现品牌形象。

四是合法性，名称受到法律保护。

品牌名称设计与品牌名称的战略功能设计没有根本的区别，只是后者更加强调了以上四个特点。一般情况下，专业人员设计的品牌名称，需要经过层层遴选，最后由战略决策团队决定。在这个过程中，品牌名称的战略功能设计的原则是：

（1）品牌名称必须符合法律规定。《商标法》对商标注册的申请做出许多禁止性规定，如仿冒他人商标、违背社会禁忌的商标、涉及各种歧视的商标等。无论多么美妙，违禁的品牌名称都可能造成战略隐患。

（2）品牌名称具有美学创意。美妙的品牌名称一定是新颖雅致、简洁大方和朗朗上口的，达到"意美""形美"和"声美"的标准。即使没有实现"三美"合一，品牌名称也要达到其中的"两美"，这样有利于品牌的传播。

（3）品牌名称肩负企业的战略使命。在合法与美学的基础上，品牌名称设计应该尽量满足企业战略发展的需要。例如，可以将企业名称作为品牌名称，日本索尼公司将企业名称"SONY"作为自己的品牌名称；可以着眼于产品功能命名，乐高玩具（丹麦）的品牌名称"Lego"的丹麦语意为"好好玩"；借用地名和人名作为品牌名称，前者如借用内蒙古地名的品牌"蒙牛"，后者如利用运动员李宁人名的品牌"李宁"；直接将公司经营特点概括为品牌名称，7-11便利店的品牌名称是"7-11"，意思是早7点至晚11点营业。企业所处的行业不同以及采取的战略不同，品牌名称的战略功能设计的思路也不同。

增强品牌名称的战略功能是一项挑战性工作。我们主要分析了其中的合法性、艺术性和战略性原则。在这三个原则中，品牌名称的战略功能主要与其中的战略性原则相关。然而，忽略合法性原则以及艺术性原则，品牌名称的战略功能也难以实现。所以，上述三个原则共同决定了企业品牌名称的战略功能的形成。

二、品牌标志的战略功能设计

品牌标志是区分商业活动的符号，通常由图案、颜色、字符组合而成。经过注册的品牌标志可以成为注册商标，或者成为注册商标的组成部分。在品牌分为名称和标志两个部分的情况下，商标的标志部分通常被人们誉为"品牌的眼睛"，是表达商业活动形象的焦点。**凡是成为商业活动焦点的品牌标志都具有战略功能，其设计行为可以称为"品牌标志的战略功能设计"。**具有战略功能的品牌标志必须满足以下标准：

其一，色彩和谐、形象可爱、线条简洁以及容易识别。

其二，容易产生消费联想，标志与商业活动的优势相关联。

其三，保持独特形象，标志在行业内别具一格。

在品牌设计中，名称设计偏向文学性，标志设计偏向美术性。在多数情况下，标志设计由专业的美术设计人员完成，再由企业决策团队决定。在这个过程中，品牌标志的战略功能的设计原则是：

（1）美学原则。品牌的标志设计是一种视觉艺术。品牌标志必须符合人们的审美情趣，具有亮丽、醒目和流畅的特点，以利于品牌的传播。

（2）个性原则。标志作品的构思应该别出心裁，标志形式与众不同，从而帮助品牌从众多品牌中脱颖而出，独树一帜。

（3）简练原则。品牌标志可能出现在商业活动的不同场景中，因此，标志一定要图案简单、色彩鲜明、字符清晰，有利于人们对品牌的识别。

在企业初创阶段，决策者一般重视品牌名称的设计。等到企业进入繁荣时期，决策者才决定投资设计或重新设计品牌标志。不仅如此，强势企业还投巨资设计企业的标志系统，以此彰显企业的商业实力。这种情形表明，从品牌标志设计到品牌标志的战略功能设计，企业普遍经历了一个转变过程。只有决策者认识到品牌标志与企业实力的关系，品牌标志的战略功能设计才能进入企业的决策议程。

在品牌的战略功能设计的过程中，品牌名称的战略功能设计是核心和基础，品牌标志的战略功能设计必须与品牌名称的战略功能设计相匹配。只有这两种设计协调一致，才能形成理想的品牌战略功能。

三、品牌载体的战略功能设计

在现代商业竞争中，"酒香也怕巷子深"，无论多么美妙的商业品牌，如果消费者不了解或者没兴趣，品牌也无法变成企业竞争的战略手段。因此，品牌的战略功能设计不仅限于品牌的战略功能设计，而且要贯穿到品牌的传播设计之中。

包装、广告和门（网）店是品牌传播的主要载体，也是品牌载体的战略功能设计的主要对象。如果品牌占据产品包装的突出位置，构成广告的焦点，以及作为门店的招牌，这些设计行为就有利于传播品牌的形象。反之，包装、广告与门店设计忽略品牌的地位和价值，则可能损害品牌的作用。总之，强化品牌功能是品牌载体的战略功能设计的主要目标。怎样通过品牌载体设计提高其品牌功能呢？简述如下：

（一）包装的品牌功能设计

包装设计，是指为了商品储运和销售而对包装物进行的美化行为。包装物作为品牌载体，包含了品牌、商品信息、图案、材料与造型等因素。"人靠衣服马靠鞍"，包装既能吸引消费者的注意力，也可弘扬企业品牌的形象。在审查包装的品牌功能时，战略设计者需要关注以下内容：

（1）品牌标志是否占据包装图案的核心位置。包装物设计是一项系统工作。在包装安全的基础上，包装物要具备视觉冲击力，品牌要处于焦点位置。这样，消费者在喜欢产品和包装的同时，也容易记住企业的品牌。

（2）包装风格是否满足消费者的期望。"眼球经济"时代，好的包装设计本身就是一种特殊的"品牌设计"。在包装设计中，选材、造型、款式与装饰的创新，都可以帮助产品从同类的陈列中脱颖而出。因此，包装设计创新必须符合消费者的审美情趣。

（3）包装设计是否体现企业的人文情怀。首先，采用的包装材料必须安全可靠、可循环利用或者可快速降解；其次，尽量减少包装的层次和用料；最后，方便消费者搬运和拆解。

（4）包装方案是否实现了品牌文化的延续。作为产品的"面孔"，包装不断更新是必要的。但是，更新包装切勿随意改动品牌文化的核心要素。当年，可口可乐公司将经典的可乐改称"新可乐"并更换产品包装，结果，新包装遭到可口可乐消费者的强烈抗议。

包装物既是产品的装饰，也是品牌的载体。聪明的包装设计者能够理解企业品牌的精髓，把包装物设计进一步变成品牌传播的战略行为，从而有利于发挥其品牌宣传的作用。

（二）广告的品牌功能设计

广告即企业对商业活动的广而告之。按照手段不同，广告可以分为平面广告、立体广告、多媒体广告和 POP 广告等类型。从短期来看，广告可以提升产品的销售数量；从长期来看，广告可以塑造企业的品牌形象。正是因为广告可以提高品牌的曝光度，引起消费者对企业产品或服务的关注，所以企业必须重视广告的品牌功能设计。

一般来说，广告设计由专业公司完成，但是，战略设计者必须审查广告的品牌功能是否健全。重点工作包括：

（1）广告内容必须包含品牌宣传，杜绝单纯的商业活动宣传。

(2) 广告形式是否有利于企业的品牌定位,扩大品牌的影响力。
(3) 广告的不同版本应该保持品牌形象的一致性以及品牌文化的稳定性。

与广告设计行为一样,商业展示设计也具有品牌传播作用。商业展示包括展位和展柜两种情况,前者主要出现在商业博览会或者订货会之中,后者主要出现在商业卖场或者零售门店之中。很明显,展位和展柜都能够体现品牌的商业魅力,因而构成品牌的特殊载体。商业展示设计应该重视品牌功能,具体要求与广告的品牌功能设计一致。

(三) 门店的品牌功能设计

在这里,门店是指企业销售产品或提供服务的专门场所,具体包括旗舰店、体验店、专卖店和专柜等众多形式,它既是产品与服务的销售终端,也是企业品牌传播的重要场所。通过门店的精心布置,企业可以树立独特的品牌形象。因此,门店设计也要承担弘扬企业品牌的战略任务。

随着网络经济的发展,商业的网(络门)店开始出现,大致分为网络旗舰店、网络专卖店以及其他网络窗口。这样一来,门店设计实际上分为两种情形:作为实体门店的设计,包括店内设计、招牌设计、橱窗设计和照明设计等具体设计项目;网店设计虽然除去了物件构思的繁杂,但网店设计中的栏目、店标、色彩、图案也颇费心思。一般来说,门店设计由专门的设计公司来做。战略设计者需要审查门店的品牌功能设计。主要包括下列事项:

(1) 门店的整体设计应该突出企业的品牌形象,展示企业的品牌实力。
(2) 门店的功能划分在有利于产品或服务推销的同时,保证品牌标志处于门店的核心位置。
(3) 门店的设计风格与企业品牌文化的风格一致,从而加深顾客的品牌体验。
(4) 实体门店的"门面"与网络门店的"页面"都代表企业门店的脸面,需要精心设计。

与门店的品牌功能相似,企业的厂区和网站也具有传播品牌的功能。厂区布局和网站栏目对品牌形象都具有重要的影响。因此,战略设计者需要审查厂区和网站的品牌功能设计。审查的事项与门店的设计审查相似。

在品牌的战略功能设计方面,我们必须承认,品牌设计是一种专业设计。在品牌设计过程中,品牌战略功能设计只是加强品牌设计的战略意义,提升企业品牌的战略竞争力。有人相信,企业可以凭着产品、服务或商业模式打天下。然而,企业处于过剩经济时代,产品、服务与模式的竞争优势最终都要体现为品牌的竞争优势,这就是我们把品牌的战略功能设计纳入商业战略设计范围的理由。

在实际操作中,品牌的战略功能设计并不构成独立的设计过程。与产品(服务）的战略功能设计一样，品牌的战略功能设计也是战略设计者和专业设计者的合作行为。只有战略设计者与专业设计者共同努力，才可以为企业竖起一面鲜艳的战略旗帜。

有人主张应该进行单独的品牌战略设计；也有人认为产品与品牌是因果关系，因而"埋头种因，基业长青"。笔者认为，这两种主张均属片面观点。产品与品牌的关系是"皮"与"毛"的关系："皮之不存，毛将焉附"；反之，毛好皮会更好。基于这个道理，单独的品牌战略设计毫无意义，人们对品牌进行战略设计应该是对品牌的战略功能进行设计，其性质是属于企业外部战略调控设计的组成部分，其目的是打造企业的战略旗帜。

第二节　企业的对外战略关系设计

任何企业都无法脱离社会而孤立存在，它必须通过与其他社会主体的互动，才能将商业活动创造的价值转化为利润。为了获取利润，企业必须与外部世界建立和谐的互动关系。按照性质不同，企业对外关系大致可以划分为两个方面：商业性质的对外关系和社会性质的对外关系。其中，企业对外的商业关系出现在商业领域，主要包括企业与商业伙伴之间的合作关系、企业与竞争对手之间的竞争关系；企业对外的社会关系出现在社会生活领域，主要是指企业涉及的公共利益关系。这三种关系构成了企业的主要对外战略关系。[①]

与企业的内部战略关系不同，企业外部的战略关系是双方或者多方博弈的表现。将对外战略关系设计理解为企业可以单方面决定外部战略关系，这是一种幼稚的观点。**对外战略关系设计的实质是企业主动选择理想的外部关系，规划外部关系的发展方向，确立对外关系的原则，以便引导外部关系朝着有利于战略实现的方向发展。**至于这种设计是否能够变成现实，这还要看企业与外部主体的博弈结果。

一、合作关系的战略设计

在这里，合作关系主要是指企业与企业结成的商业协作关系。凡是具有战略

[①] 按性质来说，企业与消费者之间的交易关系也属于企业的对外战略关系。然而，本书主张把企业与消费者的交易关系定义为最基本的战略关系，而不是简单地列入企业内部或外部的战略关系。商业战略设计的最基本目标就是构建企业与消费者之间的交易关系。以这种关系为界限，企业内部的战略关系主要是指股东、管理层及员工之间的战略利益关系，企业外部的战略关系主要是指企业与商业伙伴的合作关系、与对手的竞争关系以及与社会组织的公共关系。

意义的商业协作关系都属于企业的"战略合作关系"。现代商业的分工体系非常发达，良好的合作关系是企业战略实施的重要外部条件。企业失去商业合作伙伴的支持，轻者削弱竞争力度，重者破坏生存根基。因此，企业必须主动加入或者积极培养合作关系，努力构建一种和谐友好的商业生态环境。

商业合作本质上是价值与利益的共享关系。企业与外界的合作必须建立在自身价值的基础之上，企业自身的价值优势是设计合作关系的基础条件。同时，聪明的企业决策者在合作过程中不吃"全鱼"，他们深谙商业的"分鱼之术"。只有充分理解商业合作的本质和特点，企业决策者才能设计和构建具有战略意义的合作关系。

商业活动的哪些环节需要对外合作？选择什么样的合作者？怎样处理合作关系？这是一些既复杂又烦琐的工作。战略设计者的作用主要体现在为商业合作确定标准和原则，从而帮助业务部门构建和管理企业的对外战略合作关系。**合作关系的战略设计是指，战略设计者为企业寻求合作对象提供标准，为合作发展确定方向，以及为处理合作关系制定原则。**

显然，企业对外合作的设计工作无法替代对外合作的管理工作。在管理合作项目的过程中，假如业务部门已经提供了切实可行的项目合作战略，经过战略设计者的审查之后，完全可以作为企业对外合作战略的组成部分。除了这种情形之外，合作关系的战略设计散见于合作过程的不同环节。商业合作的环节不同，合作战略的设计要领不同。

选择战略合作的对象体现了企业决策者的战略视野。有价值的合作必定涉及商业利益的共享关系，如原料零件、技术工艺、市场渠道、人才利用以及资金供应等，这些环节非常容易形成商业的合作关系。建立在利益共享基础上的合作关系必然是稳定的战略合作关系。假若决策者只顾合作方便，或者贪图眼前利益，或者照顾熟人关系，这就可能为商业合作留下隐患。

在合作关系形成的同时，企业还应该主动规划和引导合作关系的发展方向。一般来说，商业合作各方都重视利益分享，而且各方都想争取最大的利益。争取合作利益最大化的前提是企业主动规划一种有利的合作关系。什么样的合作关系对企业最有利？对于企业来说，商业利益与商业利润是不同的概念。商业利益包含商业利润，但不限于商业利润。按照由低到高的顺序，企业合作的利益可以分为商业利润、市场份额、发展条件和生存机会四个方面。相应地，合作的目标依次可以划分为利润分享、市场分割、发展机遇和生存保障四种情况。在这四种情况中，基于利润分享的合作最短暂，基于生存保障的合作最长久。

除了规划和引导合作关系的发展方向之外，战略设计者还要思考怎样才能实现商业合作的持续化。为此，设计者需要制定商业合作的核心规则，主要包括利润分享类合作的利润分成比例、市场分割类合作的市场划分、协同发展类合作的资金投入、生存保障类合作的最高代价等。总之，商业合作充满了各方的"算计"，明确合作规则可以减少企业"失算"的情况。

在人类所有的合作形式中，商业合作是不稳定的合作形式。合作各方的"合"与"分"，完全取决于各方对最大利益的判断。只要合作的一方判断最大利益没有实现，那么，结束合作关系就是正常的现象。为了保证对外合作关系的稳定发展，企业必须确立合作关系的处置原则。内容包括：

（1）为了应对商业合作的不确定性，企业应为合作关系设定"底线"。合作关系的发展一旦触底，企业立即启动解除合作关系的程序。此为底线原则。

（2）无论是"合"还是"分"，企业在处置合作关系中必须保持诚信。合作因为相信而合，也因为不信而分。一旦丧失合作信誉，企业在未来的商业合作中就会遇到信誉问题。此为诚信原则。

（3）在商业合作中，"合"是各方共同努力的结果，而"分"则是单方可以搞定的事情。紧密合作关系的突然脱钩，必定给被动脱钩的合作者带来伤害。这时，拥有合作"备胎"的企业可以避免这种伤害。此为灵活原则。

人们都相信，和气生财，然而，从"和气"到"生财"需要精明和周全的算计。只有做到心里有数且算计到位，战略设计者才能为企业构筑一个和谐的生存环境。

二、竞争关系的战略设计

商业竞争源于商业的利益纷争。根据利益争夺的方式不同，商业竞争可以分为狭义竞争与广义竞争。广义竞争是指商业利益纷争的广泛性。实际上，商业合作的过程也存在竞争行为，人们不必为广义竞争关系进行专门的战略设计。狭义竞争是指商业对手之间的竞争，即同行竞争。一般来说，竞争关系是同行对手之间的主要商业关系，而且同行竞争常常是零和博弈，因此，企业必须针对同行的竞争关系制定战略对策。

与合作关系的亲密性相反，竞争关系总是残酷的，这也是企业不愿主动竞争的根本原因。既然如此，人们为什么要设计竞争关系呢？理由非常简单，商业竞争的残酷性逼迫企业决策者提前规划竞争关系，以求在商业竞争中占据优势地位。**怎样选择竞争环境？怎样控制竞争态势？怎样退出竞争领域？这些问题构成了竞争关系设计的主要内容。**

不管人们如何赞美商业竞争，竞争对于竞争各方来说都是负面行为。企业都希望独享商业利益。在选择竞争环境时，最理想的设计就是构建"零竞争"的商业环境。比如，企业开创一种"蓝海市场"，成为某一产业的开拓者；或者企业经过长期的竞争拼搏，获得市场的垄断地位。可惜，企业没有竞争对手是一种相当罕见又极其短暂的现象。在绝大多数情况下，企业无法逃避竞争，只能选择有利的竞争环境。企业决策者选择竞争环境必须关注以下原则：

（1）不与素质低的对手竞争，在这种情况下，企业即使赢了对手，也无法赢取利润。

（2）不在无望的竞争环境中努力，绝望的产业竞争需要漫长的时间才可能改变。

（3）尽量避免与垄断企业竞争，除非企业拥有制胜的招术。

撇开上述极端情形，企业决策者都喜欢选择竞争度较低的市场。但是，这是一种幸运而非设计的结果。无论什么行业，市场的竞争程度一直处于变化之中。从长期来看，理想的竞争环境是企业处于可以扬长避短的竞争领域。

在确定的竞争环境中，企业怎样控制或引导竞争态势，促使商业竞争朝着有利于自己的方向发展？除了正确分析战略对手之外，还必须依靠企业决策者的战略设计艺术。根据笔者的总结，控制商业竞争关系的艺术主要表现为：

第一，成为第一。无论是规模、技术、质量、价格还是服务，排名第一的企业都拥有自己的竞争优势。

第二，错位生存。避免与强手直接竞争，企业最好选择不同的销售市场、价格段位、生产工艺或者商业模式，这样既可发挥自身优势，又可暂时甩开对手。

第三，弯道超车。企业重新选择赛道或者改变竞争方向，利用独特的竞争优势超越身边的竞争对手。

第四，"帽子戏法"。虚张声势的做法可以将对手引入错误的竞争方向，从而享受对手纠错过程的轻松时光。

第五，针锋相对。在没有上述选择机会的情况下，企业直接与对手奋力拼搏，也许拥有一定的胜算概率。

当然，任何竞争都可能出现失败。面对失败的结局，企业需要退出竞争领域并保存竞争实力。寻求一种最有利的退出办法，这也属于战略设计行为。以下建议不容忽视：

一是不要在最后时刻退出，否则会失去东山再起的资本。

二是不能顾及脸面和情感，拖得越久损失越多。

即使退出失败的竞争领域，这并不意味着企业再次竞争可以顺利成功。在新的商业领域，企业决策者仍然需要主动选择竞争市场，也需要努力控制和引导竞争关系，一直到企业解散或倒闭。

最后，我们需要说明合作关系战略设计与合作行为战略设计，以及竞争关系战略设计与竞争行为战略设计之间的差异。第五章我们曾经分别讨论了合作行为的战略设计与竞争行为的战略设计，这是企业选择和设计对自己最有利的合作行为或竞争行为的问题。本章我们讨论了合作关系的战略设计与竞争关系的战略设计，这是企业选择和设计对自己最有利的合作关系或竞争关系的问题。显然，它们是两组既有联系又有区别的问题。合作行为与竞争行为的战略设计主要是为了构建企业的行为优势，而合作关系与竞争关系的战略设计主要是为了构建企业的环境优势。在逻辑上，合作行为与竞争行为的战略设计，分别是合作关系与竞争关系的战略设计的基础。因此，人们通常是先进行合作行为与竞争行为的战略设计，后进行合作关系与竞争关系的战略设计。

三、公共关系的战略设计

企业的公共关系主要是指企业与社会其他主体之间因公共利益而发生的博弈关系。作为一种商业组织，企业主要在商业领域活动。企业从商业领域进入社会领域，这往往是一种身不由己的事情。可是，企业经营不能脱离社会环境。政府组织或社会组织随时可能与企业发生博弈，而这种博弈的结果又可能削弱或增强企业的利益。因此，企业主动处置公共关系具有战略意义。

公共关系的战略设计是指决策者为主动处置企业的公共利益关系而设定行为的准则，大致分为三种情形，即企业与政府组织关系的设计、企业与社会组织关系的设计，以及企业应付极端公共关系的设计。在实践中，企业与社会个体之间也可能会为社会利益进行博弈，此类博弈可以参照企业与社会组织的关系准则予以处理。

（一）企业与政府组织关系的设计

企业与政府组织之间的博弈主要发生在国家治理过程中。企业既是政府的行政相对人，又是国家的纳税人。作为行政相对人，企业受到政府的管理和监督；作为国家纳税人，企业受到政府的扶持和庇护。在法治社会，企业与政府之间应该是法律（政策）关系，任何一方都不可以超越法律（政策）的底线。从这一角度来说，企业与政府组织的关系无须进行战略设计。

然而，企业与政府在底线之内的博弈仍然存在很大空间。为了谋取更多的商业利益，企业决策者常常主动协调与政府组织的关系，其学问和技巧是无法公开讨论的。在处理企业与政府关系方面，企业决策者都是自学成才的。根据笔者的理解，决策者处理企业与政府组织关系的基本准则是：

其一，两者的最好状态是合法关系。

其二，凡是通过权钱交易获取的利益，企业付出的代价可能更大。

其三，企业决策者可以参与国家产业政策的制定，但不能谋求独享政策红利。凡是企业可以享受的政策好处，在法治社会中，同行企业可以也必须获得这种好处。

其四，企业与政府组织博弈的最大筹码就是纳税和就业，企业利用纳税和就业的贡献可以换取政府的政策扶持。

以上准则仅供参考。在企业与政府组织关系的设计中，设计者守住"底线"具有重要意义。此处的"底线"是指政企关系必须符合法律的基本规定。历史证明，脚踏法律红线的企业不可能走得很远。

（二）企业与社会组织关系的设计

企业需要与哪些社会组织博弈？这是一个永远无法准确回答的问题。根据一般经验，作为企业博弈对象的社会组织主要包括行业协会、工会、资源与环保组织、健康机构、文化机构、新闻组织、教育机构、宗教组织、慈善组织等。由于社会组织的性质不同，企业与社会组织之间的博弈关系可以分为三类，相应的处置原则也分为三类：

一是直接影响企业经营的社会组织，如行业协会、工会、新闻、环保等组织，企业应该主动与对方沟通，认真履行自己的社会责任。

二是负责社会公益事业的组织，如文化、教育、体育、健康等组织，企业可以选择性地参与社会公益活动，承担自己的社会义务。

三是社会的各种慈善组织，如救助、救灾、扶贫等组织，企业需要量力而行，尽力为社会的进步做出贡献。

以上处置原则显然是概括性的。战略设计者在处置上述关系时，应该明确企业与社会组织关系的性质以及处置两者关系的细则。至于如何制定企业与各种社会组织关系的细则，在以上原则的基础上，战略设计者应该具体问题具体分析。

企业既是社会的财富创造主体，也是财富的分享主体。无论创造财富还是分享财富，企业都要和社会组织发生博弈行为，逃离或回避这种博弈的可能性微乎其微。相反，企业决策者主动规划与各类社会组织的关系，有效防止利益冲突的扩大，努力提高企业的社会影响力，可以为战略行动创造和谐的社会环境。

（三）企业应付极端公共关系的设计

一般来说，企业与社会之间发生极端公共关系可以分为两种情况：一种是企业"蹭热点曝光"；另一种是企业陷入公关危机。前一种情况是企业主动提高知名度的行为，后一种情况是指企业被动应付公关危机的行为。无论出现哪种情况，极端的公共关系都可以给企业带来巨大的影响。因此，企业处置极端公共关系具有战略意义。

对于新生企业来说，扩大企业影响力的一个重要举措是利用社会热点提高企业的曝光率。利用社会热点提升企业知名度的战略设计，设计者必须注意以下问题：

第一，关注社会热点事件的意义。只有那些正面的社会事件，才是企业

"蹭"的对象。

第二，分析"蹭"与"红"之间的关系。只有那些可以"走红"的社会事件，才值得企业主动去"蹭"。

第三，寻找"蹭热点"的角度。稍有不慎，企业可能"蹭"出伤来。

与蹭热点求曝光不同，公关危机是企业触犯公众利益而陷于社会谴责之中的危险状态。对于企业来说，公关危机是不期而遇的事情。一旦出现严重危害社会利益的行为，企业就可能陷入公关危机之中。许多企业正是因为应对公关危机不利，直接走向死亡或者从此一蹶不振。在历史上，企业的公关危机都有特殊性，成功躲过一劫的企业也各有妙招。根据对经典案例的分析，企业处置公关危机的战略设计存在某些共同准则。主要包括：

第一，承认危机，才有解决危机的机会。

第二，诚恳认错，才能获得社会的同情。

第三，承担责任，才可取得对方的谅解。

第四，承受痛苦，才能熬过艰难的时光。

公关危机犹如飓风起于萍末，也如同飓风止于平静。恢复平和的公共关系是企业解决公关危机的最好结果，沉默有助于企业消除公关危机的不利影响。经过漫长的蛰伏期之后，企业可以重新开始自己的发展征程。

在商业活动中，凡是需要企业对一种外部关系进行战略设计，说明这种外部关系具有战略意义，因而属于企业外部战略关系的设计范围。本书根据企业外部关系发生的领域不同，将企业的外部战略关系设计在整体上分为商业领域和社会生活领域两个层面，并进一步在内容上细分为合作关系、竞争关系和公共关系三个类型。无论外部关系多么复杂，多数情况下，只要这三种战略关系处于和谐状态，决策者就可以为企业创造稳定的外部环境。

从长远来说，企业创设商业品牌和构建对外关系的行为，并不一定能够给企业带来长期的和谐环境。为了追求持续和谐的外部环境，除了品牌的战略功能设计和对外战略关系的设计之外，战略设计者还应该进行企业形象设计。相较而言，前两种设计主要是为了营造和谐的外部环境，后一种设计则是为了维持和谐的外部环境。战略决策者忽略企业形象设计，即使企业营造出一种和谐的外部环境，这种和谐的外部环境也无法持续下去。

四、企业形象设计

企业形象是指企业在社会生活中的总体印象。正如个人形象影响个人成长的道理一样，良好的企业形象可以促进企业发展，而恶劣的企业形象则会妨碍企业发展。因此，塑造企业良好形象的行为属于战略设计的范畴。

第八章 企业外部的战略调控设计

企业怎样塑造自己的形象呢？具体可以分为两种情况：一是通过参与社会公益事业，企业为社会进步做出贡献，树立良好的社会形象；二是通过公共关系的设计，企业实现与外界的良性互动，维护良好的社会形象。在两者之间，保持与外界的良性互动是塑造企业形象的必要条件，参与公益事业是企业塑造社会形象的充分条件。关于企业与外界良性互动过程中的公共关系，我们在前面已经做了介绍，在此我们主要讨论企业参与公益活动的设计问题。因此，**企业形象设计主要是指企业进行公益活动的战略设计**。[①]

企业可以参与的社会公益活动非常广泛，如社区服务、文化传播、教育发展、自然保护、公共福利、慈善捐助、灾难救助等。企业是商业组织而非公益组织，其公益活动具有明确的商业意义。由此可见，在企业参与公益行为之前，决策者需要做精心的准备和策划。企业进行公益战略设计的主要原则是：

（1）企业的社会形象必须以商业形象为基础。广义的企业形象包括商业形象和社会形象两个方面。其中，商业形象代表企业的商业影响力，良好的商业形象主要通过品牌设计和对外战略关系设计来实现；社会形象代表企业的社会影响力，良好的社会形象主要通过公益行为设计来实现。两者相比，商业形象比社会形象更重要，没有商业实力和商业形象作为基础，企业的社会形象设计毫无意义。

（2）企业参与公益行为的目标是提高企业的知名度和美誉度。为此，企业必须对公益项目做出选择，对公益活动的规模和支出进行控制。企业大多属于私利组织，参与公益项目要有利于企业发展。企业毫无节制地投资社会公益事业，必然影响自己的正常发展。

（3）企业参与的公益行为最好能够弥补或减轻企业经营的负面影响。比如，社区企业参与社区的公益活动，资源开采企业参与资源保护活动，生产企业参与环境保护活动等。另外，专业公司对口扶持专门的公益活动，比如，医药企业参与社会健康事业，体育用品公司赞助社会的体育事业，文化旅游公司支持文化旅游事业的发展等。总之，企业采取以上方式可以提高公益活动的商业效果。

（4）企业在预算中必须保留专项的公益基金，必须制定行动方案，必须安排专人负责。这样做可以确保公益活动的顺利进行，失败的公益活动可能给企业

[①] 根据蒋贵凰所著的《企业战略管理案例教程》，企业形象设计也被称为"企业形象系统（Corporate Identity System）设计"，简称 CIS 设计。整体 CIS 设计又可以划分为三个子系统：一是 MIS 系统（Mind Identity System）设计，即理念识别系统，主要是指企业的经营哲学、企业精神和价值取向；二是 BIS 系统（Behavior & Identity System）设计，即活动识别系统，主要是指企业倡导和实施的特色活动，包括商务活动、公益活动及管理活动等；三是 VIS 系统（Vision Identity System）设计，即视觉识别系统，主要是指企业与外界的沟通符号、品牌、办公、服饰的统一标志。可见，理论界对企业形象设计内容的解释是非常宽泛的。在本质上，企业形象是指企业在社会中的良好印象，且这种良好印象主要是通过企业的公益行为实现的，因此，战略层面的"企业形象设计"主要是指企业的公益战略设计。

造成负面影响。

（5）整理公益活动的资料，制作企业荣誉档案，发布公益事件的新闻。企业通过对公益活动的宣传，可以更好地树立和维护自己的社会形象。

当然，企业形象并非依赖公益设计而成，它主要是企业公益活动的累积效果。**公益战略设计实际上就是企业为了提高公益行为的效果而进行的策划活动。**实践证明，长期的公益活动和精心的公益设计共同塑造了良好的企业形象。

现在，我们需要对企业外部战略调控设计的内容进行总结，以便读者更好地理解企业外部战略调控设计的精妙之处。

首先，企业外部战略调控设计分为品牌的战略功能设计、对外战略关系设计和企业形象设计三个方面。这种划分的逻辑根据是，企业外部关系的发生是由企业内部延伸到外部的，在这个过程中，品牌的战略功能设计代表企业主动向外部世界展示自己的商业魅力，对外战略关系设计代表企业努力控制和引导外部环境的变化，企业形象设计代表企业积极创造和维持自己的社会形象。对于多数企业来说，外部战略调控设计可能只是前两种设计行为，企业形象设计尚未开始，某些企业就已经消失或解体。只有那些长寿企业，不仅需要通过品牌设计为自己"扮装"，而且需要通过对外战略关系设计表现"乖巧"，还需要通过形象设计不断"做秀"。做企业和做人的道理相似，都需要想方设法地"活出个样儿"。

其次，外部战略调控设计以企业与外部世界的友好互动为目的。具体来说，品牌的战略功能设计主要是为了唤起企业与外部主体的互动关系，对外战略关系设计则是为了控制有利的互动关系，企业形象设计则是为了维持良性的互动关系。在某些情况下，外部战略调控设计只是企业的一厢情愿，并没有达到预期的效果。即使这样，战略决策者也必须仔细"算计"，以便企业在商业"江湖"中活得更好。

最后，在战略行动设计中，企业外部的战略"互动"设计与内部的战略"自动"设计是相互促进的关系。许多人重视企业内部的战略"自动"设计，忽视外部的战略"互动"设计，结果导致企业的战略行动不断遭遇外界干扰。最初，这种忽略并非致命错误，如品牌存在缺陷、对外关系僵硬、社会形象较差，但是，这些错误可以逐渐打乱企业战略行动的节奏，最终可能成为战略失败的根源。

战略行动是一个复杂的过程。为了制定稳妥的战略行动方案，人们通常将战略行动设计划分为两部分，即企业内部的战略管控设计和企业外部的战略调控设计。无论是内部战略管控还是外部战略调控，其设计本身都会面临一些困难，如果将这两种设计叠加在一起，战略行动方案设计的复杂程度可想而知。由此看来，战略设计者要实现从战略想法向战略行动的转换，的确不是一件轻松的事情。

在完成这种转换之后，战略设计者也许可以放松自己的心情，仰望星空，开始畅想企业战略的前景，继而进入战略愿景的设计过程。

第九章 战略愿景设计

战略愿景亦称"企业愿景"或"商业愿景",它代表了战略决策者对企业未来的美好愿望。可是,愿望和愿景并不完全一致。决策者的愿望升华为企业的愿景需要一个设计过程。**战略愿景设计是指战略设计者构思愿景内容以及制订愿景计划的过程。**

商业故事经常出现这样的情节,即商业愿景是制定战略的契机,例如,为了一种天才的商业理想,商业英雄制定了一个雄心勃勃的商业战略,而英雄对理想的坚定性又促成战略的实现。这种描述将商业生活推向了神化的高度。实际上,战略愿景必须建立在战略优势的基础之上。此处的战略优势既包括企业的当前战略优势,也包括设计的未来战略优势。战略愿景是这两种优势共同作用的结果。由此得出结论,"战略愿景"是战略的结论部分,愿景设计总是出现在战略设计的收尾阶段。

从本质上说,战略愿景只是企业决策者的战略梦想。为什么要对战略梦想进行设计呢?理由非常明确,让梦想照进现实。在历经前期的战略设计行为之后,设计者需要判断战略想法实现后的情景,同时将这种情景设置为战略的总体目标,于是,愿景设计成为战略设计的收尾工作。

战略愿景设计可以分为两个层面,设计者先是依据企业的定位、使命和优势,规划战略愿景的基本内容,即勾画企业的"战略蓝图";然后再将"战略蓝图"细化为企业的行动方案,即制订企业的"战略计划"。前者可以简称"愿景规划",后者可以简称"制订计划"。这样,愿景规划与制订计划共同构成了一个完整的战略愿景设计过程。

第一节 战略愿景规划

同样是规划行为,但愿景规划与情景规划属于不同的战略设计行为。情景规划主要是勾画企业未来的商业环境，**愿景规划是指勾画战略成功后的企业景况**。在战略设计流程中，情景规划在先，愿景规划在后，愿景规划是在情景规划基础上的设计行为。

可是，我们不能因愿景规划发生在情景规划之后，且属于整个战略设计的收尾阶段，就可以低估愿景规划的严肃性与挑战性。事实上，战略愿景规划在规划依据、规划内容以及规划原则方面，都有严格且具体的要求。

一、愿景规划的依据

愿景规划是一个复杂的酝酿过程。哪些因素进入了规划者酝酿的过程呢？撇开企业和企业决策者的特殊性，以下三方面构成愿景规划的主要依据：

（一）企业定位

在战略理论中，定位与愿景是两个相互对应的概念。如果说愿景代表了企业的战略终点，那么，定位就是企业的战略起点。战略理论家反复强调，战略就是企业从哪里来到哪里去的决定。其深层道理是，企业没有选择合适的起点，就无法设计理想的终点。依据这个道理，在规划战略愿景之前，战略设计者需要重新审查企业的战略定位是否合适。

一般来说，企业定位包含三层含义：一是企业选择合意的产业领域，即行业定位；二是企业选择合理的产业角色，即角色定位；三是企业选择合适的产品（服务）类型，即业务定位。随着前期的商业观察、战略创意以及产品设计的完成，企业的定位问题实际上已经陆续解决。然而，在规划愿景之前，规划者重新审查企业定位是非常必要的，理想的战略终点必须建立在可靠的战略起点之上。具体内容包括：

首先，审查商业投资的潜在价值。只有同时满足客观价值和主观价值，才是最合意的产业定位。

其次，审查产业角色的竞争优势。在产业分工中，企业的角色是由企业实力、产业发展机会以及决策者能力共同决定的。只有选择关键的产业角色，企业才能享受产业发展的最大成果。

最后，审查业务定位的逻辑依据。一般来说，业务定位可以分为高端、中端和低端的三个档次。究竟哪种档次更合适？是选择一个档位还是选择两个或三个档位？这需要一个综合性的判断。在整合产品（服务）、市场机会与企业资源等因素的基础上，最合适的业务定位既可以避开残酷的竞争，又可以获取稳定的利润。

在愿景规划过程中，定位审查实际上是重新确认企业定位的各种优势。总的来说，资源优势与战略优势决定了企业的定位优势，而定位优势又构成了企业发展的坚实起点，愿景规划是企业定位优势的合乎逻辑的发展结果。

（二）企业使命

使命是指企业从事商业活动的历史责任，以及企业生存发展的社会价值。其中，历史责任代表了企业解决商业问题的决心，价值追求则表明企业要立志实现的商业成就。因此，拥有崇高使命等于宣告企业将有非凡的一生。

企业的使命源于企业决策者的使命感，而使命感是决策者在企业发展到一定阶段才可能产生的认识现象。初创企业要生存下来都很艰难，决策者根本无暇顾及企业的使命问题。当企业稳定之后，特别是在选择了一个充满希望的战略定位后，企业决策者都想有所作为，于是，决策者的使命感油然而生。起初，企业决策者的使命感只是处于模糊的状态。只有经过严肃认真的思考和梳理，决策者的使命感才能转化为企业的使命。这个过程就是企业的使命设计。

由于行业特点以及决策者喜好的不同，企业的使命设计各具特色。当然，许多企业没有公布自己的使命，其原因可能是决策者没有使命感，也可能是决策者认为没有必要公开企业的使命。相比之下，著名企业的决策者愿意将企业使命公之于众，以呈现企业雄心勃勃的姿态。例如，阿里巴巴公司的企业使命是"让天下没有难做的生意"，华为公司的企业使命是"聚焦客户关注的挑战和压力，提供有竞争力的通信解决方案和服务，持续为客户创造最大价值"。

为什么要设计并公开企业的使命呢？每个企业都有自己的特殊理由。总体来看，企业设计使命的普遍理由是：

第一，使命为企业发展指明方向。决策者相信按照使命的方向发展，企业就可以实现美好的商业前景。

第二，使命为战略提供精神动力。在本质上，使命代表企业的战略动机，愿景代表企业的战略目的，两者是动机和目的的关系。决策者因使命产生的战略坚定性以及员工因使命激发的战略积极性都有助于企业愿景的实现。

第三，使命能够表现企业的魅力。一方面可以激起合作者的热情，另一方面可以赢得竞争者的尊重。合作者越来越多而反对者越来越少，企业的战略愿景就越容易实现。

从时间上来看，使命设计要先于战略设计。进入战略设计过程，企业使命可以让愿景规划者进一步开阔眼界。在神圣使命的感召下，他们能够大胆设想商业成功的境况。可是，使命的神圣并不能保证愿景的正确。因此，企业使命只是愿景规划的参考依据。

（三）战略自信

战略愿景必须依赖战略的实现而实现。可是，在规划愿景的时候，战略行动还没有开始，战略实现更是无从谈起。这是否说明愿景无须规划呢？答案是否定的。愿景规划属于战略结论的设计，只要相信企业实力和战略优势，战略设计者就可以规划战略愿景。在一般情况下，愿景的宏伟程度取决于规划者的自信程度，而愿景规划者的自信程度主要源于前期战略设计的优势。

其一，产品（服务）的战略功能设计可以帮助企业打造特色产品（服务），这是企业构建竞争优势的基础。

其二，商业模式的设计代表企业已经掌握了商业活动的技巧，这可以提升企业的整体竞争力。

其三，战略行动设计表明企业即将进入战略实施过程，扎实的战略行动必定能够促进企业愿景的实现。

总之，愿景是战略设计者的乐观心理的表达。在规划愿景的时候，商业活动还没有开始，定位是否合理、使命是否正确、自信是否可靠，这些都没有经过实践的验证，因此，愿景规划充其量只是战略设计者的美好愿望而已。无论是当事人还是旁观者，人们实在没有必要迷信企业愿景的光环。企业愿景是可以变化的，而且是不断变化的。规划战略愿景的目的就是为企业前行投下一束光亮，鼓舞企业决策者和员工勇往直前。

二、战略愿景的内容

在愿景规划过程中，规划的依据比规划的内容更重要。只要拥有坚实的规划依据，规划愿景的内容就会水到渠成。即使这样，愿景内容也需要规划者进行一番斟酌。规划者的想法太 low，其战略梦想便不能称为战略理想；而想法太 high，其战略梦想可能是战略幻想。按照由低到高的顺序，战略愿景的内容可以划分为以下三个层次：

（1）企业规模变大。企业愿景是以经营规模为基础的。随着企业的成长，经营规模既是企业的发展成果，也是企业的竞争优势。在商业领域，战略决策者普遍具有追求规模的情结，差别在于他们对规模追求的表达不同，有些人表达含蓄，有些人表达直白。决策者追求规模，这本身没有错误。然而，由于规模设计不当，企业发展可能"欲速则不达"，所以，愿景规划应该为企业发展设定一个合理的规模目标。

（2）个人财富增长。每个人创业的最终目的可能不同。但是，在实现最终目的的过程中，获得财富是人们创业的一个共同追求。财富是人们享受幸福生活的物质基础。通过创业追求财富，是个人奋斗与社会进步的体现。财富增长应该成为战略愿景，这是毫无疑问的。然而，创业者在设计财富目标时可能过于贪婪，不愿与伙伴分享，也不愿与社会共享，因此其结局可能事与愿违。

（3）促进社会发展。这代表了企业的社会理想。行业不同以及决策者价值观不同，企业愿景的社会理想差异很大。一般来说，小企业可以满足人们的就业需求和生活方便，大企业可以促进社会产业发展和市场稳定。为了战略行动的需要，战略设计者将愿景的社会理想进行精心装扮，努力将其做成企业的战略宣传品。

正是因为战略宣传的需要，战略愿景规划常常变成企业追求社会理想的设计，从而使战略愿景的内容变得既单薄又可笑。个人财富规划可能只保留在决策者的头脑中，对外隐而不谈。企业规模规划可能公布，但是多数企业没有宣布规模目标。为了争取外界支持，也为了减少外部压力，多数规划者将企业的社会理想包装成为正式的战略愿景。这样的企业愿景又可以分为三类：

一类是把企业做成一项长久的事业，让社会长期享受企业提供的产品或服务。

二类是把企业做成一个长期生存的组织，让人们获取就业机会，让资源得到充分利用。

三类是把企业做成一种商业创新的平台，让社会的精英在企业平台上发挥自己的才能。

随着时间的流逝，无论是决策者心中的愿景还是企业宣传的愿景，都可能逐渐被决策者淡忘，或者被后来的决策者放弃，大多数的企业愿景并没有发挥战略激励的作用。怎样把战略愿景设计成为企业的战略目标呢？除了科学的规划依据与合理的规划内容之外，规划者还必须遵循愿景规划的原则。

三、愿景规划的原则

愿景作为企业战略的总体目标，一方面可以成为战略行动的根据，另一方面又成为战略成败的标准。从这个角度来说，愿景规划是一项严谨的战略设计行为。愿景规划的基本原则包括：

（一）愿景合理的原则

愿景规划的合理性原则，是指愿景内容与战略阶段相匹配，企业发展处于可控的状态。企业的战略发展可以分为不同的战略时期，处于不同时期的企业，其经济实力和发展诉求具有历史性的特点。初创的企业求生存，生存的企业求规模，规模的企业求垄断，垄断的企业求长久。从企业一生来看，其战略愿景应该是丰富多彩的。可是，企业在特定时期的战略愿景又必须是简单明确的。决策者根据不同时期的企业实际情况，规划不同阶段的战略愿景，这样就可以保障战略发展处于可控的状态。

在战略成功的时刻，人们往往忽略愿景的合理性。即使属于冒险的愿景，也常常被称赞为英雄行为。只有遭遇战略失败之后，人们才开始反省愿景规划的错误。从商业历史来看，非理性的愿景规划主要分为以下两种情况：

其一，小微型企业规划大愿景。小微企业既没有实力，也没有必要设计宏大的战略愿景。但是，企业决策者心存侥幸，希望通过奋力一搏，实现"财从险中求"的效果，后果往往令决策者失望。

其二，成长型企业没有发展愿景。企业处于快速的成长时期，决策者却安于现状，既没有更换旧愿景的想法，也没有思考新愿景的动机。此时，企业照常赚钱，但环境的改变以及对手的发展，销毁了企业生存的长期根基。时代淘汰一个企业，也是不会打招呼的。

当然，愿景规划与企业发展完全一致是不可能的。毕竟，愿景代表人们的事先预想，前瞻性是愿景的本性。愿景规划合理性的判断依据是，愿景必须随着企业发展和环境变化而动，确保企业的战略行动基本处于可控状态。

（二）愿景模糊的原则

愿景规划的模糊性原则，是指愿景规划应该保留想象的空间，从而为战略行动提供一定的自由度。一般来说，战略行动的目标必须是清晰的。可是，愿景代表战略的总体目标，宜粗不宜细。比如，企业谋求规模变大的愿景，企业规模多大才算大呢？常见的表述是：十年之后成为行业的前三，或者本地的老大，或者国际知名企业等。显然，这样表述愿景存在一定的模糊性。在愿景规划的过程中，规划者为什么要留下模糊地带呢？

一是未来的不确定性决定愿景的模糊性。战略愿景是决策者关于企业未来的设想，设想的清晰度主要取决于未来的确定性。利用模糊的结论应对不确定的未来，这是战略智慧的体现。

二是模糊愿景可以为战略行动提供自由。愿景模糊的部分恰恰代表了战略的自由度。在这种情况下，战略行动者的自由探索可能为企业发展闯出新天地。

三是模糊愿景为战略改变保留机会。愿景模糊的地方通常是规划者在商业中看不透的方面，这也是规划者无法消除的愿景缺陷。随着商业环境变化逐渐明确，模糊的愿景可以不断被调整、补充或者重新规划。

总之，愿景模糊的原则强调，战略决策者在保持战略方向正确的同时，把战略细节留给未来决定。这种做法犹如印象派的画法。模糊的愿景规划具有朦胧的艺术性，而虚实相融的愿景更具商业魅力。

（三）愿景坚定的原则

愿景规划的坚定性原则，是指愿景规划必须提出明确的战略底线，以及行动者应该承担的战略责任。战略从来就不是轻松的事情。愿景规划设定战略的底线，相当于设置战略行动的最低目标。在战略过程中，最低的战略目标可以形成一种战略压力，增强企业战略的严肃性。规划者怎样贯彻愿景坚定的原则呢？

第一，明确规定战略的最低目标。即使将来这一目标没有实现，愿景规划者也要为企业战略设置一个比较合理的底线，以防企业员工出现战略惰性。

第二，战略的最低目标应该具备扎实的设计依据。缺乏合理依据的战略底线，无论是目标过高还是过低，都与愿景合理的原则相冲突。

第三，设置战略底线并不排斥战略目标的灵活性。战略愿景的实现本来就是一场商业博弈。在明确战略底线的同时，企业追求更高的战略目标，符合愿景模糊的原则。

在商业实践中，明确战略底线的企业不多，坚决实现愿景的企业更少。企业决策者常常认为，战略愿景不过是战略的装饰品，愿景是否能实现并不重要，重要的是战略行动。于是，商界经常出现"战略愿景随意决定"的情形。

根据战略实践的普遍经验，企业愿景规划是战略设计流程的点睛之笔，扎实的愿景规划可以为战略行动增添希望。然而，对于战略执行者来说，战略愿景规划过于抽象，很难成为战略行动的直接依据。为此，在愿景规划的基础上，战略设计者还必须将抽象的战略愿景转化为具体的战略计划，这样才能全面完成愿景设计的任务。

第二节 制订战略计划

战略愿景的实现是企业持续努力的结果。在战略行动开始之前，**战略设计者需要将愿景内容分解为行动目标，同时还需要对战略行动做出总体安排，这就是"制订战略计划"**。战略计划既是战略思想的具体表现，又是战略行动的具体部署，因而成为战略思想与战略行动联结的纽带。制订战略计划实际上就是构造这样一条纽带。

计划是企业运营的普遍手段，如采购计划、生产计划、销售计划、研发计划等，几乎所有的企业行动安排都可以称为"计划"。在企业的计划体系中，战略计划是一种特殊计划，它是其他计划的根据和基础。战略计划的形成，标志着企业的一场雄心勃勃的战略活动即将登场。

一、制订战略计划的必要性

一般来说，战略愿景都有实现的难度，非常容易实现的愿景也不好意思称为"战略愿景"。因此，企业的战略愿景必定是通过分期行动来实现的。在行动之前，战略设计者首先需要把战略愿景分解为战略目标，然后再把战略目标落实到战略团队，这就是战略计划的制订过程。其必要性表现在：

（1）分解战略愿景的需要。愿景只是企业发展前景的抽象描述。这种描述可以用于战略宣传，也可以激发人们对战略的信心。对于战略行动来说，抽象的愿景描述可能产生两种困扰：一是愿景无法具体落实；二是愿景不能具体执行。战略愿景要成为战略行动的目标，其前提是愿景必须变得具体、详细和可操作。为此，战略设计者一方面需要将愿景内容转化为不同时期的战略目标，另一方面必须根据战略目标制订企业在不同阶段的行动计划。只有战略愿景转变为战略目标，进而变成战略计划时，这才是战略行动需要的愿景。

（2）构建战略转化的接口。在本质上，战略设计是战略构思的过程。战略愿景的形成，说明战略设计者已经形成了完整的战略思想。可是，战略不是用来想的而是用来做的。怎样把巧妙的战略思想变为精彩的战略行动呢？战略设计者首先需要在战略思想与战略行动之间搭建一个接口，实现战略思想与战略行动的对接，促使战略思想向战略行动转化。

接口就在战略愿景和战略行动的转换处。制订战略计划相当于在愿景和行动之间搭建一座桥梁，一方面战略计划代表细化的战略愿景，另一方面战略计划又属于具体的行动安排。因此，战略计划可以实现战略愿景与战略行动的无缝对接。为什么某些企业规划了美好的战略愿景，却在实现愿景过程中遭遇失败呢？一个重要原因是缺乏强有力的战略计划，结果是愿景没有落地或者无法落地。

（3）提供战略绩效考核的标准。在战略领域，无法变成行动的战略思想就是战略幻想，没有计划的战略行动将是战略冒险。战略计划不仅是引导战略行动的指挥棒，而且是判断战略行动成败的依据。战略决策者根据计划的完成情况，检查战略的进度，评估战略的成果。假如没有明确的战略计划，面对战略行动的各种状态，特别是战略进入胶着状态，企业决策者非常容易产生摇摆和怀疑的心理。其结果很可能是战略行动不了了之，甚至酿成战略灾难。

在企业运营中，制订战略计划的必要性常常变成制订战略计划部门的重要性。许多企业设置专门的计划编制机构，并由该机构制订所有的计划，其中也包括战略计划。这与本书关于"制订战略计划"的理念不同。本书认为，制订战略计划是战略设计的任务，制订战略计划并非事务性工作而是创造性工作。因此，制订战略计划必须遵循特别的程序以及特殊的原则。

二、制订战略计划的程序和原则

（一）程序

制订战略计划的过程，从战略愿景形成开始，到战略计划确定而结束。每个企业都有自己的特殊情况，每个战略都有自己的特殊行动，但是，制订战略计划的逻辑程序是相同的。简述如下：

（1）形成愿景共识。企业决策层对战略愿景的内容没有达成共识，战略计划制订就无从谈起。在制订战略计划之前，战略设计者需要将愿景规划交付企业决策层集体讨论，消除愿景分歧，形成愿景共识。坚定和共同的战略愿景是制订战略计划的前提。

（2）分解愿景内容。愿景内容可以沿着横向和纵向两个方向进行分解。从横向来看，战略愿景由若干关键指标作为支撑。比如，建成一个令人敬仰的品牌企业的战略愿景，在横向上可以分解为产品与服务的特色、企业竞争的优势、商业模式的技巧、战略管控的措施等。横向的愿景指标汇集起来，构成企业愿景的整体架构。从纵向来看，战略愿景是分阶段实现的，比如，企业成为产业前三的战略愿景，可以分为5年、10年、20年等若干个战略目标。纵向的愿景目标汇集起来，代表企业愿景的实现过程。经过横向与纵向分解之后，战略愿景可以从抽象的战略口号变为具体的行动要求。

（3）确定战略的核心指标与关键行为。在分解战略愿景的基础上，战略计划制订者还要对已经分解的愿景内容进行比较，分别找出战略行动的核心指标与关键行为。首先，需要对战略指标进行比较，寻找那些对实现战略愿景具有突破性作用的指标，并把它作为企业战略的核心指标。其次，制定者还需要确认战略行动的关键行为。一般来说，那些对核心目标实现起决定作用的商业行为就属于战略行动的关键行为。在制订战略计划的过程中，战略的核心指标与关键行动构成战略计划制订过程的两个着眼点。

（4）战略计划的宏观设计。在确定战略的核心指标与关键行动之后，战略计划制订者需要对战略行动做出总体安排。一是根据战略的核心指标与非核心指标分配战略任务，规定核心团队与重点团队的行动目标以及考核办法。二是根据战略的关键行为与非关键行为配置资源，规定企业在特定阶段的资本投入、发展速度与经营业绩等计划。这两项安排的完成，相当于形成了战略行动的总体计划。

（5）战略计划的微观设计。制订战略计划的前四步具有明显的"设计"特征，但仍然没有脱离抽象和粗放的特点。为了保证战略计划的顺利执行和落实，业务部门应该根据战略总体计划的要求，制订详细的业务推进计划，这可以称为"战略计划的微观设计"。只有完成战略计划的微观设计，战略才能彻底实现由抽象到具体的转化。

在性质上，战略计划的微观设计属于企业日常管理的范畴。战略计划制订者无权做出这些微观设计。但是，为了慎重起见，他们必须审查战略计划的微观设计。至于怎样审查以及怎样帮助业务部门制订这些计划，在理论上没有统一的标准，战略计划制订者需要具体问题具体分析。

应该强调的是，战略设计是有边界的活动。从战略创意、产品（服务）的战略功能、战略行为、商业模式、企业的内外环境、战略愿景一直到战略计划，这些问题已经足够战略设计者应付的了，剩余的战略之事不是交给"上天"，而是交给企业的管理层。企业战略管理不是战略包办管理，而是战略与管理的相互配合。

(二) 原则

战略计划就是企业执行战略的行动计划。为了更好地发挥战略计划对战略行动的指导作用，同时也为了减少战略计划的缺陷，战略计划制订者必须遵循以下原则：

(1) 战略计划宜粗不宜细。从战略思想到战略行动是战略过程的重要转折，战略计划是这一转折的标志。在逻辑上，战略计划没有超出主观思想的范围，而战略行动代表企业的实际投入，战略计划的对错直接影响战略行动的成败。为了避免战略行动出现重大损失，战略计划需要留有余地，给战略的灵活调整留下空间。退一步讲，即使战略计划是正确的，未来的商业不确定性也需要战略保持粗放状态，这可以为企业提供更好的战略选择。根据这些道理我们可以解释，为什么有些企业没有制订战略计划，战略也只是决策者头脑中的粗略想法，却能够取得辉煌的战略成就；而有些企业抱着详细的战略计划，但在随后的商业活动中却一败涂地。

(2) 先做战略项目计划，后做战略阶段计划。这是制订战略计划的顺序要求。战略愿景经过横向分解成为战略指标时，每个指标对应一个项目计划，如产品指标与产品研发计划、制造规模的指标与制造规模扩充计划、服务改善的指标与服务体验开发计划等。先做项目计划的好处是，企业可以按照战略行动的主次关系构造战略计划的整体架构。在完成项目计划的基础上，制订战略阶段计划就是根据重点战略项目的实施进度，安排和部署每个战略阶段的行动任务，比如，企业的产品发展战略可以做出这样的行动安排：前三年主要研发新一代产品，第二个三年主要开拓市场，第三个三年可以扩大生产规模，同时企业还要做出相应的资源配置。总之，按照这样的顺序，制订战略计划的工作可以实现"纲举目张"的效果。

(3) 战略计划必须配备可靠的财务预算。从内容来看，战略计划是企业关于投资、技术、产品、规模、速度的总体规定。这些规定能否实现可以决定企业的生死存亡。因此，企业的预算资金安排必须与战略计划规定一致。一般来说，制订者在设计战略计划时已经充分考虑了企业的财务压力。可是，为了预防意外情况，制订者还需要准备战略的预备资源，以确保战略计划的顺利执行。

在制订战略计划时，人们常犯的错误是把战略计划等同于一般计划。有些人认为，做计划无非就是做些填空题或计算题、添几个数字或者加几个数值而已。这种想法严重低估了战略计划的创造性与严肃性，最终有可能让企业在"临门一脚"时出现拉胯现象，从而让精心设计的战略失去应有的价值。

三、战略计划与战略变化

在战略过程中，战略计划与战略变化是相伴相随的关系。战略行动总是从确定的战略计划开始，随即进入无限的战略变化之中，直到在某个变化的节点上形成战略成果。在这个过程中，假如没有严谨的战略计划，企业就不宜开启战略的征途。然而，战略设计只是创造出商业活动的技巧，在战略行动中，商业活动的技巧必须变成商业活动的灵巧，而商业活动的灵巧意味着企业可以从容应对商业的变化。假如无力应对战略变化，经历一些挫折后，企业就难以走到战略的尽头了。事实上，大多数的商业战略是由企业决策者宣布结束的，而不是由于战略成功而结束的。至于商业战略到底在什么情况下结束？这要取决于战略计划与战略变化之间矛盾的解决情况。

为了解决战略计划与战略变化之间的矛盾，人类很早就开始探索战略与战术的关系。有人将战略与战术对立起来，他们的态度是，在战略遭遇困难时，决策者应该利用战术变化来保持战略不变，从而保持战略在情势变化中的坚定性。这是对战略与战术关系的一种误解。战略与战术是统一的，商业战略是决策者关于企业生存与发展的思想观点，战术则是关于企业生存与发展的行动表现，在两者之间，没有战术的战略属于空谈，失去战略的战术属于盲动。战略与战术统一的基础是战略计划。实际上，战略计划的制订就是战略与战术的融合过程。因此，制订战略计划既需要战略智慧，又需要战术才能。[①]

无论是战略智慧，还是战术技能，两者在本质上都属于人的思维能力。这就意味着战略计划再好也是"人意"，我们不能无限夸大战略计划的功用。不顾战略环境的变化，企业完全依照计划行事，最终有可能一败涂地。战略的实现是战略设计"人意"与环境变化"天意"共同作用的结果。

说到底，战略计划与战略变化分别属于两种性质不同的力量。战略计划源于战略思想，是约束企业战略行动的主观力量；战略变化源于商业环境，是影响企业战略行动的客观力量。主观力量与客观力量相互交织必然产生这样的战略现

---

① 商业活动中的战术设计非常广泛，比如，产品流转的细节设计，顾客服务的话术设计，广告宣传的方法设计，公关处理的技巧设计，等等。如果说战略设计代表了商业大智慧，那么，战术设计则代表了商业小技巧。商业的成功主要依赖战略设计，但也离不开战术设计。一般来说，战略设计由企业战略的决策者负责，战术设计由战略行动的执行者负责。

象：坚持战略计划体现了战略行动的坚定性，顺应战略变化表现了战略行动的灵活性，而最好的战略行动必须是"既坚定又灵活"的战略行为。

从深层逻辑来看，战略变化是战略计划的基础。战略计划本身就是人们应对战略变化的表现。只有能够应对战略变化的战略计划，才是有效的战略计划。在制定战略和战略计划的过程中，那种"以不变应万变"的态度是一种战略上的傲慢心理，战略决策者迟早要为这样的傲慢付出代价。因此，权变是制订战略计划的最高艺术，纵观战略实践的历史，这也是战略设计的最高艺术。

第十章 战略设计的完善过程

战略设计者表面悠闲，实际工作却非常辛苦。战略设计期间的操劳与压力不必细说。即使完成战略设计之后，他们也不敢懈怠，需要马上投入战略设计的优化过程，最优的战略设计才能成为最终的战略决定。而在战略行动中，常常是"计划没有变化快"，因此他们随时准备调整战略方案，一直持续到战略行动结束。在战略结束之后，战略决策者还需要复盘旧的战略或者思考新的战略。除了设计战略之外，完善战略和复盘战略也是战略设计者的重要工作。

战略设计、战略完善以及战略复盘的过程，也是战略设计者的成长过程。具体表现是，战略设计者决不满足于设计一个好战略，而是希望设计出更好的战略；他们也决不满足于做一个平凡的战略决策者，而是希望成为商业的战略家。在战略设计者的职业生涯中，他们的普遍感受是战略无小事，只有技高一筹才能创造战略的成功。

每个人都不敢妄称自己是战略设计领域的权威。即使设计出一个巧妙的战略方案，你未必能取得战略的成功；即使有幸获得战略成功，你未必能设计出同样成功的新战略；即使已经成为战略高手，你也未必能打败一个战略新手。战略设计是一项充满挑战的事业，除非退出商业江湖，否则战略决策者只能在惶恐之中砥砺前行。

第一节 战略设计的完善行为

通常，战略方案的形成意味着战略设计流程的结束。可是，在战略设计流程结束之后，战略设计行为还将延续至战略行动的结束，这主要表现在两个方面：一是战略的设计方案要成为战略的决策方案，必须经历战略的优化过程；二是战略方案因环境变化而变化，必然经历战略的调整过程。在性质上，**战略优化和战**

略调整都属于"战略设计的完善行为"。

在战略设计结束之后,为什么还要对战略设计进行完善呢?战略设计是人们整合各种因素应对复杂环境的过程,而战略方案并非应对复杂环境的唯一正确答案。只要战略过程没有结束,战略设计者就必须根据企业特点选择更优的战略方案,或者需要根据商业变化寻求更好的战略方法。由于战略优化和战略调整的需要,某些特殊的战略设计行为,如战略的补充设计或重新设计也成为战略设计者的任务,而且其复杂程度并不亚于正常的战略设计,其重要性也绝不输于正常的战略设计。

事实上,战略的形成不可能一蹴而就。任何战略都要经历设计、优化、调整和迭代的过程。在战略迭代之前,战略的设计、优化和调整可以统一称为"广义的战略设计流程"。相应地,第二章至第九章描述的战略设计流程则可以称为"狭义的战略设计流程"。

狭义概念和广义概念相比较,人们更容易接受狭义的战略设计概念,认为战略设计就是提出一个战略方案的过程。实际上,战略设计的复杂性远超人们的想象,不仅狭义的战略设计流程可能断断续续,而且广义的战略设计流程也可能反反复复,在战略实践中,战略设计行为几乎总是在时隐时现的状态中完成的,以至于人们只是见到战略的存在而见不到战略设计的全部过程。由此可见,广义的战略设计流程概念更接近于战略产生的实际情形。

一、优化战略方案

战略方案即战略的总体设想。由于所处战略阶段的不同,战略方案可以分为两种情形,即战略设计的方案和战略决定的方案。前者代表了战略设计者的战略观点,即个体的战略思想;后者代表了战略决策层的战略共识,即集体的战略思想。个体的战略思想怎样变为集体的战略思想呢?转变发生在战略决策之中。在战略决策的过程中,个体设计的战略方案需要经历评估、补充或修改、决定等环节,才能成为企业的战略决定,这就是战略优化现象。主要步骤包括:

(1) 战略方案的评估。评估是指对战略方案的价值和风险进行评价与估计。一般来说,战略评估主要围绕这样几个问题进行:

○战略方案是否代表理想的投资效益比?分别审查战略代价与战略收益。

○战略方案是否代表企业最好的战略选择?重点审查企业的战略选择与最佳的战略机会是否一致。

○战略方案是否反映企业最高的价值诉求?重点审查战略的价值诉求与企业最大的战略优势是否一致。

○战略的最大风险是什么?企业克服这种风险的条件如何?

○战略实现的关键问题是什么？企业解决关键问题的资源或能力怎样？

○战略的不确定性包括哪些，以及企业应对不确定性的预案有哪些？

○战略方案是否可以得到员工的支持？重点审查战略目标能否满足员工的利益追求。

战略评估是对战略设计行为的全面审查。审查从战略设计的意义、战略的价值诉求、战略行动的风险，一直深入到战略设计的根据。这样的审查行为拓展了战略设计的广度和深度，也实现了个体思维向集体思维的转化。审查时，独立、审慎、各抒己见和彼此尊重是基本的原则。

实际上，战略评估也是企业战略决策层之间的沟通过程。战略决策成员要进行讨论和辩论，其中，讨论的目的是要达成战略共识，辩论的目的是要看清战略缺陷，两者缺一不可。战略评估过程经常出现的悲剧是，众人一致赞成或否决了战略设计的方案，结果，企业得到一个错误战略或者失去一个正确战略。聪明的战略决策者，宁可接受一个有异议的战略，也不愿决定一个毫无异议的战略。[①]

（2）战略方案的补充或修改。在战略方案通过评估审查之后，战略优化行为并没有停止。针对战略评估者提出的问题，战略设计者可能需要对原先的战略方案进行补充或修改，以便将更好的建议吸收到战略方案之中。补充或修改战略的行为主要包括：

○增添或删减战略规划，制订或放弃相关的战略计划。

○根据战略风险的预估，增加或减少战略措施，并且重新配置资源。

○针对不确定性的新预测，准备相应的战略预案。

○修补战略方案的细节，准确表达企业决策层的战略意愿。

毫无疑问，战略设计者都存在思维的盲区，战略方案存在缺陷是一种普遍现象。只有经过补充或修改之后，战略设计方案才能趋于成熟。战略设计者拒绝战略方案的优化，必将面临不可预知的战略风险。

（3）战略方案的决定。设计巧妙的战略方案并不一定成为最终的战略方案。这是为什么呢？战略决定权来自企业的控制权。战略决策层可能存在利益分歧或者认识分歧，而分歧可以影响战略的决定过程。为了协调各方利益，也为了战略的顺利推进，在决定战略的最后时刻，战略决策者可能对战略方案做出妥协和改动，否则，战略方案无法得到决策层的普遍支持，甚至有可能被迫放弃战略方

[①] 据莱特的《战略决策的艺术与科学》一书所述，（管理团队）在那些事关重大的情况下，如制定重大的投资决策或讨论战略方向，只要高层管理者阐述完自己的观点，他们就不太可能提出不同意见，更别说坚持自己的反对意见了。（因此，高层管理者）应该：首先保留（或隐藏）自己的观点；鼓励新的观点或批评；确保团队听取少数人的意见；设计各种方法阻止管理团队过早地达成一致。

案。从这一角度来看,战略决策者的最终改动也是重要的战略优化行为。[①] 主要表现是:

○增加或放弃某个(些)战略项目,增加或放弃某个(些)战略设计。
○重新调整战略资源的配置。
○改变或加强某些战略承诺。

总之,战略优化常常是一个在时间上无法确定的过程,很可能直到战略行动必须开始之时,战略的优化行为才不得不停止。由此可以得出两个结论:一是战略优化就是战略权衡的过程,所有的战略设计最终都变成战略选择;二是战略优化也是战略妥协的结果,所有的战略设计最终都存在某些遗憾。也就是说,即使经过不断优化,世上也没有最完美的战略,商业决策者只能在权衡或妥协中做出战略决定。

二、修正战略思想

无论怎样优化,战略方案也只是商业决策者的战略理想。一旦诉诸实践,战略理想与战略行动之间必然产生碰撞。是坚持战略理想,还是修正战略思想?人们在战略行动中的态度可能截然不同。有人主张战略的坚定性,不管遇到什么困难都必须坚决执行战略;有人主张战略的灵活性,不管战略多么完美都必须以有效为准。理论界普遍认为,战略紧随环境,环境变化战略变化,环境不变战略不变。当环境变化明显时,人们非常容易判断这两种态度的对错。可是,当环境变化并不明显或者无法确定环境的变化趋势时,哪一种态度是正确的呢?人们对此莫衷一是,答案常常模棱两可。导致这种现象的主要原因是,有人将战略理想与战略思想对立起来,没有看到两者之间的联系,因而将战略坚定性与战略灵活性看成是相互对立的行为。

只要商业环境没有发生根本变化,战略理想和战略定性是企业战略成功的保证。在商业历史上,多数战略案例都证明这一结论的正确性。可是,战略理想并不排斥战略思想的修正行为。即使商业环境没有根本变化,抑或人们无法判断这样的变化,只要战略局势超出人们的预想,决策者就需要调整战略方案,以便适应情势的变化。此时,战略的灵活性不仅没有破坏战略的坚定性,反而更有利于战略的坚定执行,也有利于战略目标的实现。

基于这个道理,决策者在坚持战略理想的同时又不断修正战略思想,就成为一种战略的完善行为。由于战略思想蕴含在战略方案之中,所以,人们修正战略

---

① 根据学者鲁梅尔特的总结,战略决策者检验战略的标准包括四个方面:一致性,战略中不能出现相互矛盾的目标和措施;协调性,战略与社会价值创造及产业趋势发展保持协调关系;优势性,战略可以创造或维持一种竞争优势;可行性,战略目标实现的难易程度合适。

思想的主要方式是调整战略方案。具体分为以下三种情形：

（一）战略创新

随着战略的推进，原先粗略的战略设计必然面临一个细化的过程。人们可能指责战略设计者为什么要提交这样的战略设计方案？其实，粗略的战略设计主要源于当时商业环境的混沌。任何战略设计都面临环境混沌的风险。人们不可能等到环境完全明朗，才动手设计战略或者开始战略行动。在实践中，消除环境混沌风险的主要途径是，战略设计者根据商业环境的变化进行战略创新，弥补原先战略设计的缺陷。战略创新方案的形成代表战略设计者已经修正了原先的战略思想。

例如，中国阿里巴巴公司的"淘宝"平台最初只是一个平凡的 C2C 平台。阿里巴巴公司的决策层相信，"淘宝"平台代表网络零售商业发展的方向。至于"淘宝"如何成长，他们还处于模糊的认知阶段。此时，"淘宝"的商业战略设计只能保持粗略的状态。后来，"淘宝"平台的发展经历了三次战略创新：一是免费上线；二是建立支付宝；三是发起购物节。事实证明，这三次创新最终决定了"淘宝"战略的成功。

应该相信，粗略的战略设计总比没有战略设计要好。随着商业环境逐渐清晰，粗略的战略可以而且必须细化。相反，面对混沌的环境，麻木不仁或者坐以待毙的人们只能失去机会。战略是"敢赌"才能赢。

（二）战略转折

在战略执行过程中，战略行动遇到困难是正常情况。然而，当遭遇重大的困难时，战略决策者就要审查战略是否存在问题。假如，原先的战略设计与当前的商业环境之间出现冲突，战略设计者必须改变战略的局部设计。这就是理想服从现实的行动原则。

Omni Choice 公司是一个美国公共服务的网络供应商，由斯科特·斯奈德（Scott Snyder）与他人合伙成立。在 1999 年成立之时，公司进入快速的发展状态。此后不久，公司陷于互联网泡沫破裂的危机之中。Omni Choice 公司原先的战略方向是 B2C 业务，由公司在网上向客户提供优秀的公共服务。但是，人们更愿意选择专业的服务公司预订公共服务，而不愿意在一个陌生公司的网站上订购公共服务。这样，Omni Choice 公司的 B2C 业务迅速陷于困境。紧急关头，斯科特·斯奈德果断采用 B 计划，将公司的电子商务模式由以 B2C 为主导变为以 B2B 业务为主导，在 55 名员工中裁掉 40 多人，剩余员工的主要工作是向公共服务公司推销服务软件。正是依靠 B 计划的盈利，Omni Choice 公司度过了最艰难的时刻，竞争对手们因为没有改变战略而纷纷倒闭。[①]

必须强调，环境变化并非战略成败的直接原因，战略成败取决于人们怎样应付环境的变化。企业化解环境变化的困局可以分为两种情形：遇到一般困难，企业决策者可用"不同方法做事情"；遇到重大困难，企业决策者必须"做不同的事情"。实践证明，在环境出现突然变化时，只有那些最灵活的战略行动者，才能实现自己的战略理想。坚持战略不变的企业决策者，要么是因为恐慌，要么是因为自大，结果错过了战略调整的最佳机会。

（三）战略放弃

战略放弃分为两种情况：一是在战略决策过程中，战略方案因为不可行或不成熟而被决策者放弃；二是在战略行动中，战略方案因为行动整体失败或环境彻底改变而被决策者放弃。前者是一种战略优化行为，后者是一种战略修正行为。在后一种情况中，有人可能会问，既然战略已经被放弃，这种行为与修正战略思想有关系吗？很明显，放弃战略属于战略思想修正的极端情形。

一般来说，战略方案经过严密构思而成，又经过不断优化而定，这已经是比较完美的战略设想了。但是，战略设计者是人而不是神，战略错误和环境突变都是难以避免的情形。在放弃战略设想之前，企业决策者普遍经历了痛苦的煎熬。毫无疑义，放弃战略是勇气、责任和智慧的集中表现。更重要的是，战略放弃不等于放任战略失败。大多数情况下，放弃战略意味着决策者已经或者正在完成新的战略构思。

企业的战略发展没有空白时期。一旦选择通过战略方式谋求生存和发展，企业就将处于不间断的战略过程，设计战略、决定战略、实施战略、调整战略或放弃战略，这些行为相继转换，一直到企业消失。在这一循环过程中，战略放弃显然是一个可供企业选择的战略行为。

战略是人们在理想与现实之间的勇敢探索。战略理想来自商业现实中蕴藏的战略机会，又必须在未来的商业环境中实现。总体来说，企业没有实现战略理想，只是没有实现既定的战略目标，而不是商业的彻底失败。为了避免商业的彻底失败，也为了实现战略的最终理想，战略决策者既要谨慎设计战略，又要积极完善战略，根本不存在一劳永逸的战略。因此，战略完善是战略设计流程的组成部分。

[①] 保罗·舒梅克. 从不确定性中盈利[M]. 黄一义，译. 昆明：云南出版社，2005.

第二节　战略设计者的成长过程

在战略领域，战略设计权来自战略决定权，而战略设计的水平依赖设计者的思维能力。假如有权设计战略的决策者缺乏战略设计思维能力，其设计的战略就可能是昏庸的战略。昏庸的战略必然给企业带来风险，甚至是灾难性后果。坦白地说，决策者拥有战略决定权的同时又具有战略思维能力，这真是企业的一件幸事。

当然，没有人是天生的战略设计者。每个战略设计者都必须经历战略设计实践的历练。也就是说，战略设计与战略完善的行为必然促进战略设计者的成长。其成长过程主要表现为，在经历战略决策实践之后，战略设计者的设计经验逐渐升华为战略的设计水平。只有战略的设计水平提高到一定程度，设计者才可以设计出战略精品。精品战略体现了战略设计的艺术性，而设计艺术的形成代表了战略设计的最高境界。此时，战略设计者被人们尊称为"战略家"。从战略设计思维，到战略设计水平，再到战略设计艺术，战略设计者成长为战略家是一种螺旋式上升的过程。

一、战略设计思维

在设计领域，绝大多数的设计工作是人们动手与动脑相互配合的创作行为。但是，战略设计是一种特殊的设计工作。从流程来看，战略设计是设计者在头脑中构思战略想法的过程。从结果来看，战略设计方案可以是简要的文字记录，也可以直接保留在头脑之中。从工具来看，战略设计者利用纸和笔就可以完成，有时甚至连纸和笔也不用。这些特点均源于战略设计是一种思想设计。因此，战略设计最需要的是人们的设计思维能力。

设计思维代表人类思维进化的最新成果，它强调利用设计的方式去研究和创造事物。在设计思维形成之后，设计思维理论经历了一个普及的过程。其中，商业战略设计思维就是设计思维在商业战略设计领域的发展成果。具体来说，**战略设计思维是指人们主动、严谨与合理地创造战略的思维能力**。其中，"主动"代表战略设计是人们的积极思考，"严谨"表示战略设计是一个严密的思考过程，"合理"意味着战略设计符合商业逻辑的要求。当商业发展进入战略竞争时代，战略设计成为商业决策者的普遍行为，战略设计思维成为商业决策者的必备技能。

战略设计思维是一种既特殊又重要的设计思维能力。在商业领域，人们即使具备一般的设计思维能力，也未必具有战略设计思维的能力，犹如一位产品设计大师能够设计出精致的产品，却未必有能力设计巧妙的产品战略。商业战略设计思维的特殊性主要表现在：

（1）战略设计思维不是纯粹的抽象思维，而是代表一种由抽象到具体的演化过程。战略设计思维始于商业观察。观察者可以发现商业活动的战略机会，但此时的战略机会仍是一个抽象的结论。当战略机会变为投资行为的时候，特别是出于创业或创新的需要，商业决策者才开始了战略设计的过程。在这一过程中，战略设计者首先将抽象的战略机会转化为具有竞争力的产品或服务，其次设计商业成功所需要的战略行为、商业模式、企业内部战略管控和外部战略调控措施，最后勾画出战略愿景并制订战略计划，从而呈现出一种由点到面的战略演变过程。其中，战略设计过程之"点"就是战略机会，而这个过程之"面"分为产品服务、战略行为、商业模式、内部战略管控关系、外部战略调控关系、战略愿景、战略计划等不同内容。由于"点"到"面"的演化路径错综复杂，所以，人们在同一行业内创造的战略必然各具风采。一个缺乏想象力的商业决策者肯定无法成长为优秀的战略设计者。

（2）战略设计思维不是简单的胡乱猜想，而是代表一种既大胆又细密的思考过程。商业战略设计需要人们的商业想象力。但是，简单或胡乱猜想是想不出一个好战略的。只有丰富的想象力与精密的算计力相结合，人们才能设计出绝妙的商业战略。具体表现是，大胆设计特色的产品或服务作为战略优势的基础，同时对产品或服务的战略功能提出极致要求；大胆设计商业模式作为战略竞争的核心，同时对商业模式的关键环节进行严格测试；大胆构建战略实施的整体布局，同时对企业内外的战略关系进行有效管控；大胆设想宏伟的战略愿景，同时制订严密的战略计划。总之，战略设计思维是由一系列相互对立又相互补充的思考行为组成的，从而反映出这种思维的辩证性质。

（3）战略设计思维不是直接的推导行为，而是代表一种反复的探索过程。战略设计总是从"个体构思"开始的，但是，"个体构思"战略无法摆脱个人思考的片面风险。于是，在战略设计方案形成之后，战略设计思维并没有停止前进的脚步，而是经历了由个体思维向集体思维以及战略思维向战略行动的转化。在这两次转化中，个体的战略思想获得了两次提升，一是战略方案的（不断）优化，二是战略思想的（不断）修正。其中，战略优化可以形成战略共识，战略修正可以纠正战略错误。无论是前者还是后者，相对于最初的战略构思而言，战略都经历了持续和反复的探索过程。实际上，战略成功是人们反复尝试的结果，战略设计思维是人们灵活应对商业复杂性的顶级思考能力。

然而，这种思考能力是战略设计者深藏不露的技能。一旦战略行动结束，战略设计思维的优势便完全凝结到商业成果之中。人们可以看到商业战略的成就，却无法感受其背后的战略设计思想能力。于是，有人将战略设计描述为商业大师的妙手偶成，也有人描述成商业天才的神来之笔。现在看来，战略领域没有神话，也不存在天才，更不能相信权威。依靠战略设计思维能力和战略决策实践经验，任何人都可以创造出商业战略的奇迹。

二、战略设计艺术

战略设计是一门手艺。[①] 在战略决策过程中，决策者都试图运用自己的全部智慧和经验，设计出令人仰慕的商业战略，即"战略精品"。我们将战略精品中蕴含的设计技巧称为"战略设计艺术"。从历史来看，战略精品及其设计艺术是一种罕见的战略现象。即使这样，战略设计者也都希望自己能够成为战略设计的艺术家。

战略设计艺术是战略设计实践的累积与迸发。实践对战略设计艺术形成的作用包括两个方面，即战略设计的经验和教训。与战略设计的经验相比，战略设计的教训更能促进战略设计艺术的形成。这是因为，商业环境是战略设计的基本依据，但商业环境是变化不定的，上次的设计经验未必是下次设计战略的经验；相反，上次的设计错误却可以成为下次设计战略的深刻教训。遗憾的是，世间的人们都想获得经验的窍门，却普遍忽略了教训的警示。在本质上，战略设计的艺术是一种创新的艺术。设计者重视自己（或他人）的战略教训，积极探索商业环境变化过程中的创新路径，这种做法更有利于战略设计艺术的形成。根据商业战略的历史总结，人们在战略设计中的常见错误是：

其一，战略设计忽视商业风险。设计者自作聪明，坚信"财从险中求"，采用非常奇葩的方法引爆一个不稳定、不成熟甚至不存在的市场，把商业冒险当成商业战略，结果聪明反被聪明误。

例如，"黄太吉煎饼"的战略设计。"黄太吉煎饼"的创始人赫畅自诩"是唯一一个曾在百度和谷歌市场部都待过的中国人"，坚信可以通过"网红"方式创造餐饮名牌。为此，他设计的战略行为包括：对煎饼进行豪华包装，开着豪车送煎饼，依靠投资达人做背景，并誓言将黄太吉送到美国上市。可惜，仅用两年时间，黄太吉就从兴盛走向衰落。黄太吉的失败教训是"心太急"。

其二，战略设计偏向一隅。一旦发现商业问题，设计者就认为可以抓住商业

[①] 在《战略过程：概念、情景、案例》一书中，明茨伯格把战略视为陶艺家手中的"陶土"，却没有说明"陶土"变成"陶器"的具体过程。他猜测这个过程可以分为两种情形：深思熟虑和随机行为。至于是怎样的深思熟虑和随机行为，他却没有进一步阐述。

机会，却没有看清机会背后的商业价值。这样，专为商业机会设计的战略可能难以产生理想的商业效果。

比如，"共享单车"的战略设计。商业机会是提供一种有效的短途交通解决方案，设计者却没有思考背后的车辆投放与管理成本。结果，经营"共享单车"的企业迟迟不能实现盈利。对此，有人说押金沉淀与流量信息的价值就是"共享单车"的战略价值，这种说法不是骗别人就是骗自己。

其三，战略设计充满贪婪。设计者满眼都是战略的商业价值，产品、行为、模式和愿景也都具有商业魅力，但是，产品潜藏风险、行为华而不实、模式存在缺陷、愿景纯属虚构，最终，战略沦为骗人的工具。

其四，战略设计毫无逻辑。在跟风式的投资活动中，跟风投资者的主要理由是：这是眼下最火爆的投资。因为火爆的投资形势，疯狂的投资者可能设计出一种毫无逻辑的商业战略，其结果是可想而知的。

其五，战略设计过于细琐。战略设计主要受制于商业机会，战略的方向和框架是战略设计的重点。等到设计者把所有的战略细节考虑清楚，可能类似的商业战略已经遍地都是。从逻辑上判断，只要社会的商业机会变为企业的战略机遇，战略的整体设计就应该没有方向错误了。在此前提下，战略设计出现细节错误都容易解决。相反，因为求细求稳而导致错过最佳商机，战略设计者可能遗憾终身。

总的来说，商业领域的战略设计是"败多成少"，而且许多人是在经历多次失败之后才取得了战略的成功。即使失败的教训反复出现，商业诱惑与财富贪欲也让人们无法抑制自己的战略冲动，结果"被同一块石头绊倒"的现象屡见不鲜。这也印证了黑格尔的一句名言："人类从历史中学到的唯一教训，就是没有从历史中吸取到任何教训。"

在重视战略教训的同时，战略设计者也需要总结战略经验。战略设计的艺术性就是创造一种成功的商业活动。任何成功的案例都可以启发人们设计战略的思路，从而为战略设计艺术的产生提供某些借鉴作用。根据对商业成功者的经验分析，战略设计的艺术性主要表现在以下几个方面：

（1）战略蕴含感人的故事。好的战略有故事。如继承优秀传统、引领生活时尚、方便人们生活、促进社会进步等。无论情节如何，战略故事都展现了商业活动的魅力。这种魅力可以感动消费者，也可以吸引合作者，为战略成功聚拢了支持力量。

（2）战略体现利他主义。商业战略是争取个体利益的规划。然而，极端个人主义的战略必然失败。在商业领域，个人利益必须通过为他人提供服务来实现。实际上，极端个人主义全面破坏了个体与他人的利益关系，大量的商业参与者变成企业战略的反对者。在战略利益格局的设计中，战略的艺术性主要表现为：一方面，商业活动属于一种有利于他人的商业行为；另一方面，战略方案能够吸引优秀人才参与其中。前者实现了"人聚财来"的商业理想，后者表现出"财散人聚"的商业智慧。正是在人财聚散之间，战略设计者凭借和谐的利益格局，既轻松又合理地分到属于自己的财富。

（3）战略拥有竞争优势。没有商业竞争就没有商业战略。同样，没有商业竞争优势就没有商业战略艺术。在战略设计艺术的表现中，动人故事和利他主义都无法替代战略的竞争优势。毕竟，人们设计的战略不是用来讲故事，也不是用来做慈善，而是用来争夺商业利益的。假如战略失去竞争优势，好看不中用，战略身上的其他所有光环都将黯然失色。利用企业的独特优势构建有效的竞争战略，这是战略设计的普遍经验。

最后强调，战略的设计经验与战略的设计艺术不可同日而语。设计经验只是表明某些做法可以获得成功的战略，但是，战略在某种程度上的成功并不意味战略设计具有艺术性。**战略设计艺术是指战略设计的思路和技巧达到令人仰慕的境地，战略方案堪称战略设计的经典案例。** 显然，多数人只是拥有战略设计的经验，少数人才能创造战略设计的艺术。

商业和战略都是以成功论英雄的。人们在欣赏成功者的战略艺术的同时，普遍低估了失败者的战略创新。实际上，任何战略设计都包含创新之处。只是因为幸运或者不幸，同样的战略创新却可能出现成功和失败两种截然相反的结局。在分别讨论了教训和经验对战略设计艺术形成的作用之后，我们可以得出一个综合性结论：创新才是通向战略艺术的必由之路。

三、提高战略设计水平的途径

尽管有人相信灵感或直觉可以产生战略艺术，但在绝大多数情况下，只有不断提高战略设计的水平，才是创造战略艺术的基本途径。当然，大多数人可能努力一生，也没有创造出战略设计的艺术性，他们只是奔跑在通往战略艺术的道路之上。[①]

为什么会出现这种奇怪现象呢？因为战略设计总是面对变化，变化生出机遇，变化引爆市场，变化成就战略，其间稍有闪失，变化就可能毁掉人们精心策划的战略，所以，战略设计的真谛是设计者应对变化的艺术。只有发现变化、顺应变化、利用变化，战略设计者才能创造出自己的战略艺术。与追求战略设计的艺术相比，商业决策者不断提高战略设计的水平更具实际意义。一般来说，设计

---

① 在《战略能力：持续的组织变革》一书中，学者欧梅认为，伟大的战略就像伟大的艺术作品或伟大的科学发现一样，尽管都要求掌握分析技术，但必定是产生于超越了有意识分析的洞察力和判断力。

水平越高，战略效果越好。战略设计者提高设计水平的主要途径包括：

(1) 如影随形地观察。战略设计的艺术是人们设计商业活动的艺术。理论修养并非战略设计艺术的主导因素。虽然有人声称受到某种理论的启发而设计出巧妙的战略，但是，大量的商业案例表明，战略设计艺术源于设计者的商业洞见。商业洞见主要依赖于人们的商业观察，与战略理论无关。

在观察商业生活时，只有达到如影随行的地步，如成为行业专家、产品发烧友或者技术研发狂，人们才有能力发现和总结商业的本质。然后，根据对商业本质的独特见解，分析现有商业的缺陷，才能确认商业发展的战略机会。总之，商业洞见是战略设计的重要前提。

(2) 重新定义商业活动。战略设计艺术的成果是设计出一种非凡的商业活动。在多数情况下，人们设计非凡的商业活动不是创造商业活动，而是对传统商业活动进行创新，即设计商业活动的特色，并以此创造商业的竞争力。人人都想设计出非凡的商业活动。问题的关键是怎样才能设计出非凡的商业活动。有时，外行可能比内行更容易发现商业创新的出路。理由非常简单，外行没有传统观念的束缚，因而外行更容易发现战略设计的新思路。

内行创造战略设计艺术的主要障碍是自己的心智模式。心智模式是指战略设计者内心的固有理念。实践证明，战略设计者因为经验丰富而成为内行，内行却可能因为相信经验而拒绝创新机会。如果借助外行的视角或者利用逆向思维，内行也可以轻松获取战略设计的新思路。

(3) 强化战略构思能力。从设计战略到设计出战略精品，这是一个毫无规律的过程。值得庆幸的是，成功者都凭自身能力构思出巧妙的战略。根据战略成功者的经验，强化战略构思能力的举措可以分为三个方面：

首先，主动研究战略问题与善于捕捉商业灵感相结合。战略构思是一种熟能生巧的行为。长期经验与瞬间灵感都是战略艺术的重要源泉。

其次，聚焦认识与全面分析相结合。战略设计者对关键行为的聚焦认识可以形成突破性结论。利用这一结论构思战略，则必须全面思考战略方案的可行性。

最后，个人设计与集体决定相结合。个人设计战略面临单向思考的片面风险，集体讨论可以有效克服或降低这种风险。

总之，战略构思是一种顶级的思维活动。虽然每个人的战略构思能力参差不齐，但是经过强化训练之后，战略设计者的设计水平将会普遍提高，而且在战略决策中可以各显其能，成功的商业战略也各具风采。

(4) 敢于尝试的心态。在战略设计过程中，"那些关于收益的选择通常要规避风险，而那些关于损失的选择通常要承担风险"①。在尝试之前，没人能够肯定战略必定成功。于是，"尝试"成为人们应对商业变化的最好心态。

尝试心态的具体表现是：打破传统观念，提出大胆设想，接纳不同意见，重视实验结果，纠正战略错误，承认商业失败。实际上，没人知道尝试在什么情况下可以成功。只有那些敢于尝试和坚持尝试的战略设计者，才有机会创造战略设计的艺术。据此我们可以解释为什么有人一生努力设计却无缘战略艺术，而有人在勇敢尝试中一举创造出战略艺术。

必须强调，以上四条途径都要依赖战略设计者的学习能力。战略面向未来，战略设计的成功主要取决于人们对未来变化的思考，而不是对过去经验的复制。只要不断学习和探索，战略设计者就可以提高自己的设计水平。

总之，战略设计是一种复杂和严谨的战略构思过程，战略设计的完善行为应该作为战略设计流程的组成部分。同时，战略设计完善的过程也是战略设计者成长的过程，即战略设计者提高设计水平的过程。对于战略设计者来说，战略完善是没有尽头的，设计水平是没有上限的，因而战略设计的事业必将是"路漫漫其修远兮，吾将上下而求索"。

---

① 莱特. 战略决策的艺术与科学［M］. 爱丁文化公司，译. 北京：中华工商联合出版社，2004.

第十一章 战略设计的理论与实践

人类在商业领域运用战略的历史悠久，商业的战略设计理论却姗姗来迟。造成这种现象的主要原因是商业长期处于缓慢发展的状态，从古代到近代社会，人们很少利用战略手段进行商业竞争，更遑论需要战略设计和战略设计理论。

20 世纪 60 年代之后，商业进入日益繁荣且竞争加剧的时期，人们开始广泛运用战略手段进行商业竞争。随着战略竞争的普及和深入，人们逐渐从被动利用战略发展为主动设计战略，由此开启了商业战略的设计实践。时至今日，战略设计理论仍然没有形成，战略设计领域内卷严重，战略设计实践面临严峻的挑战。通过对战略设计理论以及战略设计实践的回顾和总结，本章阐述了战略设计理论产生的主要问题，同时也分析了战略设计实践存在的不足之处。

第一节 商业战略实践呼唤战略设计理论

当我们用"商业战略"来定义商业领域的战略现象时，"商业"是指人们的一切营利活动，商业战略是人们进行商业活动的战略。类似的战略定义还有军事活动的军事战略、文化活动的文化战略以及政治活动的政治战略等。在人类进行的活动与人们运用的战略之间，活动的性质决定了战略的特点。根据这个结论，商业战略属于独立的战略领域，商业战略学构成独立的战略理论体系。在商业战略领域，战略设计是商业战略实践的一个环节，战略设计理论是商业战略学体系的组成部分。这些是我们研究商业战略设计现象的基本判断。

依据上述判断，我们可以进一步确认，只有在商业战略实践的背景下，人们才能全面总结战略设计理论的内容；只有在商业战略学的体系中，人们才能深刻认识战略设计理论的价值。这样的确认符合实践决定理论以及理论必将完善的普遍原理。总之，商业战略实践的背景与商业战略学的体系是我们研究和总结战略设计理论的两个重要视角。

一、商业战略的实践进程与理论成果

从古代到近代社会，人类的商业活动一直处于社会生活的从属地位，商业行为简单，竞争方式简陋，这些现象严重抑制了战略在商业领域的作用。进入近代社会，商业活动开始进入规模化的发展时期。然而，当时的商业活动主要是生产活动，而且产品长期供不应求。即使产品出现过剩问题，先进国家也可以通过战争手段为企业打开落后国家的市场大门，企业在总体上依然处于温和竞争的状态。在这样的历史背景下，企业注重生产的"科学管理"，如生产活动的规范、生产工艺的改进、生产效率的提高，因而形成了历史上的企业"科学管理"时代。

"二战"结束后，商业成为世界各国竞争的主要领域。在这一时期，技术发展、交通发达、生产繁荣、市场开放，全球的经济一体化逐渐形成。随着经济全球化的出现，巨量的商业机会和巨大的商业规模创造了巨额的商业财富。另外，更多的商业主体和更激烈的商业竞争产生了更大的商业风险。为了获取更多的财富，也为了避免更大的风险，人们开始运用战略手段进行商业竞争。于是，企业的发展进入了"战略管理"时代。

进入战略管理时代之后，商业活动的物质力量越来越弱，而思维力量越来越强。回顾企业的科学管理时代，人类的商业活动主要受制于物质条件，如原料、工具、交通、人力、工艺等，物质条件的优越决定了企业竞争的优势。在企业的战略管理时代，人们凭借巧妙的商业战略，如大规模—低成本生产、创新—差异化经营、专业化或多元化的投资等，在同样的物质条件下，使企业可以创造出更多的商业财富。经过比较我们可以得出结论，现代商业的繁荣源于战略竞争的普及。

在战略竞争普及过程中，战略实践为战略理论研究提供了契机。1957年，塞尔兹尼克提出"独特竞争力"的概念，这是战略实践兴起和战略理论研究出现的重要标志。20世纪60年代至21世纪初，随着战略实践的深入发展，战略理论也经历了从兴起到成熟的过程。根据战略思想史专家的总结，战略理论的发展可以划分为五个阶段。简述如下：

（1）20世纪60年代的战略规划理论。最初，商业战略被人们称作"商业政策"，主要讨论企业的发展方向问题。当时，战略研究的开创性著作包括钱德勒的《战略与结构》（1962）、安索夫的《公司战略》（1965）、安德鲁斯的《商业政策：原理与案例》（1965）。在这一时期，安德鲁斯与克里斯滕森总结出战略规划的基本体系。其主要内容包括：第一步，研究外部环境条件与趋势以及公司内部独特能力；第二步，研究外部机遇与风险以及公司内部资源的优势与劣势；第三步，通过评估决定机遇与资源的最佳匹配；第四步，公司做出战略选择。这一分析思路被人们沿用至今，成为商业战略分析的基本模式。

但是，安索夫认为当时的战略规划理论没有考虑商业环境的变化，于是，他提出"战略管理"的概念，学界由此开始研究战略的决策过程。在同一时期，波士顿咨询公司提出两大战略发现，即经验曲线和成长—份额矩阵，它们成为战略分析的重要工具。

（2）20世纪70年代的环境适应理论。1973年的石油危机警示人们，商业环境的不确定必然导致企业修改战略。于是，理论研究者将环境不确定性作为战略研究的重要方向。其中具有代表性的观点包括林德布罗姆的"摸着石头过河"、奎因的"逻辑渐进主义"和明茨伯格的"应急战略"，这些学者都把战略看成意外产物，即企业应对环境变化所采取的应急对策。

在这一时期，战略领域开始采用情景分析作为分析未来不确定性的工具。实践证明，情景规划活动在战略决策中发挥了重要的作用。

（3）20世纪80年代的产业组织理论。进入20世纪80年代，波特将产业组织理论引入战略研究中，强调市场力量对企业获利能力的影响，并且系统阐述了竞争战略学说。其主要观点是，企业通过分析产业结构选择有吸引力的产业；通过寻找有利的价值环节获取竞争优势；通过竞争优势决定竞争战略，即成本领先、差异化或聚焦战略。同时，波特还发明了产业结构分析、价值链分析和竞争对手分析等工具。后来学者发现，企业也可以从其他途径获得竞争优势，而且竞争优势必须紧随环境的变化而变化。

（4）20世纪90年代的资源基础论与核心竞争理论。进入20世纪80年代后期，人们逐渐认识到，商业竞争无常规，也没有通用战略，更不能仅通过产业优势来解释企业的优异表现。以沃纳菲尔特和格兰特为代表的资源基础论认为，企业的资源和能力是竞争优势的主要根源。相应地，战略分析分为五步：第一，对公司资源进行分类，评估其优势与缺陷；第二，分析公司能力；第三，评价资源与能力的潜力；第四，根据公司的资源与能力制定战略；第五，找出资源差距，改善能力，进入下一个战略循环。与此同时，以普拉哈拉德与哈默尔为代表的核心竞争理论认为，企业必须拥有对顾客有价值的、稀缺的、对手难以模仿的资源和能力，强调核心竞争力的识别、培育、扩散与应用是战略管理的关键环节。

经过几十年的战略探索之后，人们更加重视战略的创新。除了资源基础论和核心竞争论之外，20世纪90年代的战略理论创新还包括大规模定制、时基竞争、归核化、虚拟组织、竞合、学习型组织等。

（5）21世纪初的顾客价值中心理论与商业生态系统理论。21世纪初，以竞争为目的的战略思想进一步衰落，人们更加重视战略创新与战略创造。这一时期，科特勒提出顾客价值中心理论，认为顾客价值构成企业之间的竞争规则，规则制定者比规则遵守者拥有更多信息和资源的优势，企业应该围绕顾客价值重组自己的战略逻辑框架。同时，穆尔提出"商业生态系统"概念，认为企业应该从顾客、市场、产品、过程、组织、风险承担者、政府与社会七个方面考虑商业生态系统，从中选择合理的商业位置。[1]

另外，在21世纪的前20年，以中国和美国为代表的互联网商业成为商业发展的热点地带。网络商业战略成为商业领域的"明星战略"，比如，以阿里巴巴公司和亚马逊公司为代表的"商业平台战略"、以小米公司为代表的"互联网思维战略"、以360公司为代表的"免费经济战略"、以腾讯公司为代表的"生态圈战略"，这些公司都取得了不斐的商业成就，其战略案例为将来人们总结网络商业战略理论提供了成功样本。

在历经近70年的发展之后，我们总结商业战略实践的历史以及商业战略理论的成果，可以得出以下结论：

○在现代社会，商业组织的生存与发展必须依赖战略竞争手段。

○战略理论为人们的战略实践提供了战略知识。如战略规划理论、环境适应理论、产业竞争理论、核心竞争力理论、商业生态系统理论等。

○现有的战略理论无法解决战略实践的最关键问题，即战略是怎样形成的问题，这也是战略研究的尴尬之处。

对此，学者们的回答是："我们是一群盲人，战略就是我们的大象。"[2] 非常遗憾，历经几十年的摸索，所有的战略流派至今也没有摸清这头"大象"。理由非常简单，战略不是一头"大象"，而是一种"设想"。

不仅战略定义混乱不清，学者们在解释战略形成时也说法不一。针对战略是怎样形成的问题，每个流派各自强调战略形成的特殊力量，从而提出不同的"战略形成的关键因素之说"。例如，设计学派——固执、计划学派——仪式、定位学派——设防、创业学派——崇拜、认知学派——幻想、学习学派——漂移、权力学派——阴谋、文化学派——怪癖、环境学派——遵从、结构学派——变性。实际上，这些观点只是从不同角度描述了"战略形成"的极致表现。正是因为坚持战略形成因素的极致表现，每个流派都认为自己发现了战略的真谛，结果其观点却成为不合逻辑的极端观点。人人都知道战略的重要，但却在理论上说不清楚战略形成的过程。这真是商业战略学领域的一个天大笑话。

---

[1] 邹统钎，等. 战略管理思想史 [M]. 天津：南开大学出版社，2011.
[2] 明茨伯格，等. 战略过程：概念、情景、案例 [M]. 徐二明，译. 北京：中国人民大学出版社，2012.

人类发展的一个重要现象是，历史趋势总是隐藏在历史过程之中。根据这个结论，通过对以往商业战略历程的分析，我们可以发现战略理论发展的方向。笔者认为，经过几十年的商业战略实践，战略竞争正在从启蒙阶段进入普及阶段，人们已经开始由模仿他人的战略转变为主动设计自己的战略。与此相对应，商业战略理论的发展趋势是，战略研究应该沿着"战略是行动设想"的逻辑线索，深入探索战略思维过程以及战略设计流程的真相，系统总结战略思维理论和战略设计理论，以便为人们的战略决策和战略设计提供理论指导。

二、战略设计的实践价值

在战略实践中，任何战略过程都离不开战略决策。在战略过程中，任何战略决策都离不开战略思维。在战略思维中，任何战略思考都离不开战略设计。这一连串的现象表明，战略设计形成战略思想，战略思想变成战略决策，战略决策引发战略行动；这就是战略的真实过程。在这个过程中，战略设计是战略过程的首要行为，离开战略设计，战略的一切问题都无从谈起。

然而，这个结论没有引起战略学界的普遍重视。人们迷恋战略的光彩与神奇，却低估了战略思考的作用。出现这种态度的原因是，人类广泛利用商业战略的历史很短，人们主动设计战略的历史更短，因此，战略设计理论的价值自然不会引起人们的重视。当前，战略设计理论研究的首要任务是揭示战略设计行为的价值，以此唤起商业决策者对战略设计的兴趣。只有商业决策者越来越重视战略设计工作，战略设计理论的价值才能逐渐显露出来。战略设计的价值主要表现在以下几个方面：

（1）战略设计体现商业活动的理性。现代商业竞争的主要特点是，商业机会不断涌现，但是商业机会的争夺者也越来越多。为了从竞争中胜出，人们几乎需要用尽洪荒之力，甚至把商业投资变为直接的"烧钱"行为。然而，单凭热情做出的战略决定，由于缺乏战略设计的常识，战略构思很容易成决策者的一厢情愿，继而成为疯狂烧钱的理由。与那些没有战略的失败案例相比，拥有疯狂战略的商业败局所造成的损失更加严重。这就说明，人们不是拥有战略就可以取得商业成功，而是依靠通过理性设计的战略才有成功的希望。

（2）战略设计决定战略领导水平。战略在商业活动中的作用可以概括为"战略领导"。战略领导的实质在于，商业决策者利用战略引导商业活动的正确方向。对于决策者来说，正确的战略领导必须以战略思维为基础，而战略思维的过程又以战略设计为起点。由此看来，战略设计、战略思维及战略决策构成了一个完整的闭环。毫无疑问，优秀的商业决策者一定是伟大的战略决策者，伟大的战略决策者一定是成功的战略设计者。凡是没有战略设计能力的决策者，迟早要被商业竞争的浪潮淘汰出局。

（3）战略设计有助于避免冒险行为。从表面来看，战略表现为商业的精明。怎样才能做出精明的商业行为呢？按照笔者的理解，精明的商业行为背后是精心的战略设计。然而，战略在实践中经常是因决策者的机灵或热情而产生的。商业领域常常出现这样的情形：没有战略的企业只是做不到商业的精明，仅凭机灵或热情决定战略的企业却可能输得惨不忍睹。当然，精心设计战略也不能保证完全消除商业的所有风险。可是，战略的客观风险与战略决策者的主观冒险毕竟不同。一般来说，战略设计是经过认真思考而提出战略的，这与不思考（凭热情）或思考不够（靠机灵）而提出战略的行为相比，可以避免更多或更大的危险。

通过以上三个不同的维度，我们分析了战略设计在商业实践中的价值。在肯定战略设计的价值的同时，我们也必须承认，战略设计在目前的商业实践中面临许多困难。主要包括：

其一，战略不是商业成功的唯一因素。除了战略之外，资源、机会、行动力乃至运气都可能影响商业的成功。

其二，战略决策者的"行为惯性"。满足以往的成功或者陷入当前的事务，都可以影响决策者思考战略问题。特别是职业经理人，他们对位置的热情可能远高于对战略的热情。

其三，战略决策层的"信息障碍"。外部的机遇信号没有引起战略决策者的重视，内部的慵懒环境导致企业员工厌恶改变，两者叠加后就更加削弱了决策团队的战略兴趣。

其四，设计完美的战略不一定产生完美的结果，而战略设计总是不完美的。有人主张，与其设计那些随时可能改变的战略方案，不如只保留战略意图，从而在复杂的环境变化中"以变应变"。

成功总是属于有准备的人。在商业领域，"有准备的人"主要是指"为商业活动设计战略的人"。他们在商业活动中精于"谋划""算计""安排""布局"等，这实际上是人们主动构思商业活动的技巧，即"战略设计"。战略设计概念的提出，标志着我们正式承认"谋划""算计""安排""布局"在商业实践中的重要作用。

战略理论家反复强调，要做正确的事情（战略），而不是正确地做事情（管理）。应该看到，战略启蒙时代已经结束，这个道理已经深入人心。现在的问题是，人们怎样以正确的方法做正确的事情。本书强调，人们首先需要设计一个好战略。我们可以预见，战略设计行为必将成为战略实践中最重要的行为，战略设计理论也必将成为战略学体系中最重要的理论。

三、战略设计理论的溯源

战略设计研究的背景是商业战略的实践。这并不是说，战略设计理论是战略实践的直接产物。在人类思想发展的长河中，任何理论的产生总是可以找到理论自身的历史根源。根据这个结论，我们可以尝试从先辈的论述中寻找战略设计理论产生的源头。

著名战略学家亨利·明茨伯格提出，企业战略管理学大约可以分为十个流派。其中的一个学派被称为"设计学派"，该流派的主要战略观点是：

○战略形成理应是可控的、有意识的思想过程。
○该过程的责任必须由 CEO 承担，他是个战略家。
○战略形成的模式必须要简洁和通俗。
○战略应该是独特的。
○战略必须出自一个成熟的设计过程。
○制定战略应当清晰，如果可能应相互关联，也就是战略必须简洁。
○一旦这些独特的、成熟的、清晰和简洁的战略完全系统地表达出来之后，必须执行这些战略。[1]

显然，设计学派主张战略制定应该经过设计的过程。他们认为，在勾勒和选择一个特定战略之后，战略规划就宣告结束，这种战略选择和形成可以称为"决策"过程。总的来看，设计学派虽然提出了设计战略的必要性和原则，但其将战略设计与战略决策混同，也没有进一步阐述战略设计的具体流程，因此，设计学派的主张在性质上应该属于一种战略（管理）学说，而不是战略设计学说。

与设计学派相似，计划学派也对战略设计做了理论探索。其主要贡献是：

○提出战略规划分为五个步骤，即外部分析、内部分析、确定战略目标、制定战略举措、推动战略执行。
○提出战略分析的模型，即 SWOT 模式。
○由首席执行官负责整个战略形成过程。[2]

与设计学派相比，计划学派对战略设计现象的研究更加偏远，其研究主要强调了战略设计的外围因素，根本没有涉及战略构思的过程。

除了设计学派和计划学派之外，其他流派的学者也对战略设计理论做了探索性研究。例如，理查德·鲁梅尔特认为："战略工作的核心基本相同：发现关键

---

[1] Henry Mintzberg. 公司战略计划 [M]. 张艳，等译. 昆明：云南大学出版社，2002.
[2] 明茨伯格，等. 战略历程：穿越战略管理旷野的指南 [M]. 魏江，译. 北京：机械工业出版社，2012.

问题，设计出一个合理的方案，并集中力量采取行动处理这些关键问题。"① 甚至还有人尝试描述战略形成的大致过程，例如，詹姆斯·布赖恩·奎因和约翰·沃耶共同提出："成功的战略管理者往往通过逻辑的、积极的、渐进式的操作方法，采用基于理解、认同和承诺的战略形成过程。在组织内的连续性的事件流中，战略形成和战略执行相互影响、相互作用。"② 这些探索者已经非常明确地提出"战略设计"或"战略形成"的说法。可是，他们的表述恰恰说明，以往的战略研究者确实没有深入到战略设计的具体过程。

到目前为止，人们对战略形成（设计）的研究仍然处于起步阶段。为此，加里·哈默尔教授在《战略创新与价值追求》（1998）一文中，系统阐述了战略形成理论的重要性。③ 主要观点如下：

〇如果战略创新是创造新财富的核心，为什么战略在大多数公司里不再是重要的考虑呢……因为管理者并不知道如何处置那些奇妙的观念、框架和术语。

〇战略家对战略环境和战略内容或许颇有研究。但是管理者不知道如何去制定能创造财富的创新战略。

〇任何自称为战略家的人都应该感到非常尴尬，因为在战略领域没有关于战略形成的理论！不知道大胆的、能创造财富的战略来自哪里……

〇战略不是简单的随机形成，而是涌现出来的。

〇我们必须有一个战略创新的理论。开发出这样的理论是一项宏伟的工程。

〇一项伟大的战略是运气还是预见？回答是，两者都是。环境、认知、数据和渴望交织到一起，然后战略洞察力就产生了。战略包含了很强的机遇性。这一事实不应该让人绝望。

〇战略是如何出现的？战略生成有五个前提：新的声音、新的对话、新的热情、新的视角、新的实验。

〇我们需要创造一个烤箱——一个战略的烤箱。

在这里，哈默尔教授呼吁的"战略烤箱"是指"战略形成理论"。笔者认为，战略设计理论就是哈默尔教授提出的战略形成理论，但是，战略设计（形成）理论并非战略的烤箱。战略烤箱应该是企业决策者的战略头脑，战略设计理论只是决策者构思战略的逻辑程序。

笔者试图将人们构思战略的逻辑程序总结为"战略设计的流程"。当然，本书的观点无法排除偏见与猜测的成分。对此，我们不必悲观。在什么是战略没有达成一致的情况下，这不妨碍人们对战略的运用。同样的道理，在怎样设计战略

---

① 理查德·鲁梅尔特. 好战略，坏战略 [M]. 蒋宗强，译. 北京：中信出版社，2012.
②③ 明茨伯格，等. 战略过程：概念、情景、案例 [M]. 徐二明，译. 北京：中国人民大学出版社，2012.

没有形成共识的情况下,也不会妨碍人们对战略进行设计。历史上,任何理论的产生都经历了从个体总结到集体认可的过程。战略设计理论也不例外。

四、战略设计理论产生的必然性

战略设计是人们利用设计方式创造战略的过程。这个过程既源于决策者对战略方案的需求,又得益于设计方法在战略形成中的应用。因此,战略设计理论属于一种边缘性学科理论,它是设计思维与战略实践相互融合的产物。基于这一结论,我们可以从设计思维和战略实践两个维度分析战略设计理论产生的必然性。

(一)设计思维是战略设计(研究)的方法论

设计泛指人们对美好生活的创造行为。在古代社会,设计是少数人在少数领域的创造行为。进入近代社会之后,人类的设计实践迅速发展,设计行为开始从视觉设计、环境设计、技术设计,一直延伸到制度设计和文化设计,在现代社会,几乎达到了"凡生活必设计"的地步。总之,设计为社会的进步做出了重要贡献。

20世纪80年代,有人从"设计师是如何解决问题的"角度进行深入探索,逐渐形成一种新的思考问题的方法论,以便解决生活中出现的复杂和模糊的问题。1987年,"设计思维"一词首先由哈佛设计学院教授Peter Rowe提出,用于"揭示表象之下的结构,重点关注直接去探寻设计师'找到出口'的那一瞬间,那些非常秘密不受打扰的时刻"[①]。

设计思维的出现,标志着设计已经从创造生活的行为演变出设计方法,成为解决问题的方法论。概括地说,**"设计思维"是指利用生成的观念以及整合的方法,主动研究和创造新的事物**。经过多年的提炼与传播,设计思维已经成为人类思想宝库中的思考工具。

进入商业领域,设计思维又进一步演变出商业战略的设计思维。在商业战略设计思维出现之后,单一的商业设计思维进一步细分为商业的普通设计思维和战略设计思维。前者出现在普通商业设计行为中,后者出现在商业战略设计之中。因此,普通设计思维与战略设计思维的差异,与普通设计行为和战略设计行为的差异具有一致性。这里需要强调的是,**学界的观点是,战略设计思维"强调观察、协作、快速学习、将想法视觉化、将概念原型化并同时结合商业分析的以人为本的创新过程"**[②]。

在实践中,商业战略设计思维出现并发挥作用的主要表现是,商业决策者主动设计战略且努力创新战略。这也是商业决策者各显其能的过程。我们虽然无法

[①②] 娜塔莉·W.尼克松.战略设计思维[M].张凌燕,等译.北京:机械工业出版社,2017.

了解个体发挥战略设计思维作用的过程，却可以在理论上描述战略设计流程的内容。总之，设计思维成为我们掌握战略设计理论的重要方法。

（二）战略设计理论的产生是战略实践发展的必然要求

商业战略是一种古老的战略现象。然而，战略的广泛应用却发生在现代商业的竞争过程中，准确地说，商业战略的历史主要是从"二战"结束到现在的近70年的时间。在这一时期，人们经历了从本能利用战略到主动设计战略的过程。商业是一个需要人们精心管理的领域。虽然学者将管理称为"管理科学"，但管理最终是"用心管理"。随着战略时代的到来，人们不仅需要用心管理商业的业务，而且需要用心探索商业的技巧。战略实际上就是商业活动的关键技巧。

当学界对战略概念争论不休时，商界其实早已开始设计战略且取得了不斐的成绩。从20世纪80年代至今，许多著名公司，如日本的丰田、松下、索尼，美国的微软、苹果、亚马逊，中国的海尔、华为、阿里巴巴，它们都凭借战略取得了辉煌成就。遗憾的是，战略设计实践并没有催生战略设计理论，战略设计至今仍然属于人们的经验行为。

在战略实践中，从简单的战略决定到复杂的战略决策，设计在战略过程中的作用越来越重要。比如，令人拍案叫绝的"商业点子"、眼花缭乱的"商业把戏"，人们通过设计不断创造出商业战略奇迹。可惜，个体的战略设计实践只能形成个人的战略设计经验。创设战略设计理论的最佳途径是，将个体的战略设计经验转换为普遍的战略设计原则。这种转换是一个艰辛的过程，研究者必须把模糊的个体做法变成明确的通用程序，剔除个体设计战略的偶然性、盲目性与特殊性，寻找战略设计的必然性、规范性和普遍性，从而系统地描述战略设计的具体流程与行为规范。

在性质上，战略设计是一种思想设计。思想的主观性以及思想设计的自主性决定了战略设计没有唯一正确的方案，战略领域也没有一直成功的赢家。说到底，战略领域是一个没有规律可循的生活区域。由此我们可以判断，战略设计理论和科学设计理论是不同的，它无法提供严密的设计流程和精确的行为规范。人们如果因此贬低战略设计理论的价值，无疑是一种轻率和错误的态度。

战略设计理论的主要任务是揭示战略形成的真相，而不是总结战略形成的规律。"然而，与总结规律的理论相比较，揭示真相的理论毫不逊色！这是因为，掌握规律，人们可以自由生活；了解真相，人们则可以自主生活。"[1]

---

[1] 任厚升. 企业战略思维［M］. 北京：人民出版社，2019.

第二节 战略设计实践的主要问题

长期以来，商业决策者只能依靠经验和灵感设计战略，也可能购买或模仿他人设计的战略方案。由此产生的后果是，少数人依靠创新获得战略优势，多数人只是通过模仿满足自己的战略幻想。在商业领域，大量的战略模仿行为必然造成严重的战略趋同现象。商业领域的战略趋同现象表明，商业战略设计的内卷行为非常严重。

与此同时，网络商业正在并持续冲击实体商业。实体商业主导的时代正在转换为实体与网络并重的时代。处于商业转折的时期，商业的环境、模式、行为和方法都已经发生很多改变，商业决策者需要通过战略创新来适应这些改变，迎接战略设计实践的各种挑战。

当前，战略设计实践存在的主要问题是战略设计的内卷严重和商业转换的挑战严峻。这样，战略设计理论在创立的同时又面临创新的压力。因此，战略设计理论研究必然任重而道远。

一、战略设计领域的内卷现象

内卷反映了社会组织内部的焦虑现象，尽管个体都在努力争取自己的利益，但个体越努力，个体的利益损耗就越大。 内卷的基本特征是"个体内向争取，集体横向进化"。其结果是组织内部充满低效的竞争行为，整个组织成长缓慢。一旦陷入内卷化的过程，组织的成员必然充满焦虑无奈的情绪。

当前，社会生活的内卷化现象非常普遍。典型的内卷行为包括无意义的重复行为、低水平的竞争行为、简单问题复杂化、粗暴的模仿行为、同向化的思考行为等。内卷在表面上代表了个体的焦虑情绪，实际上是对组织内部的一种集体损害，这也是一种无声的社会悲剧。

面对内卷形成的困境，多数人认为这是制度和文化造成的。在深层次上，内卷行为是人性使然，制度与文化只是人们采取内卷行为的借口而已。由此推断，内卷化现象可能是一道无解的社会难题。人们在抱怨内卷困境的同时，也必须学会怎样在内卷困境中生存下去。

商业是一个内卷严重的领域。由于战略是现代商业竞争的普遍方式，所以，战略内卷又成为商业内卷的重灾区。商业决策者普遍认为，"商业+战略=成功"，战略就是打败对手。在这种观念的驱使下，战略领域的内卷又从战略运用的过程蔓延到战略设计的过程。战略设计过程的内卷现象可以分为两个层面：

（1）战略设计理念的内卷。客观地说，战略本身没有内卷基因。但是，战略是人们设计出来的，人性的邪恶首先催生了人们设计战略的理念出现内卷倾向。战略设计理念内卷的具体表现是：

首先，认为商业就是利益争夺，而战略就是竞争成功的法宝，最终导致竞争战略在商业领域的泛滥。

其次，追求市场的垄断利益，满足商业的存量竞争，许多行业处于竞争的惶恐之中。

最后，强势企业推崇"降维打击"，喜欢"赢者通吃"，造成营商环境的整体恶化。

这些内卷式的设计理念被商界奉为战略的金科玉律。如果人们把歪理当作正理，龌龊的内卷行为必然发生。因此，战略设计行为的内卷化是战略设计理念内卷化的必然结果。

（2）战略设计行为的内卷。这是人们可以直接观察到的战略设计内卷的现象。根据内容不同，中国企业在战略设计中的内卷行为主要分为五个方面：

其一，在产品、服务及体验的战略功能设计方面，内卷行为的主要表现是产品模仿严重、服务流于形式、体验夸大其词。具体来说，企业喜欢做"风口"产品，大家挤在同一个赛道上，彼此模仿、相互倾轧，迅速做大一个产业，又迅速做烂一个产业；服务设计重形式轻内容，要求顾客为徒有虚名的服务项目埋单，服务的整体水平差；体验设计让人抓狂，疯狂的折价、无限的赠送、豪华的包装，以至于消费者怀疑产品的真实价值。总之，设计产品、服务与体验的战略功能变成人们搜寻疯狂敛钱的方法。

其二，在战略行为选择与设计方面，内卷行为的主要表现是：战略行为选择单一，企业普遍信奉价格竞争战略，依靠低价低质的方式生存；战略行为趋同，一旦某个战略成功，全行业都采用同一种战略模式。后果是：低质低价的战略毁掉行业发展的潜力，模仿他人战略的企业成为他人发展的垫脚石。商界盛行机会主义，战略行为没有实际的战略意义。

其三，在商业模式设计方面，内卷化行为主要是战略设计者把商业模式作为商业魔咒，吓死对手，迷住顾客，赚个盆满钵满；忽略企业实力，生搬硬套别人的成功模式。实际上，幻想"一（招）式取胜"的战略设计者，其战略不是华而不实就是骗人的圈套。

其四，在设计内部战略管控方面，内卷行为的主要表现是：战略设计者漠视员工利益、管控内容趋同化严重。出现这种现象的原因是：战略设计者认为内部管控并不是战略设计的重点，完全可以抄袭别人的设计方案。同时，低估战略行动者的作用，迷信"花钱买人"的办法。结果，战略管控的设计方案普遍没有个性且缺乏活力。

其五，在外部战略调控设计方面，企业内卷的程度稍为缓解。为了成为商业世界的"变色龙"，企业愿意主动适应外部环境的变化。但是，战略设计者的贪婪本性依旧可以产生内卷行为，如品牌宣传设计的夸大其词、争夺利益时的"吃相难看"、面对社会责任时的虚情假意，等等。这样，外部战略调控设计的方案竟然成为企业行走社会的"遮羞布"。

有趣的是，在结束外部战略调控设计的时候，战略设计的内卷行为似乎也"卷"不动了。这可能与人们对战略设计的狭隘理解有关。在战略设计的全部环节中，除了战略愿景之外，战略设计的其余环节都与商业竞争直接关联。战略设计者普遍认为，战略设计就是竞争战略的设计，为了在竞争中获益，企业跟风和作假都是可以理解的，走别人的路，让别人无路可走。可悲的是，大家都无路可走。

总之，内卷是人类生活堕落的表现，制度缺失与文化缺陷只是强化了内卷趋势而已。依靠制度建设与文化改造消除内卷现象，必然是"治标不治本"。在人性没有根本改善的前提下，笔者对社会的内卷现象持有悲观态度，认为战略设计领域将长期陷于内卷困境之中。在这一困境中，多数人选择顺应内卷潮流而下，少数人却选择逆流而上。由此我们可以解释，为什么多数的战略设计失败，只有少数的战略设计可以成功。

二、网络时代的战略设计

目前，人类商业的发展正在呈现网络商业的"荣光时代"。在网络商业时代，人们对商业的分工体系、交易方式以及市场规则进行了广泛的探索，并取得了惊人的商业成就。从某种意义上说，这也是战略设计者在网络时代的重要贡献。然而，网络商业在冲击实体商业的同时，也给战略设计者带来了严峻的挑战。

网络商业带来的核心挑战是"互联网思维"。**互联网思维是指因互联网对人类生活的深刻影响而形成的一种社会认知，它反映了人类在互联网生活中的平等、开放、高效的时代特点。**根据互联网思维的特点，战略设计者应该重新确认商业活动的价值，探索先进的商业模式，寻求企业生存的网络之道。展望未来，熟谙互联网思维的战略设计者必将大放光彩。

（一）战略设计领域的新挑战

挑战首先来自实体商业的衰落。实体商业衰落与网络商业昌盛之间具有必然的关系。由于商业运作的空间不同，人类的商业活动已经衍变出实体与网络两种不同的方式，实体商业是以实体空间为基础的商业活动，网络商业是以虚拟空间为基础的商业活动。随着互联网的普及，网络商业迅速完成了从产生到繁荣的过程，正在对实体商业形成强烈和持续的冲击。现在，网络商业的发展已经改变了实体商业的某些优势。主要表现为：

○信息传播方式发生改变。传统的报刊广播和电视渠道明显衰落，网络传播的规模大、速度快、费用低。

○商业销售渠道发生改变。实体销售渠道体系开始崩塌，实体渠道为王的时代已经结束。网络交易消灭了大量的中介环节，建立了生产者与消费者的直通平台。

○商业服务方式发生改变。实体商业主要采取"等您来买"的服务方式，服务成本高居不下。网络商业的服务方式是"卖，送您家"，一键式服务，方便又便宜。

○商业竞争手段发生改变。实体商业凭借资源获取竞争优势，网络商业依靠服务质量获取竞争优势。人类商业从此开始了"得消费者得天下"的良性运转。

○商业收入来源发生改变。实体商业通过收入与成本之差获取收入。在网络商业中，收入和成本都可以趋于零，企业却能凭流量获取收入，于是，"免费商业"的奇迹出现。

当上述变化成为商业的现实，传统的战略设计理念、方法及特点必然随之改变。在网络时代，战略设计的某些激进做法让那些坚守传统的设计者感觉困惑与迷茫。这些做法主要包括：

○在战略设计理念方面，网络时代的战略设计推崇"服务至上"的设计理念，动摇了传统的"资源至上"的设计理念。

○在战略设计方法方面，网络时代的战略设计强调"吸引眼球"的设计原则，改变了传统的"感动人心"的设计原则，商业的"长期主义"正在受到"抢眼主义"的挑战。

○在战略设计手段方面，编造故事成为网络时代战略设计的普遍手法，战略设计者喜欢利用PPT讲解战略的模式、逻辑与愿景，依靠人们对网络奇迹的迷信，创造和传播商业神话。

网络时代的战略设计实践存在两面性，一方面将网络商业的优势转变为商业竞争的新手段，另一方面也将网络商业的缺陷转化为商业生活的新烦恼。此时此刻，正如我们无法全面评价网络商业一样，我们也无法全面评价网络时代的战略设计，这一切还处于迅猛的变化中。

无论将来怎样评价，网络时代的战略设计没有也不可能改变战略设计的基本性质和主要特点。具体理由是：

其一，商业战略设计的本质未变，仍然是探索商业活动的技巧。战略设计者只是利用网络优势，提高了商业活动的效率，降低了商业活动的成本。

其二，商业战略设计的流程未变，仍然是"观察—成型—完善"的过程。战略设计者只是借助网络环境，寻找商业竞争的新手段，创造商业活动的新优势。

其三，商业战略设计的基础未变，仍然是以产品或服务的战略功能作为战略优势的基础。战略设计者只是运用网络的力量，不断打造"网红的产品和服务"。

太阳底下无新物。人类商业发展至今，商业活动依然需要通过产品和服务获取价值，实体商业目前依然是商业世界的主体部分。网络商业的兴盛只是延伸了商业活动的空间，拓展了商业竞争的领域。基于当前商业发展的变与不变的局势，战略设计者应该采取的正确选择是：在坚守商业本质不变的前提下，顺应商业环境的变化，重视网络商业的力量，努力探索网络商业的技巧。

（二）网络时代的战略设计创新

实体商业的成功者可能抱有这样的想法：网络商业必将成为商业生活中的过眼烟云。可惜，多数人低估了网络商业的力量。网络商业不仅具有了稳固的地位，而且将长期引领商业发展的潮流。无论以往的战略成就如何，战略设计者都必须顺应网络商业发展的趋势。

（1）承认消费者的优越地位。网络时代是真正的消费者为王的时代。在网络商业中，消费者可以任意选择产品和服务，几乎没有空间、时间和信息的限制。"顾客是上帝"曾经是商业经营的理念，而今正在成为商业生活的现实。从长期来看，网商之间的竞争注定是一种没有胜利者的残酷竞争。为了获得消费者青睐，企业需要不断创造"网红"的产品和服务。稍有疏忽，"网红"企业就可能被消费者唾弃。

（2）重视网络的力量。在网络时代，商业活动的方式正在转变。无论是"+互联网"，还是"互联网+"，商业与网络已经开始全面和持续的融合。如果迷信实体商业的竞争优势，战略设计者无疑将犯下战略（方向）的错误。缺乏互联网思维的技能，战略设计者必将被网络时代淘汰。

（3）利用网络技术发展的新成果。当前依然是网络商业发展的初期。随着网络技术的进步，如物联网技术、云计算、大数据等，网络商业的形式和内容将更加丰富多彩。战略设计者需要跟踪网络技术的最新成果，争取把网络的新技术转化为竞争的新优势。未来的商业竞争已经不是网络商业与实体商业的竞争，而是高级的网络商业与低级的网络商业的竞争。否认这一观点，商业决策者可能错过网络商业发展的潜在机会。

（4）依靠探索式的战略求发展。在互联网社会，迭代和模仿都是一个快速过程，"战略衰退"① 的现象非常严重。针对这种现象，战略设计者必须持续探索企业发展的各种可能性，如企业在内部注重战略实验，在外部投注不同方向。在商业转换的时代，企业的探索式战略肯定优于坚守式战略。

总之，网络商业的发展方兴未艾，网络时代的战略设计前景无限。与此同时，网络商业时代的战略设计也面临一些风险和问题。中国在成为全球网络商业强国的过程中，中国人也为网络商业的创新付出了巨大代价。例如，庞大的网络商业平台已经成长为商业领域的巨无霸，给实体经济带来了巨大的影响。这样的困局和商业战略设计不无关系。目前，网络商业的战略设计实践存在的主要问题是：

第一，幻想"上网就灵"，迷信网络的力量。在人类商业的发展中，网络商业只是商业的发展形式，产品和服务才是商业的永恒内容。网络虽然可以提供虚拟市场，但是不能制造产品。所谓的"made in internet"纯属某些人的信口开河。网络商业必须以实体商业为基础，网络商业强国实际上是一个伪概念。

第二，编造网络商业新概念，吸引消费者的眼球。商业概念本身没有竞争力。商业竞争力主要来自产品（服务）的性价比。可是，有人相信这样的商业逻辑：新奇的概念可以迷惑更多的消费者，"吸睛"可以产生巨大的购买数量，从而实现极致的性价比。这种逻辑忽略了一个常识性问题，即性价比应该以产品和服务的质量为前提，失去性价比中的"性"，所谓的"性价比"只是"比价低"而已。制造"低价网红"不是商业竞争的长久之道。

第三，认为网络商业就是"网卖"，网络商业创新就是不断创造"网卖"的新方式，网络商业投资者普遍存在浮躁心理。现在看来，网络商业从B2B、B2C、C2C一直到C2M，这些曾经被人们广泛赞誉的商业创新，只是将商业存量的一部分搬到网上而已。真正的商业创新是创造新的产品和服务，以及提高商业和财富的总量。

实际上，战略设计实践的错误并不限于网络时代。从战略兴起至今的近70年间，人们对战略设计认知的错误从未间断。在结束战略设计实践的讨论之际，笔者将人们在战略设计实践中的主要误区列举出来，以供读者思考与验证。

其一，认为战略设计就是争夺利益的需要。某些精明的战略设计者认为，通过算计别人，如利用消费者的无知或弱势、合作者的主动或坦诚、竞争者的弱小或愚蠢，就可以将自己的利益"算"到最大。然而，从商业战略的历史来看，

---

① 在《互联网思维的企业》一书中，作者引用了著名的战略学者加里·哈默尔提出的"战略衰退"概念。哈默尔认为，任何成功的策略都会引来模仿者，因此成功的战略也会褪色。实际上，战略褪色的原因是多样的，环境的突变、技术的迭代、对手的模仿，都可以导致战略失效。企业应对这种局面的最好办法是持续探索新的战略。

"和气生财"才是最精明的商业战略。商业战略的最佳设计就是"利益共享"。

其二,认为战略设计就是商业成功的全部秘密。商业成功涉及产品、服务、战略、市场、决策和运气等许多方面,其中任何一个方面出现问题,都可能导致商业活动的失败。以为战略设计和神仙念咒一样,掐指一算就能财富滚滚而来,这不是骗人就是自骗。在本质上,战略设计无非是探索商业的技巧而已。成功的商业需要巧干加实干,还需要一定的运气。

其三,认为商业战略设计是聪明人的技能。在商业领域,商业决策者并非都是聪明人,聪明人也并非都能赚到钱财。长期和普遍的事实证明,愚笨人和聪明人一样,从事可靠的商业活动,利用"笨拙"的战略也可以赚到钱财。其实,"笨拙"的战略属于"朴实"的战略。相比那些玄妙的"灵巧"战略,"朴实"的战略也许是更妙的战略。

其四,认为战略设计必须依靠理论的优势。毋庸讳言,战略理论是设计战略的知识基础。但是,战略理论家并非战略设计家。最优秀的商业战略设计一定出自商业活动的实践者。无论是灵机一动还是绞尽脑汁,巧妙的战略设计肯定与决策者的商业洞见有关。战略机遇总是隐藏在商业活动之中,洞见机遇是人们设计商业战略的前提。理论可以验证战略是否合理,却无法提供战略机遇。这就是商业决策者可以成为战略设计者,而理论研究者只能作为战略顾问的根本原因。

总之,人们设计战略的过程既不神秘也不轻松。从简单的战略设计,如一句广告语、一个商业行为或一场营销活动,到复杂的战略设计,如运营系统、商业模式或战略方案,这些都属于战略设计的范围。然而,在如此广泛的战略设计行为中,成功的战略设计并不多见,平庸的战略却屡见不鲜。

令人欣喜的是,商业战略实践正在由战略启蒙阶段进入战略普及阶段,商业战略设计理论正在从商业战略理论体系中缓慢形成,这是一个激动人心的时刻。此时此刻,我们必须清醒地认识到,商业战略设计理论只是告诉人们如何设计战略,而不是教会人们怎样创造战略的神奇。所有的"战略秘籍论"都应该休矣。

从根本上说,创造战略神奇最需要的是战略设计技能。要掌握战略设计的技能,人们不应纸上谈兵而应该投身于商业实践。"只有复杂性更高才能产生更强的能力。"[①] 我们相信,最好的战略设计一定来自最激烈的商业竞争。

祝你成功。

[①] 弗雷德蒙德·马利克. 战略:应对复杂新世界的导航仪 [M]. 周欣, 等译. 北京:机械工业出版社, 2013.

参考文献

[1] 蒋贵凰. 企业战略管理案例教程[M]. 北京：清华大学出版社，2013.

[2] 任厚升. 企业战略思维[M]. 北京：人民出版社，2019.

[3] 娜塔莉·W. 尼克松. 战略设计思维[M]. 张凌燕，等译. 北京：机械工业出版社，2017.

[4] 智谷趋势. 下一个赚钱风口！2.2亿人的单身经济正在崛起，万亿大市场来临[EB/OL]. https：//cj. sina. com. cn/articles/view/3876353431/ve7c75901900lbgc.

[5] 刘平，等. 创业学：理论与实践[M]. 北京：清华大学出版社，2016.

[6] 林伟贤，杨屯山. 生意从创意开始[M]. 北京：北京大学出版社，2012.

[7] 麦茨·林德格伦，等. 情景规划：未来与战略之间的整合[M]. 郭小英，等译. 北京：经济管理出版社，2003.

[8] 吉姆·安德伍德. 企业智商[M]. 燕清联合，等译. 北京：新华出版社，2006.

[9] 罗伯特·西蒙斯. 七个战略问题[M]. 刘俊勇，等译. 北京：中国人民大学出版社，2013.

[10] 保罗·舒梅克. 从不确定性中盈利[M]. 黄一义，译. 昆明：云南出版社，2005.

[11] 格雷姆·萨拉曼，等. 战略与能力：持续的组织变革[M]. 锁箭，等译. 北京：经济管理出版社，2011.

[12] 迈克尔·库苏曼诺，等. 下一波经济的战略思考[M]. 杨荣，译. 北京：华夏出版社，2003.

[13] 迈克尔·G. 卢克斯，等. 设计思维：PDMA新产品开发精髓及实践[M]. 马新馨，译. 北京：电子工业出版社，2018.

[14] 御立尚资. BCG视野：战略思维的艺术[M]. 冯江，译. 北京：电子

工业出版社，2008.

[15] 明茨伯格，等. 战略过程：概念、情景、案例［M］. 徐二明，译. 北京：中国人民大学出版社，2012.

[16] 魏炜，朱武祥. 发现商业模式［M］. 北京：机械工业出版社，2013.

[17] 罗伯特·M. 格兰特. 现代战略分析［M］. 艾文卫，等译. 北京：中国人民大学出版社，2016.

[18] 米歇尔·罗伯特. 战略是领先思维训练［M］. 林宜萱，译. 北京：东方出版社，2010.

[19] 迈克尔·莫思高·安德森，等. 战略回报——如何实现［M］. 黄丹，等译. 上海：格致出版社，2012.

[20] 郭焱，等. 企业战略分析、预测、评价模型与案例［M］. 天津：天津大学出版社，2012.

[21] 莱特. 战略决策的艺术与科学［M］. 爱丁文化公司，译. 北京：中华工商联合出版社，2004.

[22] 格雷姆·萨拉曼，等. 战略与能力：持续的组织变革［M］. 锁箭，等译. 北京：经济管理出版社，2011.

[23] 邹统钎，等. 战略管理思想史［M］. 天津：南开大学出版社，2011.

[24] Henry Mintzberg. 公司战略计划［M］. 张艳，等译. 昆明：云南大学出版社，2002.

[25] 明茨伯格，等. 战略历程：穿越战略管理旷野的指南［M］. 魏江，译. 北京：机械工业出版社，2012.

[26] 理查德·鲁梅尔特. 好战略，坏战略［M］. 蒋宗强，译. 北京：中信出版社，2012.

[27] 戴夫·格雷，托马斯·范德尔·沃尔. 互联网思维的企业［M］. 张玳，译. 北京：人民邮电出版社，2014.

[28] 弗雷德蒙德·马利克. 战略：应对复杂新世界的导航仪［M］. 周欣，等译. 北京：机械工业出版社，2013.

附录　常用的战略分析方法

战略设计是人们构思战略的过程。战略构思应该是一个怎样的过程呢？本书主要描述了战略设计的具体流程，却没有解释如何获取战略设计的材料。实际上，严肃的战略设计必须以严谨的战略结论为基础，而战略结论就是战略设计的材料。一般来说，战略结论是人们对战略现象分析的结果。如果从获取战略设计材料开始，一个战略设计流程的完整表现是：人们首先对商业现象做出战略分析，其次把战略分析的结论作为战略构思的材料，再次形成战略的主要观点，最后再将战略观点整合成为战略思想。显而易见，战略分析是战略设计的先前行为。正是基于这个结论，战略设计理论没有讨论战略分析的问题。

在性质上，战略分析与战略设计分别属于两个不同的学科。前者属于战略（分析）学的概念，后者属于战略设计学的概念。然而，设计者在实践中既需要对商业现象做出战略分析，又需要把战略分析的结论整合成为战略思想。对于战略设计者来说，即使熟悉战略设计流程，如果不懂战略分析的技巧，就不能拥有扎实的战略结论，战略设计也就无从谈起。

在阐述战略设计理论之后，笔者把前人发明的某些战略分析方法，作为常用的战略分析方法，以附录的形式介绍给读者，希望帮助读者在实践中做出合理的战略分析。这里的"常用"是以设计战略的需要为限的，其余的战略分析方法没有列入附录。

战略分析方法也称"战略分析工具"。依靠分析工具的便利，战略分析者可以顺利获取战略结论。长期以来，有人对战略分析方法迷恋不已，认为依靠分析方法可以轻松获得商业战略，这是一个误解。战略分析方法只是有利于人们获得战略材料，而设计战略还需要进一步将战略材料变成战略思想。从根本上说，战略设计理论主要研究战略设计的流程和方法，战略分析和战略分析方法则属于战略学的研究范畴。

尽管存在以上的理论差别，但在商业战略设计的实践中，一个优秀的战略设计者不仅应该熟练掌握战略设计的方法，而且还需要熟练运用战略分析的方法。

总之，战略分析（方法）是战略设计者不可或缺的技能。

一、行业竞争力的分析方法

行业竞争力分析亦称"五力行业分析"（Five Force Industry Analysis），由美国哈佛大学教授迈克尔·波特提出，因此又被称为"波特五力分析模型"。行业竞争力分析的目的是通过观察行业五种竞争力量的相互关系，判断一个行业的竞争状态和发展潜力。具体如附图1所示。

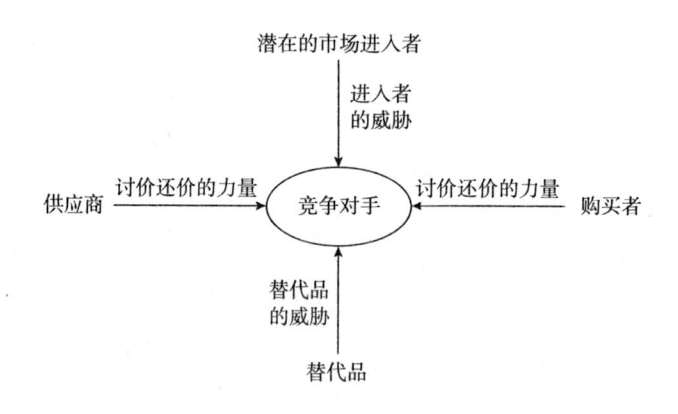

附图1 行业竞争力分析

行业竞争的"五力"，分别来自潜在的市场进入者、供应商、购买者、替代品以及竞争对手。行业竞争力的分析过程分为以下步骤：

（一）收集五种竞争力的商业信息

五种竞争力代表五种竞争者的竞争潜力。这些竞争潜力来自复杂的商业因素。分析者首先需要对每一种竞争力量的构成因素进行详细调查。主要的信息种类包括：

〇竞争对手的信息，主要包括营销、生产、研发、财务及人力资源等个体情况，行业的产品差异度、产业集中度、品牌分布、产能状况、市场潜力以及投资趋势等群体情况。

〇行业壁垒的信息，主要包括规模经济、产品差异化、资本需求量、转换成本、销售渠道、技术垄断、政策保护以及资源控制等情况。

〇产品替代的信息，主要包括市场对替代品的态度、消费者的转换成本、替代品的竞争优势（如品质优势、价格优势及整合产业资源的能力）等情况。

〇购买者议价能力信息，主要包括买家的购买批量、购买行为信息（价格敏感度、转换成本、品牌认知及买家利润）、后向一体化经营能力、买家集中度与卖家集中度对比等情况。

○供应商的信息，主要包括供应产品的差异化程度、供应商的集中度、供应产品的重要程度、供应商的前向一体化经营能力等情况。

毋庸置疑，漏掉关键的商业信息就等于忽略了重要的竞争因素。因此，行业竞争力分析的工作重点是收集相关信息，分析的质量主要取决于信息收集是否全面和真实。

（二）对有关信息做出准确判断

在审核信息真实性和准确性的基础上，分析者还需要将信息分类列表，分别进行仔细分析与判断。有趣的是，列出的信息本身就可以显示初步的分析结论，即行业竞争情况对企业是"有利"还是"有害"的。

（三）对行业竞争形势做出综合评估

面对行业竞争信息中的"有利"或"有害"结论，分析者还需要对五种竞争力的合力做出综合评估，并且明确其中的关键利处和主要害处。总的来说，任何产业的竞争局势都是有利有弊的。根据行业竞争的有利方面，分析者可以发现战略的合理性。同时，根据行业竞争的有害方面，需要研究战略上的应对措施。

行业竞争力分析方法的优点和缺点。"五力分析"模型为人们了解行业竞争状况提供了独特的分析角度和清晰的分析框架。实际上，"五力分析"模型可以变成"X力分析"模型，即从更多角度分析行业竞争力的来源，如互补企业间的影响力、政府和政策的保护力、互联网商业的冲击力等。然而，"五力分析"模型没有涵盖行业竞争的所有情况，这也成为人们批评该分析方法的主要理由。

二、产业发展周期分析方法

产业发展周期分析，也称为"产品生命周期分析"（Product Life Cycle Analysis）。通常，产品的生命周期可以划分为四个阶段：开发、成长、成熟和衰退。相应地，产业的发展过程也经历相同的四个阶段。产业周期分析的主要目的是确认产业发展的具体阶段，并根据产业发展的不同阶段的特殊环境，提出有效的商业战略。

根据产品的生命周期划分，产业周期分析可以划分为四个方面，每个方面的分析步骤基本相同。简述如下：

（一）产品开发期与产业开发阶段

产品开发是指全新产品的开发。这时，产业发展处于开发（形成）阶段。产业开发阶段的主要特征是竞争对手较少、产品单调、产品差异化程度低、行业壁垒没有形成、经验曲线效应不明显、市场需求不旺、产业投资趋势不定。为此，适宜的战略包括：

○快速掠取，以高价和大规模的促销，推动市场集中的速度。

○缓慢掠取，以高价和大力宣传的方式，缓慢形成名牌产品市场。

○快速渗透，以低价和大规模的促销，扩大产品在整体市场的影响力。

○慢速渗透，以低价和小规模的促销，扩大产品在细分市场的影响力。

（二）产品成长期与产业的成长阶段

当产品的市场培育期结束后，产品销售开始迅速增长，产业发展进入快速扩张的状态。产业成长阶段的主要特征是竞争对手增多、产品的品种和品牌增加、产品创新与模仿同时流行、行业壁垒正在形成、价格竞争开始出现、经验曲线大幅提高、市场需求旺盛、产业投资规模扩大。为此，企业可能采取以下战略：

○产品差异化战略。

○低价竞争战略。

○细分市场战略。

（三）产品成熟期与产业的成熟阶段

产品需求基本饱和，产品销售趋于平缓，这表明产品进入成熟时期且产业发展进入成熟阶段。产业成熟阶段的主要特征是行业竞争加剧、品牌大战激烈、产品差异化很大、行业壁垒很高、价格竞争频繁、规模经济成为重要的竞争手段、经验曲线效应下降、市场需求稳定、行业出现零和竞争。为此，理性的战略包括：

○在成熟期的早期阶段，企业可采取价格竞争的手段掠夺对手的市场份额。

○在成熟期的中期阶段，企业可通过并购战略扩大经营规模。

○在成熟期的后期阶段，企业可从市场细分和产品创新两个维度寻求发展之路。

（四）产品衰退期与产业的衰退阶段

当替代品开始流行，或被替代产品的销售由高点跌落，这就意味着产品生命陷入衰落时期，产业发展也进入衰退（或相对衰退）阶段。产业衰退阶段的主要特征是市场规模萎缩、行业经营集中化、品牌减少、产品趋同严重、行业壁垒的价值减退、价格竞争残酷、规模经济的危害显现，经验曲线效应很小、产业资本开始转移。为此，理想的战略选择是：

○并购竞争对手，扩大生产量，提高市场话语权，扭转市场困局。

○创新产品，依靠产品差异化，寻求产业发展的新路径。

○退出战略。

产业发展周期分析方法的优点和缺点。这种分析方法以产品生命周期为基础，可以为产业划段提供客观的标准，从而成为人们分析产业发展的重要方法。然而，产品和产业不同，产业发展周期分析方法的价值不同。许多传统产品如食盐、茶叶、苏打粉、洗涤剂等，其本身没有明显的生命周期差异。某些产品如时尚品、保健品等，其本身没有完整的生命周期。比较而言，产业发展周期分析方法最适合用于新兴消费产业发展的分析过程。

三、社会环境分析方法

社会环境分析是指对战略的宏观环境的分析。与此相对应，产业（竞争）环境分析可以称为"战略的中观环境分析"，竞争对手分析可以称为"战略的微观环境分析"。按照战略理论界的普遍观点，经过宏观、中观和微观三个层次的分析之后，战略决策者可以形成对战略环境的全面认识。

社会环境分析通常被称为"PEST分析法"，其中的"P"代表"Political"，"E"代表"Economic"，"S"代表"Social"，"T"代表"Technological"，后来又有人增加了"E"代表"Environmental"和"L"代表"Legal"，进一步构成所谓的"PESTEL分析法"，即社会的政治环境、经济环境、社会环境、技术环境、生态环境和法律环境的总体分析。可是，PESTEL分析的角度混乱，分析的内容出现重复，例如，技术环境分析实际上属于产业分析的内容，社会环境分析只是对社会文化因素的分析，这样的操作势必影响分析结论的可靠性。

社会环境分析的目的是通过扫描社会环境，战略设计者可以了解社会营商环境的基本特点、关键因素以及发展趋势。根据社会环境的内容不同，笔者将社会环境分析划分为经济环境、政治环境、文化环境与生态环境四个层面。简述如下：

（一）经济环境

经济环境即社会经济因素的集合，主要内容可以分为：

○经济政策，包括国家（地方）的总体经济政策、产业政策、税收政策、就业政策、分配政策、人口政策、货币政策、财政政策以及贸易政策。

○经济形势，包括GDP及其增长率、通货膨胀率、生产者物价指数、经济景气指数、就业率、财政赤字水平、利率、税率、汇率。

○经济结构，包括国家的产业结构、投资结构、消费结构、贸易结构及其变化。

○经济布局，包括区域的经济差异、资源分布、区域经济发展潜力、区域经济合作。

○经济趋势，包括国民收入、工资与物价、消费偏好、失业率变化、储蓄状况。

（二）政治环境

政治环境即社会政治和法律因素的集合，主要内容可以分为：

○政治制度，包括宪法、执政党、政治派别及其政治主张、政治管理体制。

○政治环境，包括社会的腐败程度、民主水平、国家或当地的治安状况和司法状况。

○政治局势，包括执政党的政策和方针、社会稳定程度、国际关系状况。

○法律体系，包括反垄断法、税法、劳资法、质量法、环保法、消费法等，法律的公正性与可操作性。

（三）文化环境

文化环境即社会文化因素的集合，主要内容可以分为：

○文化水平，包括当地居民的知识水平、教育结构、道德水准、文明程度、审美观念。

○文化传统，包括生活方式、婚姻特点、妇女生育率、社会保障方式。

○文化差异，包括宗教信仰、风俗习惯、价值观念、职业态度、生活态度、代沟状况以及不同文化的冲突状况。

○文化趋势，包括消费时尚、生活习惯的转变、储蓄倾向、投资倾向、不同文化的融合特点。

（四）生态环境

生态环境即社会生态、资源和环保因素的集合，主要内容可以分为：

○自然资源，包括资源的数量与分布、资源可利用的程度、资源可替代的程度、资源可持续利用的方式。

○自然环境，包括各种污染的程度、环境的承载能力、环境灾害、环境治理。

○自然灾难，包括自然灾难的种类和后果、气候突变、全球温室效应。

○自然保护，包括人们对生态环境的要求、防止污染的技术与设备、环境保护法律法规、媒体和环保组织的关注度。

具体操作时，分析者需要对上述因素进行全面收集、长期观察、深入解剖以及综合判断，这样才能获得比较客观的结论。另外，以上四个方面所列因素不可能是完整的，分析者可以根据实际需要增加社会环境分析的因素。

社会环境分析方法的优点与缺点。任何战略都是在特定的社会背景下产生，又是在特殊的社会环境中实现的。因此，战略必须适合社会环境的特点且符合社会环境的趋势。然而，人们在分析战略社会环境时，常常是笼统的和模糊的。这是社会环境分析方法的优点，同时也是其缺点。

实际上，详细和确定的社会环境分析既不可能也无必要。分析者能够看到社会环境的关键因素以及看清社会发展的主要趋势，这已属难能可贵。在多数情况下，社会环境的分析者只是想想而已，他们或者忽略了其中的关键因素，或者低估了社会环境的变化趋势，结果使社会环境分析流于形式。

四、情景分析方法

在战略设计流程中，情景规划的目的是为战略设计提供商业的未来场景。错误的情境预期必然误导战略设计的方向。因此，战略设计者非常重视情景规划活动。一般来说，情景规划活动可以分为情景开发与战略规划两个阶段。情景是人们在情景开发阶段勾画出来的，而决定情景开发成败的重要手段是情景分析方法。

根据《情景规划：未来与战略之间的整合》一书的总结，情景分析的主要方法包括以下七种：

〇以媒体为基础的方法。这种方法是指从各种媒体中收集信息的方法，如印刷品、网络、电视等。新问题常常在规范和专业媒体中出现，如果经常浏览各种媒体，你将发现"下一个大事情"。

〇以会谈为基础的方法。这种方法主要包括特尔斐调查法、民意测验、座谈会以及未来对话等，如探讨一个话题并产生中心趋势、提出关键不确定性的假设、形成一个关于未来的假设等。

〇以时间线为基础的方法。这种方法主要包括时间序列分析、历史类推法和先驱者分析，用于分析未来的连续和不连续的情景。

〇以直觉为基础的方法。这种方法利用头脑风暴、标题和招贴画、想象、未来历史、自相矛盾等一系列方式，主要用于挖掘关于未来的创造性思维。

〇以角色为导向的方法。这种方法主要包括角色分析、竞争者分析、价值链分析，用于分析未来商业的顾客、竞争者、合作者等角色。

〇以结果为焦点的方法。这种方法主要包括单影响分析、结果相对分析、可能性影响分析，用于分析某种活动、事件、趋势的潜在后果。

〇以系统为原则的方法。这种方法主要包括复杂性与不确定性分析、交叉影响分析、因果关系链分析、系统模拟，用于复杂的情境课题研究。[①]

情景分析法的最大特点是，它不是一个方法而是一群方法。人们可以根据实际需要从中选取某个（些）方法，用于分析未来变化的复杂性。即使这样，多数人的情景预测也是不准确的。这也是人类预测未来的普遍现象。

情景分析法的优点和缺点。情景分析方法有助于减少人们对未来认识的盲点，从而有助于设计稳妥、有效和灵活的战略。但是，情景分析者是人不是神。情景分析总是宽泛的和模糊的，而不可能是准确的和具体的。说到底，情景分析

---

① 麦茨·林德格伦，等. 情景规划：未来与战略之间的整合 [M]. 郭小英，等译. 北京：经济管理出版社，2003.

是一个见仁见智的过程，未来情景是被人们探索到的，而不是被人们分析到的。因此，我们不能动辄将对未来预期的错误归结为方法不当，而应该不间断地关注和分析未来的各种可能性。

五、SWOT分析方法

SWOT代表四个英文单词的首字母，它们分别是Strength（优势）、Weaknesses（劣势）、Opportunities（机会）、Threats（威胁）。SWOT是分析企业当前战略态势的一种分析方法，亦称"态势分析法"（Situation Analysis），即评估企业内部资源能力（分为优势和劣势）与外部环境（分为机会和威胁）之间的匹配情况。分析的目的是帮助战略设计者识别企业的优势、劣势、机会与威胁分别是什么，以及提供选择最佳战略行为的根据。具体如附图2所示。

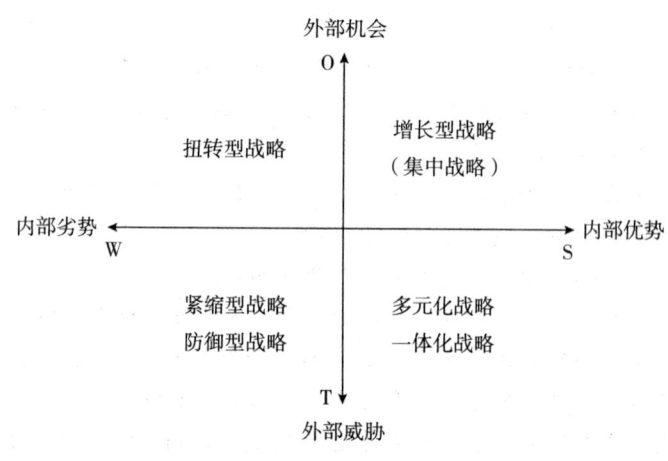

```
                    外部机会
                      O
                      │
      扭转型战略      │     增长型战略
                      │     （集中战略）
                      │
  内部劣势 ──────────┼──────────▶ 内部优势
        W             │              S
                      │
      紧缩型战略      │     多元化战略
      防御型战略      │     一体化战略
                      │
                      ▼
                      T
                    外部威胁
```

附图2　SWOT分析

首先提出SWOT分析方法的Ken Andrews（哈佛商学院教授）认为，通过SWOT分析法可以确定公司运用其优势抓住机会、保持优势、限制弱点以及对抗外部威胁的最佳方式。后来，SWOT分析方法经常被人们用来说明企业战略选择的合理性。具体的分析过程可以分为四步：

（1）根据SWOT的四个方面，尽量收集相关数据。SWOT分析的质量主要取决于数据的质量，而数据的质量则取决于数据收集的渠道以及数据提供者的素质。一般来说，收集数据的渠道应该广泛，包括新闻机构、专业网站、市场调研、行业评论、审计报告等；数据提供者不限身份，包括专家、顾问、评论员、商业伙伴、消费者等。

（2）分别评估SWOT涉及的要素。其中，优势是指企业比对手更具竞争力的因素;劣势是指企业实现战略的缺陷;机会是指外部环境有利于企业发展的趋势;威胁是指那些不利于企业发展的情况。评估这些要素时,分析者应该尊重事实,避免偏见,排除盲点。

(3)将分析的要素划分为不同等级。SWOT的各种因素对战略影响的程度不同。按照最重要、次重要、重要、不重要的顺序,将收集到的SWOT因素进行排序。在逻辑上,企业的战略选择与SWOT的最重要因素密切相关。

(4)建立SWOT分析矩阵图,说明战略选择的合理性。以企业内部的优势和劣势为横轴,以企业外部的机会和威胁为纵轴,将步骤3分析出的最重要因素(也包括次重要和重要因素)分列在SO、ST、WO、WT四个象限内。企业的战略选择与企业内外环境应该相互匹配。

○根据优势/机遇的环境特点,企业适宜采取快速增长的战略。
○根据优势/威胁的环境特点,企业适宜采取多元化或一体化战略。
○根据劣势/机遇的环境特点,企业适宜采取扭转型战略。
○根据劣势/威胁的环境特点,企业适宜采取紧缩型或防御型战略。

SWOT分析方法的优点和缺点。这种分析方法为人们选择战略类型提供了基础框架。在这一框架内,战略决策成员可以共同讨论战略的一些关键问题。推而广之,这种分析技术对非营利组织的战略选择也是有效的。然而,这一方法容易掩盖战略分析的复杂性,人们对于什么是优势、劣势、机会和威胁可能出现分歧,更为严重的是,人们可能根本没有发现它们。这就为SWOT分析带来无限的争议以及可怕的后果。

六、商业推动力分析方法

商业推动力分析简称"推动力分析"(Driving Force Analysis),这是关于人们如何发现商业变化的推动因素和推动力量的分析方法。众所周知,商业变化是各种商业因素相互作用的结果。其中的某些因素属于"推动因素"(Driver),例如,21世纪初的互联网技术,它带动了不同部门的变化与发展。同时,推动因素发挥自身的影响力,可以产生"商业推动力"(Driving Force),并且带来一系列的后果,例如,互联网技术的应用造成了商业的行为、模式以及手段等方面的变化。人们进行推动力分析的目的是希望找到这些推动因素并分析其影响力。

推动力分析包括两个基本步骤,每个步骤都有特殊的技术要求。简述如下:

(一)识别商业变化的动力因素

由于动力因素的影响范围不同,商业的动力因素实际上可以分为两个层面:社会级的动力因素和行业级的动力因素。影响范围涉及整个商业领域或者多个行业的,如互联网技术属于"社会级的动力因素";影响范围限于某个行业的,如自动驾驶技术属于"行业级的动力因素"。在分析商业变化趋势时，这两个层面的动力因素都属于商业变化的推动因素，它们相互区别又相互联系，共同演绎商业变化的复杂情形。怎样识别商业变化的推动因素呢？

首先，需要扫描社会环境与行业环境。寻找"社会级"的动力因素，比如，可以重点浏览社会经济热点、消费者的偏好、革命性技术、社会文化时尚、生态环境变动的重大事件；寻找"行业级"的动力因素，比如，可以重点浏览产品成本或效能的变化、技术或工艺的创新、细分市场的出现、重要企业进入或退出行业、行业增长率的突然变化。

其次，将扫描到的因素列在纸上，慎重判断其是否属于动力因素。具体的判断标准是：一是因素的影响力度和范围；二是因素的影响时间。显然，影响深刻、广泛与持续的因素即为动力因素。

最后，为了避免偏见，分析者可以将同样的判断交由他人重做，如研究机构、学术团体、专家、顾问等。

实践表明，人们对动力因素的判断总是存在分歧，判定的动力因素也经常出现变化，但是，这些都不能降低动力因素判断的重要性。这方面的普遍经验是，动力因素必须具有合理的根据，动力因素发现者没有固定的身份。

（二）预估推动力的影响程度

在识别动力因素的基础上，预估动力因素影响程度的行为更加重要。概括地说，预估推动力因素影响程度包含两个具体行为：一是确定动力因素的排名次序；二是描述动力因素的影响程度。

通常，进入分析范围的动力因素是有限的。即使这样，分析者也需要对有限的动力因素进行排序，从而确定其中的最重要、次重要和重要动力因素分别是什么。排序可以通过比较法来实现，主要围绕下列问题：

〇动力因素可能改变什么，不可能改变什么？

〇动力因素对商业或行业发展的影响强度是大，还是小？

〇动力因素对商业或行业发展的影响时间是长，还是短？

很明显，引起社会或行业的广泛、重大与持续变化的因素，属于最重要的推动力。以此类推，我们还可以确认次重要和重要的推动力。令人遗憾的是，人们对于同一动力因素的影响程度的判断可能大相径庭，因此有人抓住机遇而有人却错失良机。

在确定动力因素排名的基础上，分析者还必须开发出动力因素推动商业或行业发展的动态情景。动态情景是战略设计的背景或根据。开发动态情景涉及以下问题：

〇推动力是增加还减少商业（行业）需求？

○推动力是提高还是减弱商业（行业）的竞争程度？

○推动力是吸引还是吓退商业（行业）的潜在进入者？

○获得推动力的关键资源和能力是什么？企业在这方面的优势和劣势分别是什么？

仔细回答这些问题，分析者还可以发现正面或负面的商业推动力。正面的商业推动力是确定战略设计方向的主要理由，相反，负面的商业推动力则是企业避免战略风险的主要根据。

商业推动力分析方法的优点和缺点。推动力意味着"变化"，推动力分析实际上就是寻找商业变化的根源以及预测商业变化的情景。这对于企业战略决策来说是至关重要的。一旦确认商业变化的推动力，战略设计者就拥有了思考战略的主要线索。另外，在社会环境分析和行业环境分析的后期，推动力分析法还可以帮助人们确认商业或行业发展的主导力量。

人们很容易发现那些非常明显的商业推动力且可以顺利达成共识。这种情形降低了人们对商业推动力分析方法的重视程度，以至于主流的战略理论没有专门论述这一方法。从历史来看，人们在推动力分析方面经常出现两种错误：一是人们对于明确的推动力，可能高估了其影响力；二是人们对于潜在的推动力，可能忽略了其影响力。这两种错误都与人们在分析时的简单和轻率有关，与推动力分析方法无关。

七、价值链分析方法

价值链分析（Value Chain Analysis），是由美国战略专家迈克尔·波特提出的战略分析方法。价值链本身可以分为狭义和广义两种情况，狭义价值链是指企业从选料、制造到销售服务的一系列经营活动，广义价值链是指由企业价值链、供应商价值链、经销商价值链和客户价值链组成的产业价值系统。价值链分析的目的是寻找企业价值链的优势环节，优化企业的价值链条，增强企业的战略竞争能力。具体如附图3所示。

价值链分析是一个复杂的过程。首先，价值链分析涉及企业价值链分析与产业价值系统分析，而且这两种分析经常相互交叉，从而拉长了价值链分析的过程。其次，价值链分析需要丰富的商业数据，既包括企业内部的经营数据又包括相关方的商业数据，这将大大增加分析的工作量。最后，分析者需要敏锐的判断能力，方可从数据和细节中得出正确结论。

通常，价值链分析主要以企业价值链条作为分析对象，具体步骤可以分为以下几个方面：

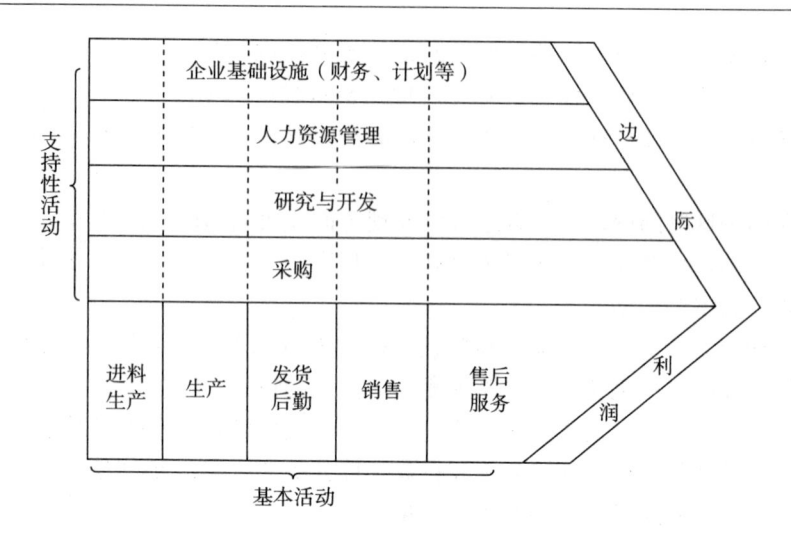

```
                   ┌─ 企业基础设施（财务、计划等）
         支持性    │   人力资源管理            边
         活动      │   研究与开发              际
                   └─  采购                         利
                   进料  生产  发货  销售  售后    润
                   生产        后勤        服务
                        └──────基本活动──────┘
```

附图 3　价值链分析

（1）界定企业的业务范围。这是企业价值链分析的基础。分析者必须明确企业经营活动的起点和终点，从而确定企业价值链条的整体结构。

（2）识别关键的价值活动。价值活动是指企业创造价值的活动。根据波特的描述，创造价值的活动具有这样的特征：特别的经济（业务）结构、占据总成本的很大比例、造成了产品/服务的差异化。价值活动被称为"基本活动"。在生产企业的基本活动方面，价值链条主要分为内部后勤、生产加工、外部后勤、产品销售、售后服务五个阶段。每个阶段都包含不同的经营行为。经过对成本和效率的评价以及与竞争对手的对比，分析者可以找到企业从事基本活动的优势环节。

支持价值创造的活动称为"支持活动"，也称为"辅助活动"。其主要分为采购、研发、人力资源、基础设施四个方面，每个方面包含不同的管理行为。经过自身的制度和效率评价以及与竞争对手的比较，分析者可以找出支持活动的强项。

（3）优化企业的价值链。在完成第二步之后，价值环节的分析工作已经结束。企业价值链的基本活动和支持活动按照等级可以分为优势、一般、劣势，或者强项、一般、弱项。为了慎重起见，分析者需要全面评价和反复比较。

根据价值链分析的结果，优势的业务活动及其组合构成企业的战略优势来源。这是战略设计的重要依据。一般的业务活动需要改进和提高，有可能成为企业的潜在优势。至于劣势或弱项的活动，企业可以将它们砍掉或外包。

价值链分析方法的优点和缺点。价值链分析是与 SWOT 分析关联的分析方法。SWOT分析过程中的优势和劣势结论，必须依赖价值链分析的强项和弱项结论。不仅如此，价值链分析还是分析商业生态状况的重要方法。将企业、供应商、经销商以及客户的价值链进行对比和匹配，分析者可发现企业的生存机会和发展方向。无论是分析企业的内部价值链，还是分析产业的价值系统，价值链分析既涉及结构性驱动因素（进料、生产、发货、销售、服务等），又涉及执行性驱动因素（管理、研发、制度、计划等），既有定量分析，又有定性分析，这些足以说明价值链分析是实用和全面的战略分析方法。

相对于复杂的战略现象来说，任何战略分析方法都不可能是完美的。人们对价值链分析方法的批评主要集中在两个方面：一是波特的价值链分析主要针对生产企业的价值链条，没有包括知识（服务）企业；二是无法排除主观定性的片面和定量分析的数据困难，因而结论存在不可靠性。实际上，价值链分析为人们分析企业战略优势提供了重要思路，人们完全可以通过自身努力来克服价值链分析方法的不足。

八、战略对手分析方法

战略对手即企业的战略竞争对手。企业与战略对手之间的竞争属于零和博弈。大多数企业无法摆脱和战略对手的竞争，因此，战略对手分析是企业常用的战略分析方法。战略对手分析的目的是了解当前或潜在的战略对手的优势和劣势，发现企业面临的威胁与机遇。

美国战略专家迈克尔·波特为企业分析战略对手提供了比较全面的视角，具体包括：

○确定战略对手的未来计划与战略。
○预测战略对手对企业战略活动的反应。
○判断战略对手的战略和能力是否匹配。
○了解战略对手的弱点。

排除行业经营的特殊性，企业分析战略对手的过程一般分为以下步骤：

（1）确定战略对手和潜在战略对手。一般来说，客户是判断商业战略对手关系的最重要标准。其中，相同产品是判断构成战略对手关系的标准，相似产品是判断潜在战略对手关系的标准。有人提出，战略相同、产业价值链的位置相同、资源和能力相同是构成战略对手关系的具体标准，这样的标准容易把战略对手的范围变得太窄。也有人提出，应该从客户偏好、商业服务平台以及技术创新的角度，搜寻潜在的战略对手，这实际上把潜在战略对手的范围变得太宽。在同一战略集团中，无论远近，对手之间抢夺市场份额的现象非常普遍，因此企业确定战略对手的范围不宜太窄。同时，企业跨界竞争行为频繁出现，"消灭你的敌人可能真的与你无关",所以企业确认潜在战略对手的范围不必太宽。

(2) 收集战略对手的商业信息。内容主要包括经营、管理、战略、研发、人员及股东等方面的信息。在企业与战略对手之间,知己是相对容易的事情,知彼则是比较困难的事情。准确且全面地掌握战略对手的商业信息,有利于企业学到战略对手的长处,也有利于企业利用对手的弱点。

(3) 分析战略对手的战略情况。按照波特提供的四个视角,战略对手分析主要集中在这四个方面:

○战略对手的未来目标,预测其战略规划。

○战略对手的当前战略,在没有明确商业推动力的前提下,当前战略可能延续到未来。

○战略对手的资源和能力,这是对手正在做什么以及将来做什么的物质基础。

○战略对手的弱点,包括战略上的错误、劣势与盲点,这些可能成为企业战略竞争的机会。

(4) 提出企业应对战略竞争的措施。根据分析战略对手的结果,企业应该调整自己的竞争战略。主要集中在这三个方面:

○(重新)选择战略竞争的范围与方式。

○确定战略竞争的原则和方向。

○制定新的竞争战略,消除对手威胁,利用对手弱点,发挥自己的优势,改变自身的劣势。

(5) 持续监视战略对手,不断扫描潜在对手。分析战略对手是一个持续的过程。在企业的发展过程中,战略对手不断变化,潜在对手不断涌现。企业要活得好,决策者就必须随时关注战略对手的信息。

战略对手分析方法的优点和缺点。战略对手分析有利于企业学习对手的长处,以积极和包容的态度参与商业竞争;也有利于企业掌握对手的短处,以正确和有效的方法争取市场机会。当然,过分注重对手,忽略客户价值和商业创新,企业也容易沦为市场竞争的追随者。

后 记

在生活中，人们投身商业可以分为两种情形：手中拥有某种资源想做点什么，或者怀有某种技能想干点什么。然而，我进入商业的最初理由却是"帮忙"。我的职业是大学教师，虽然讲过哲学、经济学和法学，但商业经验几乎是零。2001年，为了扶持弟弟的养鸡事业，我帮忙将他的养鸡场做成"惠远家禽研究所"，并且注册了鸡蛋商标"惠远"，希望他经营一个有技术和品牌的养鸡企业。2003年，为了把"惠远"鸡蛋做成国家绿色食品，也为了扩大养殖规模，我们共同投资创立"惠远禽业公司"。2009年，为了与经销商抗衡，掌控禽蛋的销售渠道，我和妻子林爱华投资成立了"凤冠商贸公司"。次年，为了增加禽蛋的品种和产量，我又牵头组建了"山旺养禽合作社"。总之，我先后操盘四个企业的战略设计，其间有辛苦也有快乐。2015年，我和妻子突然感到实体商业的"凉意"，而禽蛋又不适合网络销售，于是，迅速将公司与合作社的股权和资产转卖他人。从此，我与妻子退出商业江湖。

现在回忆起来，我对战略的兴趣完全是因为经商的需要。作为商业"白人"，我需要了解商业赚钱的道理和企业发展的技巧。为此，我阅读了大量的战略管理类书籍。同样是研读战略理论，企业决策者与战略学者存在很大差别，企业决策者关注什么是有用的战略理论，战略学者热衷于什么是自己的战略观点。战略学家亨利·明茨伯格曾用"一头大象"形容战略现象，并且调侃学者们各自摸到"战略大象"的一部分。实际上，在学者抱住"战略大象"某一部分的时候，成功的战略决策者凭借智慧就已经找到了属于自己的"战略大象"。我非常庆幸自己在商业实践中获得了某些战略真谛。

后来，为了满足大学生创业的需要，我在学校开设了"企业战略管理"课程。可是，动辄几百页的战略教科书，犹如一本企业管理的"百科全书"，教师讲不完，学生也学不好。因此，我决心利用自己的商业经验为学生编出一本实用的战略教科书。最终我写出了两本，一本是《企业战略思维》（人民出版社，2019），另一本则是本书——《商业战略设计》。

· 215 ·

这两本书都是阐述"商业战略思维理论"的专著，其中，《企业战略思维》揭示了战略思考的完整过程，《商业战略设计》揭示了战略构思的具体流程。从根源上说，商业战略思维理论的研究基于"战略是一种思维现象"的判断。这个判断的主要观点是，人的一切活动皆源于人们的想法，重要的行动设想都可称为"战略"，理性的战略必定是决策者深谋远虑的结果。根据这个判断重新研究商业战略现象，我们将勾勒出一个实用的商业战略思维的理论体系。

当前，商业的战略竞争已从启蒙阶段进入了普及阶段，战略设计正在成为战略竞争的潮流。在这种历史背景下，商业战略思维理论研究的使命是探索战略思维过程的逻辑与规则，为人们的战略思维活动提供理论指导。展望未来，商业战略思维理论必将成为商业战略学领域的一颗璀璨的理论明星。

多少年来，人们希望运用战略科学获得商业战略，并通过战略管理实现战略理想。现在看来，这只是人们的梦想。战略历史的实际情形是，如果某个战略方法被捧为"灵丹妙药"，它会吸引人们纷纷尝试，而尝试的人越多，战略的效果越差，于是，人们期盼下一个战略灵药的出现。这种情形表明，战略的成功并不存在"灵丹妙药"，战略本身也没有科学与非科学之分，最重要的战略学问是你能够想出一个有效且独特的战略。

为了帮助人们实现这个目标，《企业战略思维》和《商业战略设计》都尽力反映战略思考与战略构思的真实过程。我希望战略决策的新兵把它们作为"战略葫芦"，能够画出自己的"战略之瓢"；也希望战略决策的老兵把它们作为"战略镜子"，帮助查找自己的"战略之缺"。至于这两本书是否具有如此神效，只能交由读者们检验与评价。

欢迎读者们参与两书的评论，笔者的联系方式：rhsh65@163.com。

任厚升

2023 年 5 月 30 日于烟台・天越湾